COURS

DE

PHILOSOPHIE GÉNÉRALE,

OU

EXPLICATION SIMPLE ET GRADUELLE

DE TOUS LES FAITS

De l'Ordre physique, de l'Ordre physiologique, de l'Ordre intellectuel, moral et politique;

PAR H. AZAÏS.

Unité, Simplicité, Vérité.

TOME PREMIER.

PARIS,

AUGUSTE BOULLAND ET Cie, LIBRAIRE,

RUE DU BATTOIR, N° 12.

1824.

COURS

DE

PHILOSOPHIE GÉNÉRALE.

Note des Ouvrages de M. Azaïs que l'on trouve chez les mêmes Libraires.

Des Compensations dans les destinées humaines, 3e édit., 3 vol. in-8° avec une gravure allégorique servant de frontispice, 15 fr.

Du sort de l'Homme dans toutes les conditions, 3 vol. in-12, 8 fr.
(Cet ouvrage est le complément du précédent.)

Jugement impartial sur Napoléon, ou Considérations philosophiques sur son caractère, son élévation, sa chute et les résultats de son gouvernement, suivies d'un parallèle entre Napoléon et Cromwell, entre la révolution d'Angleterre et la révolution française, 1 vol. in-8°, 5 fr.

Manuel du Philosophe, ou Principes éternels, 1 vol. in-12, 2 fr.

Un mois de séjour dans les Pyrénées, 1 vol. in-8°, 3 fr.

Inspirations religieuses, 1 vol. in-18, 2 fr.

Le Nouvel Ami des Enfans, par M. et Madame Azaïs, faisant suite à l'Ami des Enfans par Berquin, 24 vol. in-18, 24 fr.

IMPRIMERIE DE HUZARD-COURCIER,
rue du Jardinet, n° 12.

AZAÏS.

COURS
DE
PHILOSOPHIE GÉNÉRALE,
OU
EXPLICATION SIMPLE ET GRADUELLE
DE TOUS LES FAITS

De l'Ordre physique, de l'Ordre physiologique, de l'Ordre intellectuel, moral et politique.

PAR H. AZAÏS.

Unité, Simplicité, Vérité.

TOME PREMIER.

PARIS,
AUGUSTE BOULLAND ET Cie, LIBRAIRE,
RUE DU BATTOIR, N° 12.
1824.

PRÉFACE.

La Philosophie est le Savoir mis en œuvre par la Raison.

Le Savant observe les Faits, et les décrit : le Philosophe les explique et les enchaîne.

Ainsi, la Philosophie générale n'est autre chose que la connaissance du Système qui embrasse l'universalité des Êtres et de leurs rapports.

Une telle connaissance donne, à celui qui la possède, l'Explication universelle.

Je présente cette Explication à mes contemporains; ceux qui suivront avec attention le développement de mes pensées, en attesteront l'universalité, la liaison et l'évidence.

Si j'ose manifester une telle confiance, j'en fonde le droit sur ma conviction, sur les travaux que je me suis imposés pour que cette conviction fût légitime, sur l'assentiment que m'ont donné la plupart des personnes qui m'ont fait l'honneur de venir discuter avec moi mon Système, enfin sur l'avantage que j'ai eu d'intéresser, à l'exactitude de ce système, un homme d'un esprit juste, d'une âme droite et sincère, d'un savoir très étendu. J'ai obtenu de lui, comme on le verra dans mon ouvrage, de nombreux secours, et une persuasion raisonnée, calme, inébranlable.

Je ne crains donc plus de le dire : c'est la VÉRITÉ que mon Système expose. L'Esprit humain, qui m'a fourni les moyens de le construire, va enfin recevoir le prix de ses efforts.

Mais, telle est la marche de la Nature : lorsqu'une grande chose se prépare, le moment où cette préparation s'achève est marqué par une agitation générale.

Les hommes aujourd'hui sont près de s'entendre ; c'est pour cela même qu'ils paraissent si divisés : les idées humaines, conduisant de plein gré ce qui leur est favorable, traînant de force ce qui leur résiste, marchent toutes vers la Raison, mais vaguement et en désordre, comme une armée sans chef, sans lois, sans discipline, marcherait vers la contrée opulente qu'elle voudrait conquérir.

La VÉRITÉ UNIVERSELLE est l'immense et noble conquête vers laquelle, de tout temps, l'Esprit humain s'est élancé, et maintenant à laquelle il touche : lorsqu'il l'aura saisie, la place de chaque Fait sera assignée, ses rapports seront fixés ; chaque idée alors, n'étant plus que la représentation d'un Fait et de ses rapports, deviendra claire, positive et utile : ce qui terminera les disputes dogmatiques ; ce qui établira, entre les opinions humaines, un concert général.

La Vérité est éminemment morale et religieuse, parce qu'Elle est l'expression exacte de la Pensée divine. Elle raconte ce que Dieu a fait, et, en le racontant, Elle l'admire.

La Vérité est douce, tolérante, pacifique, parce que tous les sentimens et tous les intérêts lui sont chers.

Elle inspire aux hommes qu'elle éclaire, l'amour de l'ordre, de la justice, de la sagesse, parce que l'ordre, la justice, la sagesse, ne sont que les formes sociales de la Vérité.

Depuis long-temps on a dit encore que la clarté est tout son vêtement, que la simplicité est toute sa parure.

Et, en effet, toute pensée que la plupart des hommes ne comprennent pas aisément, et ne retiennent pas sans efforts, toute pensée obscure, est au moins vague et désordonnée; si la Vérité s'y trouve, ce ne peut être qu'enveloppée de conjectures et d'erreurs.

Je le dis avec assurance : on ne rencontrera, dans le Système que je présente, que des pensées claires et simples, depuis le Principe universel, qui est la base de l'édifice, jusques aux Faits intellectuels, qui en forment le faîte. Pour entendre chacune de mes explications, et pour en reconnaître la justesse, mes Lecteurs n'auront besoin que de ces notions saines, de cet instinct de jugement, qui sont aujourd'hui, en France et en Europe, l'apanage d'un très grand nombre d'hommes.

Peut-être, il est vrai, la faculté d'attention n'a-t-elle plus aujourd'hui, surtout en France, une profonde énergie; et cependant, pour suivre et retenir l'enchaînement de tous les Êtres et de tous leurs rapports, pour embrasser, sans lacune et sans désordre, l'Explication universelle, il faut être susceptible d'une attention soutenue.

Mais je crois avoir pris le moyen de la rendre facile; et, à cet égard, l'expérience a été mon guide. J'ai professé, il y a deux ans, à l'Athénée, la partie fondamentale du Système universel; dès ma première séance, j'avais invité mes auditeurs à m'adresser, soit verbalement, soit par écrit, toutes les questions qui pourraient servir à l'éclaircissement de mes pensées : plusieurs cédèrent à cette invitation ; les Lettres qu'ils voulurent bien m'écrire furent, pour moi, l'occasion de digressions inopinées, qui eurent l'avantage de jeter de la variété dans mon Cours, en même temps qu'elles servirent à montrer que, d'une part, toutes les parties de mon sujet étaient liées par l'unité la plus exacte, que, d'un autre côté, toutes les questions entraient dans mon sujet.

Voyant l'heureux effet de ces digressions, j'en augmentai le nombre, en prenant mon texte dans les journaux qui avaient parlé de mes séances, et en profitant des circonstances remarquables qui, de temps à autre, venaient frapper les esprits.

C'est ainsi, par exemple, qu'au mois de février 1822, l'agitation politique étant devenue très vive par la révolution ministérielle qui retira le timon de l'État des mains de M. de Richelieu, pour le placer dans les mains de M. de Villèle, je consacrai une séance presque entière (*) à caractériser cette révolution, à développer ses causes, à présager ses conséquences, à montrer comment la loi universelle asservit tous les mouvemens des Peuples.

Depuis cette époque, l'avenir prochain que j'indiquais a été amené par les évènemens.

Les trois premiers volumes de l'ouvrage que je publie comprennent le Cours de Philosophie fondamentale que j'ai fait à l'Athénée; j'en ai conservé toutes les formes; j'ai transcrit, à leur date, les lettres que j'ai reçues, et je les ai fait suivre de mes réponses. La partie grave et scientifique du Système universel, celle qui sert de base à la Science générale, celle qui explique et met en œuvre tous les Faits de l'ordre Physique, se trouve ainsi traversée, et cependant liée, par des épisodes, qui, bientôt ramenés vers le centre, ne produi-

(*) La douzième séance.

sent que des diversions en harmonie avec mon sujet.

Lorsque j'entre ensuite dans le domaine de la Physiologie, et successivement dans ceux de l'Idéologie, de la Morale, de la Politique, un tel artifice n'est plus nécessaire ; là, tout objet d'étude porte en lui-même son attrait.

Tel est le plan et le caractère du Système qui a fait l'emploi de ma vie. Je le crois digne maintenant d'être discuté par une génération dont la destinée est de fonder et de fixer les opinions des générations futures.

Je désire participer aux efforts des hommes éclairés pour amener cette destinée glorieuse ; je leur adresse mon livre ; je les presse de le lire, de le recommander : cette franchise d'invitation mérite de leur plaire.

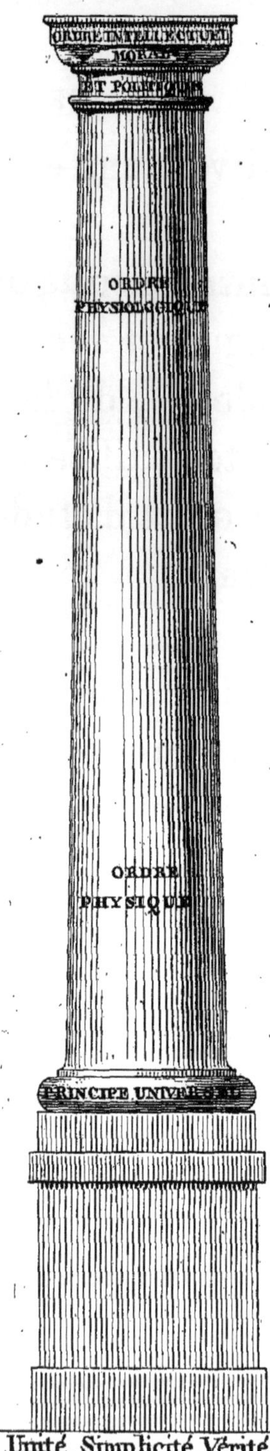

Unité, Simplicité, Vérité.

IMAGE DU SYSTÈME.

COURS

DE

PHILOSOPHIE GÉNÉRALE.

PREMIÈRE SÉANCE.

(1er décembre 1821.)

DISCOURS D'OUVERTURE.

MESSIEURS,

Nous allons faire ensemble un Cours de Philosophie générale. Commençons par fixer l'étendue et le caractère du sujet que nous allons embrasser.

La Philosophie est le Savoir mis en œuvre par la Raison.

La Raison sans instruction, c'est la lumière dans le vide; l'instruction sans raison, c'est le chaos.

Mais l'instruction, ou la connaissance des Faits, guidée par la Raison, c'est l'ordre dans la richesse; c'est la science bien employée; c'est la Philosophie véritable; c'est, en résultat, la connaissance de la VÉRITÉ.

Telle est donc, Messieurs, la carrière qui, en ce moment, s'ouvre sous nos pas : la carrière de la Vérité; et puisque notre Raison va employer la Science générale, ce n'est point la Vérité partielle et incomplète que nous allons connaître; c'est la Vérité universelle.

Ambition démesurée! s'écrie chacun de vous. Audace téméraire ! la Vérité universelle ! quel homme parviendra à la concevoir!... La Science générale! que sera-t-elle, à jamais, pour l'esprit humain, si ce n'est un dédale nébuleux et immense?

Messieurs, une telle défiance est naturelle; je suis loin de la condamner; jusqu'à nos jours, l'histoire de l'esprit humain la justifie : mais les temps sont changés; une grande Révolution s'avance, Révolution vers laquelle ont marché tous les peuples depuis l'origine du monde, Révolution dont le but est de donner, aux Nations civilisées, la Liberté et la Vérité.

La Liberté est déjà dans nos mœurs; c'est donc, pour nous, une conquête assurée.

La Vérité est dans nos besoins; car nous ne pouvons plus nous accommoder d'illusions ni d'erreurs; soit nouvelle, soit renouvelée, toute erreur, à l'instant où elle se présente, est frappée d'abandon; ce qui est le plus décisif de tous les anathèmes.

Il faut cependant un aliment à notre intelligence; et quel autre aliment que la Vérité peut désormais lui convenir, puisque l'erreur ne lui convient plus?

Non, Messieurs, il n'est plus que la Vérité qui puisse nous satisfaire; il n'est plus que la Vérité qui puisse s'établir, dans notre esprit, avec conviction et permanence; l'esprit humain, chez tous les peuples civilisés, et plus particulièrement en France, ayant définitivement conquis la liberté de réfléchir et d'examiner, ne pourra plus s'arrêter, avec attrait, avec fixité, que sur ce qu'il pourra vérifier sans cesse; il ne connaîtra plus d'autorité que celle de la démonstration, reposant sur des Faits dont il puisse s'assurer, et sur des raisonnemens dont il soit l'arbitre. Pour chacun de nous, Messieurs, il faut que les preuves fondamentales et suffisantes des pensées que l'on nous propose, se trouvent en nous et auprès de nous; les témoignages éloignés, soit pour le temps, soit pour la distance, ne sont plus, à nos yeux, que des accessoires d'un intérêt plus ou moins grand, et d'une vraisemblance plus ou moins avancée, selon qu'ils s'accordent plus ou moins avec les témoignages authentiques que nous recevons de nous-mêmes, ou des objets placés immédiatement sous nos regards. Puisque nous sommes libres, c'est notre Raison qui juge.

Messieurs, je vais m'adresser à votre Raison. Qu'elle soit attentive et sévère. Point de concessions, mais des secours. Trente ans d'études et de méditations m'ont donné le droit d'être écouté; c'est le seul que je réclame. Quelle que soit, Messieurs, la bienveillance à laquelle mon âge, mes travaux, et peut-être mes écrits, vous disposent, n'ayez confiance qu'en votre jugement personnel. Examinez, réfléchissez : je vais discuter avec votre Raison ce qui m'a été découvert par la mienne, mettant en œuvre la Science générale, la Science de mon siècle. Arrêtez-moi lorsque je vous paraîtrai ne pas posséder cette Science avec exactitude. Toute résistance, toute contradiction, ne pourront être que profitables au grand objet qui nous rassemble. Dans ma persuasion absolue, les bases de l'édifice que je vais construire sont inébranlables; mais, malgré tous les soins que je me suis imposés, je puis avoir mis quelquefois de l'incorrection dans les détails de cet immense édifice. J'invite ceux d'entre vous qui s'en apercevront, à vouloir bien m'en avertir, soit verbalement, soit par écrit; c'est une sollicitude que la Vérité leur demande. Je répondrai avec franchise, avec déférence, à tous les genres de communication.

C'est ainsi, Messieurs, que mon œuvre deviendra la vôtre: perfectionnée par votre concours, elle appellera, hors de cette enceinte, l'attention des hommes éclairés; embrassant toute la science de l'homme, toute son expérience, toute sa pensée, elle sera, dans un temps peu éloigné peut-être, l'objet de la discussion universelle; affermie un jour, parce qu'elle sera démontrée, elle fixera, sur la Terre, le règne noble et pacifique de la Vérité.

J'entre en matière.

EXPOSITION DU PRINCIPE UNIVERSEL.

DESSIN GÉNÉRAL DE L'UNIVERS.

Qu'est-ce que l'Univers ? C'est l'ensemble des Êtres et de leurs rapports.

Ces Êtres, ainsi que leurs rapports, se succèdent et se renouvellent sans cesse.

Une Action est donc nécessaire à la production des Êtres et des rapports qui les unissent ; une Action est nécessaire à la production et à la conservation de l'Univers.

Si nous cherchons à définir l'Action universelle, si du moins nous essayons de dévoiler son origine, d'expliquer sa nature, nous ne pourrons y parvenir. Dirons-nous que l'Action universelle est le mode d'existence de la Puissance suprême ? Nous ne ferons que traduire un mystère par un mystère : là est le grand abîme pour l'intelligence humaine ; là elle s'arrête et admire.

Mais si nous nous bornons à considérer dans son exercice, ou dans son résultat immédiat et nécessaire, cette Action inexplicable qui anime l'Univers, nous trouverons que le Mouvement est ce résultat immédiat et nécessaire. Que serait une Action qui n'aboutirait pas à un mouvement?

Le Mouvement est donc la *Cause seconde universelle* de l'existence des Êtres et de leurs rapports; et la *Matière*, substance des Êtres, est le *Sujet universel* du Mouvement.

La Matière, sujet du mouvement, et substance des Êtres, a une nature intime qui, comme celle du Mouvement, doit nous rester à jamais inconnue ; mais elle a des propriétés accessibles à nos sens, des propriétés qui lui sont essentielles, des propriétés dont elle ne pourrait être dépouillée, sans que les effets qu'elle exécute ne lui devinssent impossibles.

Ainsi, la matière est essentiellement *mobile;* ce n'est qu'à cette condition qu'elle peut être sujet du Mouvement.

Ainsi encore, elle est susceptible de s'agréger à elle-même, et de former, sous la direction du Mouvement, des *Corps* plus ou moins volumineux. Elle est également susceptible de l'impulsion opposée ; elle peut se séparer d'elle-même; les Corps peuvent se diviser, s'atténuer.

Mais il est évident que cette faculté d'agrégation et cette faculté de division, ont, l'une et l'autre, un terme qu'elles ne peuvent dépasser; si la faculté d'agrégation était indéfiniment croissante, tout l'Univers tomberait progressivement dans l'état de concrétion; et si, au contraire, la matière était réellement et actuellement tributaire d'un progrès de division interminable, aucune opération de composition ne pourrait s'effectuer; le mouvement imprimé à la matière ne serait employé éternellement qu'à l'atténuer, à la dissoudre, à provoquer de plus en plus son anéantissement, sans pouvoir néanmoins y parvenir; l'existence de la Matière et l'Action du Mouvement seraient ainsi sans objet, ou plutôt en contradiction avec leur objet.

Il est donc un Fait général que nous pouvons reconnaître : la division de la Matière est invariablement arrêtée à une certaine limite. Chaque *élément* ou *atome* est un Être indécomposable, dont la figure et l'étendue sont invariablement fixées. Nous trouverons bientôt d'où procèdent les bornes de cette division.

Un rapprochement que nous venons de faire nous conduit maintenant à établir un autre Fait général de très grande importance.

Les divers mouvemens imprimés à la matière tendent à former des corps ou à dissoudre des corps; et il est évident que ces deux ordres de mouvement, si opposés dans leurs résultats, doivent constamment se tenir en balance mutuelle ; s'il en était autrement, dans un sens ou dans l'autre, tous les corps ne feraient progressivement que s'agglomérer ou se dissoudre ; rien de ce qui existe n'existerait.

Le Mouvement, Action universelle, a donc reçu une Loi, également universelle : c'est de rester en ÉQUILIBRE.

De là nous serons d'abord portés à conclure que le Mouvement a deux sources générales de direction, l'une qui fournit aux effets d'agrégation entre les élémens, l'autre qui fournit aux effets de séparation ; et que ces deux sources sont égales d'intensité et d'abondance.

Mais la réflexion nous montre bientôt qu'une telle image est inapplicable à la constitution de l'Univers.

Si l'Action universelle avait deux foyers distincts, et par suite deux directions distinctes, représentées par deux fleuves opposés coulant l'un vers l'autre, et destinés à se confondre, il n'y aurait union et équilibre des effets que dans la plage au sein de laquelle ces deux fleuves entrelaceraient leurs ondes; avant d'aboutir à cette plage, les eaux de chaque fleuve produiraient les effets qui leur seraient essentiels : l'un de ces fleuves, par exemple, venu de climats très froids, glacerait tout sur son passage ; tous les corps qu'il baignerait seraient fortement condensés. Au contraire, l'autre fleuve, venu de climats brûlans, porterait une grande chaleur sur tous les points de son lit et de ses rives ; tous les corps qu'il baignerait seraient fortement dilatés.

Ce n'est pas ainsi que l'Univers se présente à notre raison et à nos observations. Partout, l'impulsion composante et l'impulsion dissolvante existent ensemble, s'exercent ensemble ; chaque point de l'espace est nécessairement, et au même degré, source et foyer des deux impulsions.

La difficulté semble alors tellement augmentée, qu'elle se montre à notre esprit avec tous les caractères de l'impossibilité. Quoi ! dans chaque point de l'espace, existence connexe de deux forces mutuellement opposées? c'est manifestement impossible.

Oui ! Messieurs, il est manifestement impossible que l'Action universelle ait deux modes d'exercice. Pour qu'elle soit universelle, il faut qu'elle soit *une ;* l'*unité* est la première condition de l'*universalité*.

Tel est donc le grand Problème dont la solution doit éclaircir l'immense série de questions qui en dépendent.

Trouver, pour l'Action universelle, un mode d'exercice qui soit unique, par conséquent universel, et qui, cependant, corresponde à tous les effets du mouvement, en sorte que ce mode d'exercice suffise pour tout produire.

Il est évident que si nous faisons une telle découverte, nous tiendrons la clef de l'Univers.

Afin d'y parvenir, faisons-nous toujours guider par les raisonnemens les plus simples; il ne peut jamais en être de plus sûrs.

L'Action universelle existe et s'exerce dans tous les points de l'espace; par conséquent elle existe et s'exerce dans toute la substance de chaque corps.

Ainsi, chaque corps est pénétré d'Action dans tous les points de sa substance; chaque corps est essentiellement et constamment plein de mouvement.

Or, de deux choses l'une : le mouvement intime, essentiellement possédé par toute la substance de chaque corps, tend à le condenser, ou à le dilater, à concentrer ses parties sur un espace plus petit, ou à les projeter sur un espace plus grand.

Il est maintenant de toute évidence que si le Mouvement a pour objet et destination, dans le sein de chaque corps, de le condenser, de le concentrer, de le réduire sans cesse à un espace plus petit, le Mouvement a pour objet, pour destination, dans l'Univers, de tout rendre immobile; en sorte qu'il est constitué dans le but de s'anéantir. Telle ne peut être la constitution d'un PRINCIPE.

Si, au contraire, le Mouvement a, pour mode d'exercice, de dilater indéfiniment la substance de chaque corps, de porter indéfiniment toutes ses parties sur un plus grand espace, le Mouvement a, pour destination, de procurer sans cesse à chaque élément la liberté de se mouvoir; il a pour objet de s'entretenir sans cesse; ainsi constitué, il possède le caractère qui doit appartenir essentiellement au PRINCIPE UNIVERSEL.

L'EXPANSION est donc le mode unique et universel de l'exercice du Mouvement; c'est-à-dire que tous les corps, de nature et de dimensions quelconques, tendent essentiellement à se résoudre en leurs molécules composantes : l'état de liberté est l'état auquel chaque Élément aspire sans cesse; l'état d'union, de cohésion, d'agrégation, ne peut être, pour chaque Élément, que l'état secondaire et accidentel.

Mais, comme il faut que l'Équilibre de l'Univers se maintienne, l'état secondaire et accidentel, dans l'ensemble de l'Univers, doit être égal en quantité générale, et en durée générale, à l'état primitif et essentiel ; c'est-à-dire que, dans l'ensemble de l'Univers, il existe nécessairement autant d'Élémens libres que d'Élémens engagés ; il s'effectue autant d'actes de composition que d'actes de destruction ; et chaque Élément est alternativement tributaire du mouvement qui l'unit à d'autres Élémens, et du mouvement qui le dégage, qui lui rend sa liberté.

Cette condition est évidemment la seule qui, dans l'ensemble de l'Univers, puisse rendre l'effet secondaire constamment égal à l'effet primitif. Mais il importe d'établir que c'est la *cohésion* qui est l'effet secondaire ; l'*Expansion* est l'effet primitif, car elle ne pourrait naître d'une force qui déterminerait essentiellement la cohésion, au lieu qu'à l'aide d'un Fait que nous allons reconnaître, la cohésion peut émaner, doit même nécessairement émaner de la force qui détermine l'Expansion.

Quel est ce Fait? le voici : L'UNIVERS EST INFINI. Un raisonnement précis le démontre, quoique aucun raisonnement, aucun élan d'imagination, ne puissent nous le faire comprendre.

Nous venons de voir que le Mouvement ne peut exister dans les corps que comme principe d'Expansion. Or, si le nombre de corps n'était pas infini comme l'espace, si l'Univers avait des limites, à quelque distance qu'elles fussent placées autour de nous, l'Expansion les écarterait sans cesse ; aucune composition ne pourrait se produire ; sans perdre son existence, la matière, excessivement disséminée, se disséminerait encore, sans terme et sans objet.

Comme cette pensée est d'une haute importance, insistons encore sur les raisons qui doivent la mettre hors de toute contestation. Pour cela, supposons qu'en un moment donné, au moment actuel par exemple, l'ensemble des corps cesse d'être infini, et reçoive des limites ; éloignons ces limites au-delà de ce que notre imagination pourra concevoir ; supposons qu'à partir du soleil, considéré comme centre, d'innombrables millions d'étoiles entourent successivement cet astre : l'espace ainsi occupé nous paraît immense ; cependant, puisqu'il a des limites, cet espace n'est jamais qu'un point comparé à l'espace vide qui l'environne ; c'est toujours le rapport incommensurable du fini à l'infini : d'où il suit que, pour mettre en dispersion entière cet Univers limité, l'Expansion n'aurait besoin que d'un instant bien plus court que celui dont j'ai besoin pour vous exposer sa puissance ; elle le dissoudrait avec autant de facilité, et aussi subitement, que s'il n'était formé que d'un seul corps.

L'Univers est donc infini comme l'espace; cette certitude acquise, tout se combine et s'explique; chaque Être, selon la belle pensée de Pascal, est au centre d'une sphère qui n'a point de circonférence; son Expansion propre ou individuelle est réprimée par l'Expansion de tous les Êtres qui l'environnent; elle est réprimée, retardée, rendue plus ou moins lente et difficile, sans pouvoir être néanmoins définitivement empêchée; car l'Expansion est la force essentielle; à son tour, l'Expansion de chaque Être va concourir à la répression de l'Expansion environnante; c'est une lutte et une action mutuelles; en sorte que, pour dilater et pour condenser, pour séparer et pour rapprocher, pour détruire et recomposer, l'Expansion seule est en exercice.

Et cette correspondance d'action et de réaction, cette opposition harmonique entre l'extension indéfinie que l'Action universelle sollicite immédiatement, et la *compression* indéfinie que cette même Puissance sollicite secondairement, n'entraîne point la neutralisation des forces, ou l'immobilité de chaque Être, parce que, pendant la durée de chaque Être, les deux forces sont alternativement prépondérantes l'une à l'égard de l'autre; l'Équilibre qu'elles établissent n'est pas l'Équilibre de repos, mais l'Équilibre de mouvement; c'est-à-dire que, considérées dans un instant pris, soit au commencement, soit à la fin de la durée d'un Être quelconque, elles sont inégales entre elles; mais, dans l'ensemble de la durée, la supériorité exercée par l'une des deux forces se trouve balancée par la supériorité que la force contraire a exercée. Une plante, un animal, un minéral, en un mot un Être de nature quelconque, ne peuvent commencer d'exister qu'à une condition : la Puissance compressive s'est exercée avec prépondérance sur les Élémens qui ont composé cet Être; c'est par cette prépondérance de force qu'elle les a rapprochés, rassemblés, agrégés. Mais la supériorité de force composante décroît progressivement, parce que la force dissolvante, ou expansive, appartient essentiellement à l'Être composé, et, dès le premier instant, lutte sans cesse contre l'impulsion extérieure qui tend à en rassembler les parties; le moment arrive où, à force de soutenir ses progrès, l'Expansion intime est devenue d'une intensité égale à celle de la Puissance extérieure; cette égalité ne dure qu'un instant; le progrès de l'Expansion continue; la Compression s'affaiblit en même mesure; la supériorité passe graduellement du côté de l'Expansion. Lorsqu'enfin cette Puissance intime et essentielle s'est élevée à un degré de prépondérance exactement égal à celui que la compression extérieure avait d'abord exercée, le balancement s'achève par la destruction de l'Être que la compression avait formé.

Si, dans l'Univers, un seul Être était affranchi de la Loi du balancement entre les deux forces qui produisent son existence, c'est-à-dire, si, sans perdre son existence, il pouvait être toujours en Expansion, ou, au contraire, toujours terme de compression environnante : dans le premier cas, il s'étendrait toujours autour de lui-même; il écarterait sans cesse tous les Êtres; il foulerait sans cesse, et progressivement, tout l'Univers. Dans le second cas, n'étant jamais que passif et immobile, quoique au centre de l'infini en action, tous les Êtres de l'Univers viendraient successivement échouer sur cette masse inerte, l'Univers aurait un noyau stérile autour duquel il s'entasserait.

Il n'en est pas ainsi : tout se meut et se transforme, mais au gré de l'Equilibre; ce qui concilie l'action et l'ordre, le changement et la conservation.

Vous le voyez, Messieurs : le Principe universel, l'Expansion, aidée de l'infini, institue elle-même cette grande Loi de l'Équilibre, sans laquelle elle ne pourrait se maintenir. Et qu'est-ce qu'une Loi? C'est la règle d'un principe, règle qui, selon la pensée du grand Montesquieu, doit dériver de la nature même du Principe qui s'y assujettit.

Un Philosophe plus élevé encore, l'immortel Descartes, a dit : Il ne s'effectue jamais, dans l'Univers, que la même quantité de mouvement.

Cette vue de génie est d'une vérité nécessaire. Si la quantité générale du mouvement pouvait augmenter ou diminuer, si elle n'était pas fixée, inaltérable, il n'y aurait pas Équilibre dans l'Univers; il n'y aurait qu'instabilité et désordre; aucune science ne pourrait être formée, aucun effet ne pourrait être prévu; aucune Loi n'existerait : le chaos seul serait éternel.

Mais, direz-vous, l'Expansion, mode universel du mouvement, étant par elle-même une Puissance indéfinie, comment se trouve-t-elle fixée dans sa mesure générale, de manière à ne pouvoir jamais ni augmenter ni diminuer?

La réponse est facile. La mesure générale de l'Expansion est fixée par le rapport de la matière à l'espace. Je m'explique :

Il est évident que la matière n'occupe qu'une portion de l'espace; si elle l'occupait entièrement, le plein serait absolu; le mouvement serait impossible.

D'un autre côté, si la quantité générale de matière n'était pas réglée et fixée, s'il se faisait successivement de nouvelles créations de matière, ou si des portions de la matière s'anéantissaient, tout serait instable, désordonné; le mouvement ne pourrait être soumis à des lois.

Or, le mouvement de la matière est d'autant plus facile que la portion d'espace occupé par elle est plus petite, comparée à l'espace universel; ce rapport détermine donc la vitesse absolue que l'Expansion peut imprimer au mouvement de la matière. Si vous supposez que dans un espace circonscrit, dans celui, par exemple, qui est occupé par le système solaire, la quantité générale de matière diminue subitement de moitié, au même instant la vitesse de tous les mouvemens d'Expansion est doublée; elle est, au contraire, affaiblie de moitié si la masse générale de matière est subitement portée à une quantité double.

Et comme, d'un autre côté, c'est encore l'Expansion qui divise et atténue la matière, le dernier degré de ténuité auquel la matière peut descendre est encore fixé par ce même rapport de l'espace occupé à l'espace vide; en sorte que si, dans ce même espace qui renferme notre système solaire, la quantité générale de matière était subitement diminuée de moitié, chaque Élément, jusque là indécomposable, se diviserait en deux portions égales, qui, ainsi, ne seraient plus, chacune, que la moitié de l'Élément antérieur; et comme la vitesse générale serait doublée, l'espace solaire resterait *plein*, au même degré, *de matière en mouvement*.

Vous devez comprendre maintenant comment, par la seule fixité de la matière dans une quantité générale invariable, l'étendue et la figure de l'Élément, ou atome, sont fixées, quoique la matière soit par elle-même divisible à l'infini; et, d'un autre côté, comment la vitesse dont ce même Élément est susceptible est également fixée, quoique, par elle-même, l'Expansion qui le sollicite à se mouvoir soit une Force indéfinie dans son action et sa mesure.

Nous pouvons maintenant tracer le Dessin général de l'Univers.

L'infini de l'espace est occupé, et comme coupé, par des masses matérielles, de forme globuleuse, de dimensions inégales, que des distances plus ou moins grandes séparent les unes des autres, et qui, chacune, sont placées au centre de l'Univers, car l'infini les entoure.

Chacun de ces globes, obéissant à l'Expansion

qui le pénètre, tend à se répandre indéfiniment sur l'espace qui l'environne, par conséquent à se dissoudre.

Et il est évident que chacun se dissoudrait, s'il devenait unique, si, par l'anéantissement de tous les autres, l'espace entier lui appartenait.

Mais il n'est pas moins évident que, l'Univers étant infini, l'Expansion de chaque globe se trouve coercée par l'Expansion de tous ceux dont il est immédiatement environné. Chacun est, à la fois, un centre ou foyer d'émission divergente, qui s'efforce d'écarter tous les globes environnans, et un centre, ou noyau, vers lequel se porte, avec convergence, une partie de l'émission de ces mêmes globes.

Telles sont les deux actions, l'une produite, l'autre éprouvée, l'une de dilatation, l'autre de concentration, qui s'exercent ensemble, et qui ont la même origine, l'Expansion universelle. Chaque globe, en échange continu avec les globes qui l'environnent, ne se détruit pas, mais se renouvelle sans cesse. Par l'Expansion propre dont il est le siége, il perd constamment une certaine portion de sa substance; par l'Expansion étrangère dont il est le but, il recouvre constamment une quantité de matière égale à celle qu'il dissipe; enfin, par son Expansion propre et intime, il provoque dans son sein, à sa surface, dans son atmosphère, une somme d'actes d'extension, d'évaporation, de division, égale à la somme d'actes de condensation, d'agrégation, de formation, que l'Expansion des globes environnans provoque en même temps, mais sur d'autres points, dans son sein, à sa surface et dans son atmosphère. Les deux grandes sommes d'effets, prises dans leur ensemble, marchent toujours par *compensations*.

Mais je crois vous entendre m'adressant des questions d'une haute importance :

D'où procède, dans l'Univers, cette distribution en groupes systématiques de matière? Ce n'est point l'Expansion qui a pu la produire; l'Expansion n'est pas un corps, mais une action; par elle-même, elle ne peut être que de même intensité dans tous les points de l'espace; sa tendance universelle doit être de distribuer uniformément la matière dans cet espace qui la contient; pourquoi donc la matière est-elle, ici, entassée et agrégée; là, très rare et très mobile?

Ces considérations sont d'une justesse frappante. Il est de toute évidence que si, à une époque quelconque, la matière avait pu se trouver disséminée uniformément dans l'espace, l'Expansion n'aurait pu être que pleinement satisfaite dans sa tendance essentielle ; par conséquent la Matière, rendue immobile, dans tous les points de l'espace, par l'égalité parfaite et simultanée de toutes les impulsions, aurait persisté invariablement dans cette immobilité absolue ; la substance de tous les Êtres aurait existé, et cependant aucun Être n'aurait pu se composer ; l'existence de la Matière aurait demeuré stérile.

Pour amener la composition des corps, il a donc fallu qu'un trouble universel fût porté dans une distribution de matière qui, par elle-même, ne pouvait être qu'uniforme. Supposerons-nous que ce trouble producteur a toujours existé ? que la matière a toujours été distribuée, comme elle l'est actuellement, en groupes systématiques ? Mais cette distribution par groupes systématiques ne se présente à notre pensée que comme le fruit d'un accident, tandis que la dissémination uniforme se présente comme naturelle et essentielle, puisqu'elle est le but naturel et essentiel de la Force unique et universelle de l'Expansion.

Laissons-nous donc entraîner à conclure que l'état de dissémination uniforme a été l'état antérieur et préparatoire ; tout alors, dans l'espace, était en Équilibre de repos.

La Cause suprême a troublé ce genre d'Équilibre, afin de le convertir en Équilibre de mouvement, en Équilibre d'actions et de réactions correspondantes, en Équilibre de formations et de destructions. Maîtresse de la Force même qu'Elle avait instituée, Maîtresse de l'Expansion, Elle en a subitement augmenté l'énergie sur un nombre infini de points, séparés les uns des autres par plus ou moins de distance ; ce qui a subitement produit une Compression correspondante sur les points intermédiaires. Ainsi a commencé l'alternative oscillatoire des deux Forces universelles ; ainsi a commencé l'entassement, l'agrégation de la matière en certains points de l'espace, et, par compensation, la rareté et la mobilité de la Matière dans les intervalles qui les séparaient ; ainsi a commencé ce qui existe ; l'Univers producteur n'a été qu'une modification imprimée, par la Cause Suprême, à l'Univers stérile.

Souffrez, Messieurs, que, pour être mieux entendu de vous sur un sujet si élevé, j'emprunte une image d'une application facile.

Supposons une plaine liquide, parfaitement tranquille, par conséquent en Équilibre d'uniformité ou de repos. Donnons à cette plaine liquide une étendue sans limites, afin qu'elle puisse représenter une des dimensions de l'espace,

Faisons tomber sur un point quelconque de cette surface, mais sur un seul point, un corps capable de troubler, par sa chute, la tranquillité du liquide; à l'instant, la perturbation unique diverge circulairement autour de son centre; elle se propage sans terme, mais aussi sans retour, sans réaction, par cela même que le liquide n'a point de limites.

De même, si, lorsque la matière était uniformément disséminée dans l'espace, la CAUSE SUPRÊME n'avait subitement redoublé qu'en un seul point l'énergie de l'Expansion, la perturbation aurait seulement rayonné autour de ce point; elle se serait étendue indéfiniment dans l'espace, mais sans donner naissance à une seule composition. Il faut que la perturbation ait, à la fois, été imprimée sur un nombre infini de points dans l'infini de l'espace, afin que la divergence, provoquée sphériquement par chaque perturbation particulière, subissant le contrôle de toutes les divergences provoquées sphériquement par toutes les perturbations environnantes, il ait pu s'établir, dans l'infini de l'espace, un système universel d'action et de réaction.

Ce grand acte de puissance a-t-il été opéré sur des points séparés les uns des autres par des intervalles réguliers? l'observation démontre le contraire, et la raison justifie le choix de l'irrégularité. Si les divers centres de condensation, d'où sont nés les premiers groupes de matière, et que les Étoiles représentent en ce moment, avaient reçu, au premier instant, une disposition régulière, si, de plus, la force subite qui les produisait, eût agi, partout, avec la même intensité, le balancement universel se serait constitué avec une régularité exacte et invariable; l'Univers aurait éternellement montré une distribution par compartimens égaux et symétriques; seulement les points de condensation et les points de dilatation auraient alternativement échangé leurs places respectives, mais à intervalles de temps toujours égaux, ce qui aurait donné, à l'ensemble des distributions, et à l'ensemble des mouvemens, une accablante monotonie.

Il n'en est pas ainsi : les distributions générales et les mouvemens généraux sont constamment et universellement variés ; l'Univers, pour ainsi dire, s'entrelace lui-même par ramifications indéfinies ; chaque impulsion particulière ayant eu un degré particulier d'intensité, et les divers points qui ont reçu ces impulsions ne s'étant pas trouvés, les uns à l'égard des autres, dans des positions régulières, chaque sphère d'ondulation a été différente des sphères environnantes;

chaque ondulation, émanée d'un centre quelconque, s'est mise à serpenter à travers toutes les autres; chacune a eu, devant elle, l'immensité du temps et de l'espace; ce qui a établi, pour l'éternité des temps à venir, l'indéfinie variété des positions et des combinaisons.

On voit maintenant pourquoi le spectacle universel change sans cesse, quoique toutes les pièces qui le composent restent en Équilibre.

C'est ce que nous développerons avec quelques détails, lorsque nous expliquerons la formation successive des étoiles et des planètes; en attendant, l'aperçu que nous venons de tracer suffit pour nous montrer, dans la Constitution universelle, les fruits d'une intention profonde. Dès nos premiers pas dans l'étude de cette Constitution, nous découvrons les preuves d'une Intelligence sublime et d'une Puissance infinie, qui disposent, à leur gré, de toutes les forces et de toute la matière de l'Univers.

De ce seul entrelacement que nous venons d'indiquer, de l'entrelacement continu des deux Forces universelles dans tous les points de l'espace, mais à des degrés indéfiniment variés, résultent tous les genres d'Êtres dont l'Univers se compose. L'histoire de l'Univers, cette histoire immense que nous allons entreprendre, n'est jamais que la série graduelle des effets produits par la combinaison de l'Action et de la Réaction, ou de l'Expansion et de la Compression. Si nous savons commencer par celles de leurs combinaisons qui sont les plus simples, continuer par celles qui ont moins de simplicité, continuer encore par celles qui sont d'une complication successivement plus avancée, finir par celles qui ont le plus de complication, nous aurons tout décrit, tout expliqué; car nous aurons suivi l'enchaînement universel des Faits et de leurs conséquences.

Telle est la noble tentative à laquelle nous allons nous livrer; et, de ma part, ce n'est point sans confiance. Je le déclare avec franchise : mon esprit est satisfait des pensées qui le remplissent; il les juge conformes aux Faits, et à l'ordre des Faits.

Mais vous, Messieurs, tout ce que, par bienveillance en ma faveur, et par estime pour mon sujet, vous pouvez concevoir, ce n'est encore que de l'espérance; je désire qu'elle soit assez vive dans votre âme pour soutenir votre attention, et pour vous exciter à m'adresser, soit par écrit, soit de vive voix, toutes les questions qui pourront vous conduire à entendre clairement, à recevoir sans réserve, le Système que j'aurai l'honneur de vous présenter. Mes réponses sont prêtes; je crois avoir prévu tout ce qui peut m'être opposé.

Et si je me trompe, si des objections que je n'aurai pas prévues, que je n'aurai pas résolues d'avance, viennent un moment me surprendre, elles seront, pour mon œuvre, un nouveau secours; car elles me contraindront à des réflexions nouvelles, qui auront nécessairement pour résultat, d'augmenter l'ordre et la clarté de mes pensées générales.

Tout essai de résistance affermit la Vérité, parce que la Vérité n'est autre chose que l'expression de la Puissance par laquelle tout se meut, et à laquelle rien ne peut efficacement résister, puisque tout est son ouvrage.

DEUXIÈME SÉANCE.

(8 décembre 1821.)

Réponse à trois lettres. — Idée générale du Système.

MESSIEURS,

A l'instant où je me présente devant vous pour la seconde fois, je reçois trois lettres qui se rapportent sans doute aux pensées fondamentales que j'ai déjà exposées. Les personnes qui, cédant à mon invitation, ont bien voulu entrer ainsi en conférence avec moi, sont vraisemblablement au nombre de mes auditeurs. Je vais lire ce qu'elles m'ont fait l'honneur de m'adresser; je mêlerai à cette lecture les commentaires et les réponses qui me seront inspirées par le désir de les satisfaire; je ne crains pas d'annoncer que j'ai l'espoir d'y parvenir.

PREMIÈRE LETTRE (*anonyme*) (*).

« Monsieur,

» Vous posez en fait, si j'ai bien saisi ce point de doctrine, que tous les êtres tendent à disperser leurs parties, plutôt qu'à se maintenir autour de leur centre. Sans les résistances qui y mettent obstacle, un grain de sable se gonflerait indéfiniment pour remplir, à lui seul, l'immense espace dont le temps est le cadre mobile. La pensée, qui est cependant ce que nous connaissons de plus expansif, ne saurait ici suivre le vol de la matière.

» Là où toute idée expire, commence l'infini. Notre entendement ne conçoit que des forces finies; l'Expansion a donc aussi ses limites. »

Réponse.

Non, Monsieur; l'Expansion, considérée comme Action, et indépendamment des Êtres sur

(*) Je passe le préambule; et, généralement, je m'abstiendrai ici de transcrire les expressions flatteuses dont j'ai été personnellement l'objet. Toutes les lettres que j'ai reçues, quoique presque toutes sans signature, ont eu le caractère et le ton très honorables; je ne dois fixer que dans ma reconnaissance ce qui est étranger au sujet de mes discussions.

lesquels elle s'exerce, ne peut avoir de limites; car une Action n'est pas un corps; et dès l'instant où vous placez des bornes, où vous limitez une étendue, vous prenez aussitôt l'idée fixe, positive, d'un corps dont vous dessinez la figure. Cherchez, réfléchissez : vous resterez convaincu que tout ce qui est limité a une forme, et que tout ce qui a une forme est nécessairement matériel, est nécessairement un corps.

L'Expansion s'exerce sans doute sur la Matière; celle-ci est, comme nous l'avons dit, le sujet de l'Expansion; nous ne saurions même concevoir comment l'Expansion pourrait encore s'exercer, si la matière était anéantie; il n'en est pas moins de toute certitude que l'Expansion n'est point un Être matériel; elle n'a point de formes, par conséquent point de limites; vous ne sauriez en dessiner l'idée; pour la représenter abstraitement, vous manquez absolument d'expression; si vous tentez de la décrire, vous êtes obligé de vous borner à faire la description de ses effets.

L'Expansion, avons-nous dit, est un mode d'action, un mode de mouvement. Or, le mouvement lui-même, le mouvement le plus simple, le mouvement de translation, celui qui promène sur une table une boule d'ivoire, est-il un Être matériel? Vous le peignez vous sous une forme circonscrite? dites-vous : Le Mouvement est un Être sphérique, ou un Être prismatique? Lui donnez-vous, dans votre esprit, ces propriétés si essentielles à la matière, l'étendue, la figure? Non, sans doute; vous vous bornez à dire : Cette boule d'ivoire était tout à l'heure immobile; je l'ai frappée, je l'ai mise en mouvement; quel changement matériel s'est-il opéré dans la boule? Je n'ai pas augmenté sa masse d'un atome de matière, et je n'ai apporté à sa forme sphérique aucune altération.

Or, vous le savez, Monsieur, car votre lettre annonce un homme éclairé, vous savez ce que les Géomètres et les Mécaniciens démontrent : si un corps en mouvement ne rencontrait jamais d'autres corps, soit immobiles, soit moins rapides que lui, si, en un mot, il n'avait jamais à traverser que de l'espace entièrement vide, il conserverait éternellement la totalité de son mouvement.

La Géométrie et la Mécanique se réunissent donc pour attester que, par elle-même, toute Action, toute Force est sans limites, est infinie. Ce caractère doit nécessairement appartenir à l'Expansion. L'infini de l'espace est son territoire, son apanage.

L'Espace lui-même ne saurait être figuré,

morcelé. Lorsque nous disons, Un tel corps occupe un espace d'un pied cube, c'est la matière de ce corps qui est figurée, limitée, circonscrite; la forme est apposée sur la matière, et non sur l'espace qui n'est pas un Être, qui ne peut rien recevoir.

Par une autre fiction très ingénieuse, très spirituelle, et qui vous appartient, Monsieur, je ne l'ai du moins encore vue nulle part, vous donnez à *l'immense espace le temps pour cadre mobile.*

Le Temps n'enferme rien, et ne peut être enfermé; il n'est pas plus un Être que l'Espace; il n'est pas non plus une Action; mais il est manifestement impossible qu'une Action s'exerce sans *lieu* et sans *durée;* l'Espace est le lieu de l'Action; la durée en est le Temps; ainsi l'Espace et le Temps ne sont autre chose que deux conditions de l'Action universelle du Mouvement.

Votre expression n'en est pas moins heureuse; et, si vous me permettez de vous la dérober, je dirai avec réalité : Que la Matière est le *cadre mobile* du Mouvement; elle le suit indéfiniment dans le temps et dans l'espace; elle prend toutes les formes qu'il lui imprime; elle se place dans tous les lieux qu'il lui ordonne d'occuper.

« Notre pensée, dites-vous, est ce que nous

connaissons de plus expansif; cependant elle ne saurait suivre le vol de la matière. »

Voilà encore une idée noble et brillante; mais, Monsieur, craignons de mettre trop de Poésie dans la Philosophie. Sans doute, en chacun de nous, la pensée est ce qui jouit de l'Expansion la plus féconde; et nous dirons un jour d'où lui vient cet avantage; mais notre pensée, même la plus vive, celle qui semble nous faire dévorer les temps et les distances, celle, par exemple, qui, en imagination, nous transporte du soleil à notre globe sur les ailes de la lumière, une telle pensée, et celles qui lui ressemblent, ne font néanmoins que nous tenir dans une illusion animée; nous ne sortons pas de nous-mêmes à l'instant où nous concevons les effets les plus vastes et les mouvemens les plus rapides. Pensez-vous, lorsque nous imaginons l'explosion d'un volcan, lorsque nous nous représentons ses effets terribles, qu'il nous soit donné en ce moment d'occuper réellement, par l'extension de notre Être, un espace égal à celui que l'Expansion volcanique couvre de flamme, de lave et de débris? N'est-ce pas au sein de nous-mêmes que nous en développons toute l'image?

Vous ajoutez: « Là où toute idée expire, commence l'infini. »

Vous vous trompez, Monsieur, l'infini commence partout, et son début, en tout sens, autour d'un point quelconque, est même tout ce que nous pouvons en concevoir. Du léger espace que vous occupez, Monsieur, rien ne vous empêche de faire partir plusieurs lignes en des sens différens; mais prolongez ces lignes, prolongez-les encore, et par degrés excessivement rapides; vivez des milliards de siècles, et passez-les uniquement à étendre autour de vous ces lignes émanées de votre Être, vous n'aurez encore atteint, en tout sens, que le commencement de cet infini dont vous êtes le centre; et s'il vous est donné de vous transporter successivement à l'extrémité de chacun de ces rayons que vous aurez tracés, vous ne vous trouverez encore, au terme de chacun de vos voyages, vous ne vous trouverez qu'au commencement de l'Univers.

Cette idée vous accable; elle n'en est pas moins certaine. Jamais votre pensée, ni la mienne, ni celle d'un homme quelconque, n'embrasseront l'infini, précisément parce que l'infini n'ayant point de limites, ne peut être contenu, figuré, saisi, embrassé. Mais l'infini de l'Univers est un Fait, susceptible de démonstration rigoureuse; ce qui suffit pour nous en donner, non l'intelligence, mais la conviction. Ce Fait accablant,

L'Univers est infini, repose sur un témoignage invincible, car c'est l'Univers même qui le donne; et voici ce témoignage :

Si l'Univers, tel qu'il existe, cessait un seul instant d'être infini, à cet instant même il perdrait l'existence.

Voulez-vous, Monsieur, que je vous rende cette idée personnelle, ainsi qu'à chacun de mes auditeurs? je vous dirai :

Si l'Univers cessait un instant d'être infini, si, recevant subitement des limites, il se trouvait brusquement entouré d'un espace vide et infini, à ce même instant tous les élémens qui composent votre Être, ainsi que tout le globe dont vous faites partie, se sépareraient, se projetteraient en tout sens, se poursuivraient sur les lignes de l'infini avec une rapidité sans mesure, et jamais, absolument jamais, ne rentreraient en composition.

Ainsi, tandis que c'est votre Expansion envers l'infini qui vous anime, qui fait en vous le mouvement et la vie, c'est la réaction de l'infini envers vous qui vous conserve, qui maintient votre existence.

Voilà, Monsieur, ce que, dans ma première discussion, j'ai cherché à établir comme Vérité d'une haute évidence. Mais comme une telle Vérité, l'infini de l'Univers, sort entièrement de la ligne des Vérités sensibles, elle ne peut être reçue sans résistance par l'homme judicieux qui l'aborde pour la première fois. Aussi je ne suis rien moins que surpris des efforts qu'elle vous demande. Mais vous finirez, comme moi, par l'adopter avec certitude, sans jamais la concevoir.

Je passe à la seconde lettre (signée *L. Esbelin*). En voici l'extrait :

« Je croyais, Monsieur, jusqu'au moment où j'ai eu l'honneur de vous entendre, que le *principe universel des choses*, que la source et la raison de tous les Êtres qui composent ce vaste Univers, ne pouvait être que celui qui possède l'*Etre* dans toute sa plénitude, celui dont l'infini absolu caractérise l'essence, celui que Descartes, Pascal, Leibnitz, appelaient DIEU. Mais, en vous écoutant, j'ai conçu des doutes sur la vérité de cette pensée. *L'Univers*, avez-vous dit, *est infini ; il est absolument nécessaire*. Mais ne pouvons-nous pas concevoir, dans le sein même de l'Univers, un nombre immense d'Êtres de plus que ceux qui y existent ? ceux qui y sont ne sont donc point *nécessaires ;* et il n'est que l'Être infini par lui-même qui puisse exister *nécessairement*. »

Réponse.

De deux choses l'une, Monsieur : ou, dans ma première improvisation, j'ai manqué quelquefois de précision et de clarté, ou, ce qui est moins vraisemblable, votre attention ne s'est pas toujours soutenue au degré nécessaire pour que vous pussiez saisir et retenir avec exactitude toutes mes expressions. Dans l'un ou l'autre cas, je vous dois des remerciemens pour l'occasion que vous me fournissez de revenir sur une pensée majeure; je ne négligerai rien pour me faire mieux entendre.

J'ai dit, ou du moins j'ai voulu dire, que l'existence de l'Univers une fois accordée comme Fait incontestable, on ne pouvait s'empêcher de reconnaître qu'il était *nécessairement infini*; et c'est ce que je viens de répéter en répondant à la lettre précédente; mais je n'ai jamais pensé que l'existence de l'Univers fût *nécessaire*. Par cela même, comme vous le dites très bien, que je puis y ajouter en imagination un nombre immense d'Êtres qui se placeraient entre ceux qui existent, je puis également, en imagination, anéantir un nombre immense des Êtres qui le composent. A la vérité, je ne puis aller, en imagination, jusques à concevoir comme possible l'anéantissement absolu de l'Univers matériel ; car il est manifestement impossible d'arriver, par voie successive, à l'anéantissement de ce qui est en quantité infinie. Mais, par l'imagination, je puis très bien faire abstraction de toute la matière, et concevoir l'infini de l'espace comme entièrement vide ; c'est-à-dire que je puis supposer et concevoir que la matière ait pu ne pas être créée, que l'Univers matériel ait pu ne pas exister.

J'ajouterai maintenant que je puis encore concevoir la matière comme créée, comme existante, mais immobile ; je puis la concevoir étendue, figurée, disséminée, ou entassée, mais sans action, sans mouvement, et dans cet état d'inaction générale et absolue, rien ne lui serait moins nécessaire que d'être en quantité infinie ; toute la matière existante, si elle était immobile, pourrait très bien être agglomérée dans un espace fini, limité, très circonscrit ; à la vérité ce que je chercherais vainement alors, ce serait la raison de cette existence circonscrite, immobile et inutile. Mais, je le répète : il suffit que je conçoive toute la matière existante comme pouvant être ainsi immobile et ramassée, pour que je perde le droit de dire que le mouvement et l'infini lui sont essentiels.

Il n'en est plus ainsi aussitôt que je reconnais ce FAIT comme évident et authentique : la Matière est pénétrée de Mouvement ; c'est par le Mouvement qu'elle est productive ; c'est par le Mouvement qu'elle forme et constitue l'Univers.

Dès-lors, je dis que la quantité de Matière est *nécessairement* infinie, parce que le Mouvement étant une Action, et non un corps, est nécessairement sans limites, que, par conséquent, si la Matière était en quantité déterminée, si, dès le principe de son existence, elle avait occupé un espace limité, le Mouvement, au lieu de la conduire à produire des corps, n'aurait pu être éternellement employé qu'à la diviser et à la dissiper.

Vous le voyez maintenant, Monsieur, je n'atteste comme *nécessaires* que les conséquences immédiates des Faits existans. Mais je n'atteste point que ces Faits eux-mêmes étaient *nécessaires ;* je reconnais, au contraire, qu'ils ont *nécessairement* une origine, une CAUSE SUPRÊME, existant par elle-même, ayant par elle-même, toute la plénitude de l'Être, toute la perfection et toute l'universalité de l'existence. Ce que je nomme les *Faits-Principes*, ne peuvent, à mes yeux, en être que l'émanation. Cette CAUSE SUPRÊME, c'est le DIEU de Descartes, de Pascal, de

Leibnitz; c'est le vôtre, Monsieur, c'est le mien; c'est celui de tous les hommes sensibles et raisonnables. Si, dans ma première séance, j'ai employé spécialement le titre de CAUSE SUPRÊME, si j'ai insisté sur ce titre, c'est parce que, dans la langue philosophique, il faut, autant qu'on le peut, se servir de mots qui soient des définitions. J'ai eu soin, d'ailleurs, de qualifier de *Cause seconde universelle*, ce Fait initial, cette EXPANSION universelle, qui est manifestement le mode unique et universel de l'Action imprimée par la Cause suprême; en lui donnant ce titre de *Cause seconde universelle*, j'ai voulu établir que l'*Expansion*, loin d'exister par elle-même, n'était que le Ministre universel de la Cause suprême, du Monarque créateur.

Je suis allé plus loin. J'ai montré que l'Expansion, ayant pour caractère essentiel de donner universellement à la matière une dissémination uniforme, ou, comme je l'ai dit, de la constituer en Équilibre de repos, en Équilibre stérile, ne pouvait avoir été empêchée de produire son effet essentiel, et de le maintenir, que par une Puissance qui la maîtrise, qui, par conséquent, en est la Cause et l'origine.

Cette démonstration de la *nécessité* d'une Cause suprême, de la nécessité d'un DIEU, m'a paru la plus forte, la plus frappante, que l'Univers puisse fournir.

Voilà, Monsieur, ma profession de foi philosophique; voilà du moins mon premier article; et de ce premier article découleront, un jour, des pensées, des sentimens d'une haute importance.

Mais étudions d'abord l'ouvrage du Créateur; apprenons à le bien connaître; sachons les Faits, non tels que notre imagination pourrait se plaire à les arranger, mais tels qu'ils sont; sachons la Vérité. Elle seule nous élèvera vers l'Être infini qui a pu la produire.

TROISIÈME LETTRE (*anonyme*).

« Monsieur,

» Les raisonnemens sur lesquels vous avez établi qu'il n'existe, et ne peut exister, dans l'Univers, qu'une seule Force, paraissent invincibles; et cette Force unique, ce Principe universel de tous les mouvemens ne peut être que l'Expansion; c'est encore ce que vous avez démontré. Enfin, l'Expansion se contrôle et se réprime par elle-même, puisque, l'Univers étant infini, chaque corps est à la fois, centre d'Expansion divergente, et terme d'Expansion convergente, ou de Compression; de plus, ces deux emplois d'une même puissance ne peuvent être qu'égaux entre eux; la source de l'Action et de la Réaction étant unique, il est impossible que l'une soit supérieure à l'autre.

» Mais, puisqu'il en est ainsi, comment ces deux emplois de la Puissance unique ne se neutralisent-ils pas? Comment peut-il se produire des mouvemens, des changemens, des effets?

» Une autre difficulté m'arrête : vous avez dit que le Mouvement n'étant pas un Être matériel, mais une Action, ne pouvait être qu'égal à lui-même dans tous les points de l'espace. S'il en est ainsi, comment son intensité paraît-elle augmentée en certains points, et affaiblie en d'autres points? Comment l'étude des phénomènes de la Mécanique nous montre-t-elle tant de degrés dans le Mouvement? »

Réponse.

Cette lettre est d'un homme très attentif, très judicieux, qui déjà adopte le Principe universel, qui seulement n'en a pas encore saisi toutes les conditions; et vraisemblablement, c'est plus la faute de ma première explication que de son intelligence.

L'Expansion, ai-je dit, est une Action de nature immatérielle; pour cette raison, elle tend sans cesse à se répandre uniformément dans l'espace, et c'est parce qu'elle a constamment et universellement cette tendance que l'Équilibre est la Loi de l'Univers.

Mais cette uniformité n'est qu'une tendance constante et universelle; elle ne devient jamais un Fait actuel et permanent. J'en ai dit la raison; mais je ne dois pas craindre de la répéter; c'est, dans le Système universel, une idée fondamentale.

La Cause suprême de l'Expansion a imprimé inégalement cette Force dans les divers points de l'espace; ce qui a produit, dans l'ensemble des Êtres, une inégalité d'énergie expansive, ne pouvant plus être effacée, mais ne pouvant non plus être fixée, l'infini de l'Univers la contraignant à se croiser sans cesse, à se distribuer successivement et alternativement sur tous les points. C'est, comme je l'ai dit, ce qui a changé l'Équilibre de repos, en équilibre d'oscillation. Je m'explique par un exemple.

Le Globe que nous habitons est le théâtre continu de deux ordres de mouvemens : les mouvemens d'Expansion qui le dilatent et l'échauffent, et les mouvemens de Compression qui le condensent et le refroidissent. C'est par lui-même qu'il est expansif, indépendamment de tout secours étranger ; mais son Expansion peut recevoir des secours étrangers, et elle en reçoit.

Si tous les Globes qui environnent la Terre ne jouissaient que d'une Expansion égale à la sienne, il y aurait, dans tous les momens de sa durée, et dans tous les points de sa masse, égalité d'action et de réaction ; ce qui neutraliserait tous les mouvemens.

Mais il n'en est pas ainsi. L'Expansion de notre Globe est, actuellement, moins ardente que celle du Soleil; et la proximité de cet astre nous soumet à son influence. D'un autre côté, cette influence du Soleil ne s'applique pas en même temps, et avec uniformité, sur tous les points du Globe terrestre. Celui-ci, par l'inclinaison de son axe, et par son mouvement de rotation, présente successivement, et alternativement, tous les points de sa surface à la lumière du soleil. L'Expansion terrestre est ainsi secondée, successivement et alternativement, sur tous les points du globe ; ce qui, par compensation, seconde, successivement et alternativement, la Compression sur les points opposés. Ce balancement oscillatoire se trouve ensuite croisé, modifié, varié, d'une manière indéfinie par l'indéfinie variété des circonstances locales ; mais le balancement est toujours exact et absolu, en prenant l'ensemble du globe, et l'ensemble de l'année qui ramène la Terre dans la même position à l'égard du Soleil.

Nous développerons cette Théorie générale des mouvemens terrestres, mais l'aperçu que je viens de vous en présenter doit suffire, ce me semble, pour vous montrer que l'action expansive et la réaction compressive ne s'exercent jamais ensemble sur le même point avec une intensité égale et soutenue, que, par conséquent, elles ne peuvent pas se neutraliser, ou se réduire mutuellement à la nullité d'effets; alternativement, sur le même point, dans le sein du même Être, elles se succèdent et se remplacent, mais toujours avec un balancement exact, ce qui maintient à la fois le Mouvement et l'Équilibre.

Retenez donc déjà cette Loi, dont l'exécution constante nous expliquera, dans la suite, un nombre immense de phénomènes :

Toutes les fois qu'un mouvement, d'un ordre quelconque, soit expansif, soit compressif, s'exerce quelque part avec une intensité plus forte que l'intensité ordinaire, un mouvement de l'ordre opposé s'exécute sur d'autres points, au même instant, et avec le même degré d'intensité. Par exemple, un vaste incendie, à la surface d'une partie quelconque du globe terrestre, se compense au même instant, sur d'autres points, par un refroidissement d'une force égale. De plus, au terme de l'incendie, le point ravagé passe sous une Compression égale à l'Expansion accidentelle qu'il a supportée, et, réciproquement, les points situés dans d'autres climats, dont l'incendie a occasioné le refroidissement, éprouveront une augmentation proportionnelle d'Expansion.

Il faut que tous les effets et contre-effets se balancent avec une rigoureuse exactitude; sans cela, l'Univers tomberait dans le chaos.

Telles sont, Messieurs, les réponses que je devais m'empresser de faire aux questions ou observations que trois d'entre vous ont bien voulu m'adresser. Je les remercie de nouveau de ces témoignages de confiance, et je les prie, ainsi que vous tous, Messieurs, de m'accorder les mêmes témoignages toutes les fois que mes explications laisseront dans votre esprit quelques nuages, quelques difficultés (*).

(*) C'est une invitation, ou même une prière, que j'adresse également aujourd'hui à mes Lecteurs. Quels que soient les efforts que j'ai faits pour mettre le plus de correction possible dans mon ouvrage, je suis loin

Je vais maintenant, Messieurs, vous rappeler la dernière pensée que j'ai exposée à ma séance précédente, et partir de ce terme pour vous donner une idée générale du Système universel.

L'histoire de l'univers, ai-je dit, cette histoire immense que nous allons entreprendre, n'est jamais que la série graduelle des effets produits par la combinaison de l'action et de la réaction, ou de l'Expansion et de la Compression.

Ces effets sont non-seulement des mouvemens

---

de le présenter comme n'étant plus susceptible d'une correction plus grande; j'ai pu encore me tromper, non sur le Principe, et ses applications principales, mais sur des Faits particuliers; j'ai pu, en les rattachant à la Cause universelle, les y conduire par des liens et des intermédiaires, que la nature n'a pas employés, ou qu'elle a disposés dans un ordre différent de celui que j'ai indiqué.

C'est ce qui pourra être aperçu par des hommes plus versés que moi dans la connaissance de ces Faits particuliers, par conséquent plus capables que moi de porter à toute sa perfection la partie du Système universel à laquelle ces Faits se rapportent. S'ils prennent la peine de me transmettre leurs observations, je serai très reconnaissant de leur complaisance, je les discuterai dans un volume supplémentaire que j'ajouterai à mon ouvrage; cette discussion pourra être quelquefois d'un grand intérêt; je nommerai, ou je ne nommerai pas, selon leurs désirs, les personnes qui auront bien voulu s'y prêter.

indéfiniment variés, mais des Êtres dont la constitution est graduellement plus compliquée; chacun de ces Êtres a ses conditions particulières d'existence, conditions qui lui sont absolument propres et spéciales, en sorte qu'il n'existe jamais en même temps, ni peut-être dans des temps successifs, deux Êtres parfaitement identiques de formes, de nature, de propriétés.

Mais comme, dans le même temps et dans des temps successifs, il en existe qui ont entre eux bien des ressemblances, comme d'ailleurs ceux qui ont entre eux des ressemblances nombreuses et marquées, sont distingués, par des différences également nombreuses, également marquées, d'autres Êtres auxquels, pour cette raison, on peut aisément les comparer, on est parvenu à distribuer généralement tous les Êtres en un certain nombre de groupes ou de classes, dont les limites ne peuvent avoir rien de précis, rien de tranché, mais qui, dans ce que l'on pourrait appeler leur centre ou leur noyau, ont des caractères assez prononcés pour que l'on puisse les fixer et les décrire.

Ce grand travail, que les Naturalistes se sont imposé, est maintenant assez avancé, assez perfectionné pour que l'on puisse calquer, sur ses résultats, le dessin de la Science générale. La série graduelle des Êtres est tracée d'après la complication progressive de leur constitution; il ne s'agit plus que de suivre le Principe universel dans la production graduelle de toutes les conditions caractéristiques; car le Principe universel, l'Expansion, est nécessairement la Cause immédiate de toutes ces conditions.

Notre Plan est donc indiqué. Nous nous occuperons d'abord des Êtres dont la constitution a le plus de simplicité. Les Naturalistes ont déjà donné à ces Êtres le titre d'Êtres *sans organisation*, d'Êtres *inorganisés*. Mais ce titre, qui porte à notre esprit l'idée d'une négation, suppose que la *propriété organique* dont ces Êtres sont privés est connue, du moins confusément, par les Naturalistes; et en effet, sans pouvoir encore définir avec précision en quoi consiste la différence qui distingue l'état *organique* de l'état *inorganique*, ils assignent, pour l'état *organique*, des conditions remarquables qui manquent à l'état inorganique; ce qui suffit pour qu'ils aient pu établir largement, ou plutôt vaguement, dans la chaîne des Êtres, deux grandes divisions.

Mais nous, dont les définitions doivent être précises, parce que chacune doit être le résumé d'une explication, nous ne pourrons poser la définition générale des Êtres *inorganisés*, qu'en concurrence avec celle des Êtres *organisés;* nous jugerons même plus convenable de commencer par celle-ci ; la définition des Êtres *inorganisés* devant, pour ainsi dire, en découler toute seule.

Ainsi nous dirons que, dans le sein des Êtres *organisés*, l'Expansion a des foyers particuliers où elle s'exerce avec une intensité spéciale, et d'où elle se distribue dans le reste de l'économie, à l'aide de canaux plus ou moins nombreux, plus ou moins coordonnés. *L'organisation* est d'autant plus élevée que les foyers intérieurs sont plus actifs, moins nombreux, et que leurs relations mutuelles sont plus libres, plus faciles, plus assurées.

Ce mode d'Expansion ne trouve pas dans les Êtres *inorganisés* les moyens de s'exercer. Ces Êtres sont nécessairement expansifs, par cela seul qu'ils existent; mais l'Expansion, dans leur sein, s'effectue indifféremment de chaque point vers tous les autres; elle n'a ni foyers d'action spéciale, ni canaux de distribution.

Il est évident, d'après la comparaison de ces caractères, que la constitution des Êtres inorganisés est plus simple que celle des Êtres organisés; par conséquent les Êtres inorganisés sont les premiers que les Puissances universelles parviennent à composer; ils sont manifestement à la base de la série progressive des Êtres. Nous devons ainsi les placer au commencement de notre étude; c'est à eux de nous révéler comment procèdent les Puissances universelles lorsqu'elles commencent à agir sur la matière.

Lorsque nous aurons acquis cette connaissance, nous posséderons la Science fondamentale, la *Physique*, Science vaste et de première importance, qui n'a pu, jusqu'ici, être tramée que de contradictions et de mystères, parce que l'on a manqué du flambeau qui seul pouvait porter la lumière dans ses ténèbres et ses détours.

Éclairée par le Principe universel, la Physique sera pour nous ce qu'elle est nécessairement en elle-même, la Science la plus simple, la Science qui traite des mouvemens et des propriétés des Êtres qui ont le plus de simplicité.

Dans cette Science fondamentale, dans la Physique, nous comprendrons naturellement l'Astronomie, qui n'est autre chose que la Physique des Astres; et la Géologie ou Science de la Terre, considérée dans son ensemble, et comme un des Globes de l'Univers.

Lorsque nous aurons ainsi parcouru le champ entier de la Physique générale, nous aborderons la Science des Êtres organisés. On a donné à cette Science le nom de Physiologie, et on l'a divisée en trois branches, graduellement plus fortes, plus fécondes : la Physiologie des Végétaux, la Physiologie des Animaux, et la Physiologie de l'Homme. Nous suivrons cette échelle immense.

Par cette marche progressive, dont chaque degré sera un Fait ou un Être, cet Être ou ce Fait, immédiatement lié à ceux qui le suivent et à ceux qui le précèdent, nous arriverons à un terme où nous commencerons à apercevoir l'exercice de la *sensibilité*, propriété mystérieuse, inexplicable, comme l'Expansion, comme le Mouvement; mais propriété mesurable, appréciable, comme le Mouvement, dans les conditions de son existence; c'est-à-dire que nous apprendrons, à l'aide des Faits, quelles circonstances, quelles conditions, sont nécessaires pour que la Sensibilité s'exerce d'une manière apercevable, et ensuite pour qu'elle s'accroisse, pour qu'elle s'élève à toute l'énergie dont elle est susceptible, pour qu'elle décroisse, s'affaiblisse, se suspende, s'éteigne, parcoure en un mot toutes les vicissitudes d'augmentation et de diminution, toutes les alternatives de naissance et d'anéantissement. C'est ainsi que nous établirons une Science réelle et précise, non de la Sensibilité considérée en elle-même, mais de l'exercice de la Sensibilité.

Lorsque nous élèverons cette Science, voici le resultat le plus important qui se montrera à nos regards :

La Sensibilité a deux emplois opposés qui se font mutuellement Équilibre : ces deux emplois sont le *plaisir* et la *souffrance*. Toutes les fois qu'un Être sensible se forme ou s'améliore, la sensation qui accompagne cet acte de formation ou d'amélioration est une sensation de plaisir ; toutes les fois, au contraire, qu'un tel Être s'altère ou se détruit, il éprouve une sensation douloureuse ; et la vivacité de son plaisir, ou celle de sa douleur, suivent toujours avec exactitude la mesure de l'amélioration ou de l'altération qui se sont effectuées.

Or, dans l'ensemble de la vie de tout Être sensible, les mouvemens d'altération ou de destruction forment nécessairement une somme égale à celle des mouvemens de formation et d'amélioration ; d'où il suit que, dans l'ensemble de la vie de tout Être sensible, la peine égale le plaisir.

C'est sous ce rapport que les destinées humaines, quoique variées à l'infini, sont toutes égales entre elles : Principe d'Équilibre et de justice, la plus imposante, la plus féconde de toutes les grandes Vérités.

Nous appliquerons ce Principe aux individus et aux Peuples; mais, pour que nos discussions à cet égard soient appuyées sur des bases inébranlables, il sera nécessaire que nous ayons donné d'avance la définition de l'homme intellectuel; car les destinées humaines se composent, en très grande partie, des peines et des plaisirs de l'intelligence.

Nous arriverons à cette connaissance de l'homme intellectuel, comme à toutes celles qu'il nous importe d'acquérir; notre étude sera graduelle; elle se nourrira surtout de comparaisons progressives. De même qu'en suivant la chaîne ascendante des Êtres organisés, nous aurons rencontré un terme où la Sensibilité sera devenue apercevable, de même, en nous élevant encore de quelques degrés, nous rencontrerons le terme où la faculté intellectuelle commencera à se manifester. Nous ne parviendrons point cependant à définir en elle-même l'*Intelligence*, pas plus que la Sensibilité, pas plus que le Mouvement; mais nous pourrons, comme nous l'aurons fait en traitant de la Sensibilité, indiquer avec détail et exactitude les conditions organiques nécessaires pour que l'Intelligence puisse s'exercer;

et nous tracerons de même les progrès ainsi que le décroissement de l'intelligence, sur l'élévation ou l'abaissement des conditions organiques nécessaires à son exercice. Comme ces conditions se composent de l'influence combinée, variée, d'un très grand nombre de causes ou circonstances; comme à chacune de ces combinaisons correspond un exercice particulier de l'Intelligence, et une manifestation particulière de son action, le champ *idéologique* que nous aurons à parcourir sera immense, et, sur tous ses points, d'un très grand intérêt.

. . . .

Lorsque, d'après la marche que nous venons de tracer, nous aurons fait l'étude attentive des Faits Physiques, des Faits Physiologiques et des Faits Idéologiques, nous nous serons pleinement affermis dans la certitude de ce résultat général :

L'Équilibre, par balancement de Forces, est la Loi universelle, et ce que l'on pourrait appeler l'Esprit de la Constitution de l'Univers.

Ainsi, Messieurs, nous qui allons parcourir successivement, et graduellement, l'Univers, nous allons apprendre, en passant successivement des Êtres les plus simples aux Êtres les plus composés, comment s'effectue, en chacun d'eux, la Loi de l'Équilibre. En considérant séparément chaque Être, soit inorganique, soit organisé, nous verrons, comme condition commune à tous, l'Équilibre entre les diverses phases de la durée; nous verrons de plus que chaque Être, soit inorganique, soit organisé, considéré à une époque quelconque de sa durée, est en Équilibre avec lui-même sous le rapport de son Expansion et de ses fonctions. Ainsi une Aiguille aimantée se montrera formée de deux moitiés respectivement correspondantes sous le rapport de l'Expansion magnétique; et tous les corps sont magnétiques, tous les corps sont aimantés. Ainsi un végétal développé, un arbre par exemple, se montrera composé de deux masses, l'une de racines, l'autre de branches, qui, sous le rapport des fonctions et de l'Expansion, seront en Équilibre comme les deux moitiés de l'aiguille aimantée, et pour la même cause. Ainsi, chez un Être vivant des classes supérieures, tel que l'homme, nous verrons encore deux moitiés correspondantes par leur position, leur Expansion, leurs fonctions, et se faisant mutuellement Équilibre.

Enfin, dans les Sociétés humaines, genre d'Êtres le plus expansif, le plus vivant, le plus composé, nous verrons aussi s'établir, après un certain nombre de tâtonnemens préliminaires, la distribution de l'ensemble en deux grandes Classes, représentées par les racines et les branches d'un même végétal, opposées de situation, et cependant liées entre elles par leurs relations ou fonctions réciproques, portant, les unes, dans le sens supérieur, les Élémens d'origine terrestre, tandis que les autres, plus élevées, ramènent, vers les régions inférieures, les Élémens plus élaborés qu'elles puisent dans l'air des hautes régions.

Mais de même que, dans tout Être composé, le progrès des relations et de l'opposition finit par entraîner le mélange uniforme de tous les produits intérieurs, de même, par exemple, que le fruit de l'arbre, qui, dans sa maturité, est un composé uniforme, résulte du concours, en mesure égale, de l'action des branches et de celle des racines, de même, chez les Peuples, le progrès de la civilisation amène l'uniformité d'intelligence, par conséquent l'égalité de droits. Le Peuple arrivé à ce terme ne peut plus recevoir d'autres institutions que celles qui sont conformes à ce mode d'Équilibre. Si l'on veut le contraindre à reprendre l'Équilibre de Classes, il s'agite jusqu'à ce que l'on y renonce; de même que, dans les temps antérieurs, il s'agitait lorsque, prématurément, on voulait lui donner le régime de l'Égalité.

Dans ce peu de mots, Messieurs, est toute l'histoire des Sociétés humaines, et toute la Théorie des Gouvernemens. C'est ce que, dans la suite, nous développerons par des exemples.

En ce moment, il nous suffit d'entrevoir que tout est renfermé dans le Système universel; c'est-à-dire que tous les Êtres et tous les rapports des Êtres, qui, par leur succession continue, composent l'Univers, sont animés d'un seul Principe, sont soumis à une seule Loi, forment un seul Système.

TROISIÈME SÉANCE.

Mode d'exercice du Principe universel. — Aperçu général des Phénomènes physiques. — Réponse à une Lettre.

MESSIEURS,

Nous avons reconnu que le Principe d'action qui anime la Matière, s'effectue universellement par Expansion; que les deux Forces générales dont l'opposition, l'alternative et l'égalité, produisent tous les effets, ne sont que les deux emplois opposés, alternatifs et égaux, de la même Puissance; que cette Puissance, l'Expansion universelle, institue elle-même la Compression universelle, parce que chaque Être, foyer de divergence expansive, se trouve en même temps terme central de convergence pour tous les Êtres, expansifs comme lui, dont il est environné; en sorte que la Compression, c'est de l'Expansion encore.

Expansion, Compression : c'est donc l'histoire générale des Êtres et de leurs rapports.

Et, du premier regard, on voit que c'est toute la Physique; nous l'avons dit, la Physique est la science fondamentale; c'est l'étage inférieur de l'édifice universel: la Physiologie repose immédiatement sur la Physique; l'Idéologie repose immédiatement sur la Physiologie.

Ces deux étages supérieurs, la Physiologie et l'Idéologie, sont, par leur situation même, plus éclatans que la Physique, plus attrayans pour notre imagination et nos regards; c'est ce qui a entraîné tant d'esprits, jeunes ou impatiens, à s'élancer vers ces sommités de l'édifice, sans se donner le temps et la peine de s'arrêter sur les bases, de les parcourir, de les étudier.

Vol téméraire! Qu'en est-il résulté? égarement et fatigue.

Suivons, Messieurs, la marche graduelle; elle seule peut nous conduire au terme de nos efforts, car elle seule peut tracer d'avance, et ensuite affermir, chacun de nos pas.

Voulez-vous un témoignage digne, auprès de vous, d'un grand crédit? le voici:

Deux hommes, recommandables par l'étendue de leur savoir, et la justesse de leur esprit, deux hommes que vous aimez, que vous estimez, que nous écoutons ici, vous et moi, avec autant d'intérêt que de profit, votre Professeur de Physique, et votre Professeur d'Histoire naturelle (*), me disaient hier : Si vous parvenez à expliquer correctement et avec unité les phénomènes généraux qui composent le domaine de la Physique, votre Principe sera inébranlable, parce qu'il sera démontré ; tous les Faits, d'un ordre quelconque, ne pourront plus ensuite que lui rendre hommage; et si quelque observation physiologique, par exemple, semble échapper à votre Système, ou le combattre, nous dirons : C'est l'observation qui a été mal faite; il faut la recommencer, et avec plus d'attention, plus d'exactitude ; le Système démontré par la Physique est nécessairement le Système universel.

De telles paroles, Messieurs, et votre Professeur de Physiologie, ainsi que votre Professeur d'Astronomie (**), m'en ont dit de semblables, de telles paroles sont non-seulement belles et généreuses, mais profondes; elles sont, pour moi, de l'autorité la plus encourageante : car, dans ma persuasion du moins, j'explique avec correction et unité ces phénomènes Physiques, que mes

---

(*) M. Pouillet et M. de Blainville.

(**) M. Magendie et M. Francœur.

collègues racontent et décrivent avec tant de clarté et de fidélité.

Entrons dans cette explication précise et graduelle ; et, pour premier point d'appui, prenons un Fait de notoriété vulgaire ; les Faits de cette nature sont les plus généraux, les plus simples, et, par conséquent, les premiers dont notre raison doive s'emparer. C'est à la raison surtout que l'on peut prêter ce langage touchant : *Sinite ad me parvulos venire*, laissez venir vers moi le bon sens et la simplicité.

Voilà une montre : mécanisme admirable, l'un des chefs-d'œuvre du génie de l'homme. Ce mécanisme consiste dans la gradation avec laquelle des résistances arrêtent, ou plutôt modèrent, l'action d'un corps placé au centre, et que l'on nomme *ressort*.

Modérer une action, ce n'est pas l'imprimer, c'est lui résister, c'est, par conséquent, attester son existence. Il est de toute évidence que l'action du ressort lui est propre, et que, dans son origine, elle est absolument indépendante des obstacles qui lui sont opposés ; en effet, enlevez ces obstacles, et l'action du ressort se précipite.

Cette action, propre et indépendante, qu'une compression extérieure arrête ou modère, est précisément cette Puissance d'Expansion, qui excite tous les corps à s'étendre, à occuper indéfiniment et progressivement un plus grand espace. Employez, contre ce ressort, votre Expansion personnelle, pressez-le sur lui-même; l'anéantirez-vous? au contraire; et ceci est très remarquable; en le pressant sur lui-même, en le dominant par votre Puissance, vous ne ferez cependant qu'augmenter son énergie. Plus vous agirez contre lui, plus il réagira contre vous.

Et si enfin vous portez votre action à l'excès, il vous répondra par un excès de nature opposée; il se cassera. Cette Expansion convulsive, à laquelle vous l'aurez réduit, vous montrera que l'Expansion était, en lui, une action essentielle; que l'opprimer, c'était l'exalter; et que plutôt que de se laisser vaincre, elle a brisé le théâtre même de son exercice.

Mais, me demanderez-vous, pourquoi tous les corps ne montrent-ils pas une Puissance d'Expansion si prononcée? Pourquoi tous ne sont-ils pas des ressorts? Tous, Messieurs, sont des ressorts; tous excepté les liquides, et uniquement au degré précis de la liquidité, degré très fugitif, qui ne peut jamais avoir qu'un instant de durée; c'est ce que nous verrons dans la suite. A cela près, tous les corps, solides ou gazeux réagissent contre la pression extérieure; mais leur réaction est plus ou moins prononcée, selon que, par leur constitution particulière, ils peuvent, sans se briser, céder à une compression plus ou moins forte. Nous dirons avec détails, et d'après l'expérience, quelles conditions sont nécessaires pour que les corps acquièrent cette constitution.

Mon objet, en ce moment, était de partir d'un Fait bien connu de vous, le mécanisme d'une montre, pour vous porter à reconnaître que l'Expansion, ou tendance à se développer, à s'étendre, à écarter tout ce qui s'y oppose, est, dans chaque corps, une action inhérente, que les obstacles ne donnent pas, que seulement ils modèrent, et que jamais ils ne peuvent anéantir.

Et comment la force des obstacles pourrait-elle anéantir l'Expansion, puisque c'est l'Expansion même qui est la source des obstacles et de leur force? Un effet peut-il s'élever jusques à détruire sa cause?

Ce que je voulais vous faire remarquer encore, c'est que ce mécanisme, cette montre, ce Tout harmonique, cet ouvrage complet, n'a pu recevoir qu'un ressort, ou Principe d'action. Essayez, par la pensée, d'y placer deux ressorts; demandez à l'horloger le plus habile de faire une montre à deux ressorts, il vous dira : C'est impossible. Deux ressorts, dans le même ouvrage, deux Principes d'action, se neutraliseraient s'ils étaient égaux de puissance; et, s'ils étaient inégaux, se gêneraient, ne produiraient qu'embarras et désordre.

Telle est, Messieurs, l'image de l'Univers; deux Principes d'action ne pourraient y exister en concurrence. Mais, tandis qu'une montre est un ouvrage circonscrit et fini, l'Univers, dont cette montre même n'est qu'une partie, est un ouvrage sans limites; la montre a un centre, l'Univers n'en a pas, ou plutôt il a pour centre, comme l'a dit Pascal, chaque point de l'espace; d'où il suit que le Principe d'action, pour être central, doit exister égal à lui-même dans chaque point de l'espace; pour être universellement central, il doit être uniformément universel.

Tel est le caractère essentiel de son existence : unité, universalité, tendance continue à l'uniformité. L'explication de l'Univers, pour être vraie, doit être perpétuellement conforme à ces trois conditions fondamentales; nous aurons soin de ne jamais nous en écarter.

Mais vous êtes avides sans doute d'une notion importante. Comment s'exécute l'Expansion? si c'est une Puissance uniforme et universelle, elle a, à la fois, et également, toutes les directions; par conséquent, elle ne peut en prendre aucune.

Non, Messieurs, par elle-même elle ne peut en prendre aucune, et elle tend sans cesse à distribuer la matière selon ce mode universel d'uniformité, qui rendrait tout mouvement impossible. Mais cette tendance, toujours effectuée, ne peut jamais être satisfaite; elle s'avance toujours du même pas vers le complément de son ouvrage, et jamais elle ne peut l'atteindre; jamais elle ne l'atteindra; jamais elle n'en sera plus rapprochée. Ainsi le voulut la Puissance suprême lorsque, saisissant la matière uniformément répandue dans le sein de l'espace, et par conséquent immobile, Elle y jeta, comme nous l'avons dit, un trouble harmonique; Elle convertit l'Équilibre d'immobilité en Équilibre d'action et de réaction.

Messieurs, j'insiste sur ce témoignage sublime: le but de l'Action universelle n'est jamais atteint, parce que cette Action a un Maître, et que l'Univers est infini.

Voici donc, Messieurs, la situation de pensée à laquelle, en ce moment, est parvenue notre intelligence. Il y a, dans l'Univers, une Action et un Maître qui la dirige; nous ne pouvons comprendre, ni l'Action, ni le Maître; tous nos efforts, à cet égard, bien loin de combler l'abîme, ne feront que l'élargir.

Mais le Maître suprême nous a permis de découvrir le mode d'action qu'il a imprimé, et d'étudier l'ouvrage qui en résulte; faisons ensemble cette étude; notre curiosité ne saurait être ni indiscrète, ni téméraire; nous ne faisons que céder à l'invitation du Créateur.

Reprenons ainsi notre question fondamentale. Comment s'exerce l'Expansion de mon Être, celle de votre Être, celle de chacun des Êtres? Que se passe-t-il dans le sein de chacun des Êtres, lorsque chaque point de sa substance est sollicité par l'Expansion?

Pour le découvrir, empruntons encore une image facile : *Sinite ad me parvulos venire*; ne cessons de recourir aux Faits les plus simples, aux Faits qui seraient compris par des enfans.

Je suppose que l'enceinte qui nous réunit, au lieu d'être tracée en parallélogramme, soit de forme circulaire, que nous en occupions tous les points, sans cependant être fortement pressés les uns contre les autres. Nous assistons tous, non à une discussion philosophique, mais à un spectacle qui fixe nos regards; c'est, par exemple, un magnifique tableau recouvrant le plafond de la salle. Nous sommes tous immobiles d'admiration.

Tout à coup, la toile du tableau prend feu; un incendie nous menace; aussitôt, chacun de nous ne songe plus qu'à fuir le danger. Heureusement l'architecte de la salle, prévoyant de tels accidens, a placé une issue d'évasion à tous les points de la circonférence. Il résulte de cette précaution que, sans avoir besoin de nous entendre, et uniquement guidés par l'instinct de conservation, nous sortons par un procédé uniforme; chacun de nous suit le rayon qui, mené du centre à l'une des issues de la circonférence, passe par le point où il se trouve; la salle est évacuée régulièrement et rapidement.

Que serait-il arrivé, si les issues n'eussent pas été nombreuses et régulièrement distribuées? Chacun de nous se serait précipité vers celle qui lui aurait paru la plus rapprochée, ou de l'accès le plus facile: ce qui aurait entraîné bien du tumulte et des tâtonnemens.

Maintenant, supposons de nouveau que la circonférence de la salle est garnie d'issues nombreuses et régulièrement placées, mais qu'au moment où l'incendie se déclare, une horde d'hommes vigoureux et barbares, qui entoure la salle, en tient les portes invinciblement fermées..... nous frémissons d'effroi et de colère ; dans l'espoir du moins que les barrières tomberont, nous nous pressons contre les murs de cette prison fatale ; nous nous serrons les uns contre les autres ; nous nous réduisons, circulairement, au plus petit espace possible ; le centre de la salle reste vide ; nous en épaississons le contour.

L'application de l'image est maintenant facile. Les élémens de toute agrégation matérielle sont toujours dans une des trois situations que je viens de décrire, avec la différence que ce n'est point une cause accidentelle qui les détermine à se mettre en mouvement d'évasion ; c'est leur Expansion propre ; c'est leur besoin de mouvement ; besoin qui ne peut être satisfait qu'autant qu'ils échappent à l'agrégation qui les engage.

Si le corps qu'ils forment par leur réunion est homogène, si, de plus, ses enveloppes sont perméables en tout sens, et d'une manière uniforme, les élémens s'échappent sous forme d'un rayonnement sphérique. A la rigueur, cette disposition n'a jamais lieu dans la nature ; mais certains corps s'en approchent : tels sont les corps combustibles que l'on amène à une forte et générale incandescence. D'autres corps isolés, tels que le soleil et les étoiles, quoique d'une masse peu homogène, dissipent néanmoins leurs élémens sous forme à peu près rayonnante, parce que la résistance perméable qui les enveloppe est distribuée uniformément.

Si un corps déposé à la surface d'un Globe, tel que celui de la Terre, et faisant partie de sa masse, est fortement hétérogène, c'est-à-dire s'il est formé de corpuscules inégalement mobiles, inégalement expansifs, la cause même de cette irrégularité intérieure fait aussi que les enveloppes n'ont que des issues inégales, et irrégulièrement distribuées; l'Expansion alors s'exécute sans régularité.

Et si, enfin, l'agrégation, soit homogène, soit hétérogène, est environnée d'une force répressive uniformément et énergiquement appliquée sur tous les points de la surface, l'Expansion intime creuse une cavité centrale, parce qu'elle porte et condense tous les Élémens vers la ceinture de répression.

Si je ne me trompe, Messieurs, vous avez maintenant une idée générale, et de la Constitution de l'Univers, et de son Principe. L'Univers a, pour Constitution générale, d'occuper l'infini de l'espace, non d'une manière uniforme, mais par groupes inégaux, qui agissent et réagissent constamment, chacun sur tous les autres.

Son Principe est l'Expansion, Principe que plusieurs philosophes de l'antiquité avaient entrevu, puisqu'un Poëte romain, exprimant leur pensée, avait dit :

Mens agitat molem, et magno se corpore miscet.

Et, dans nos siècles modernes, le judicieux Bacon *croyait*, disait-il, *à l'Esprit inné, qui réside dans tous les corps tangibles, qui travaille dans leur intérieur, et les pulvérise.* C'était, comme vous le voyez, l'idée confuse de l'Expansion.

Sans doute, un tel Principe est, pour notre pensée et notre imagination, une Puissance occulte; c'est-à-dire que, d'après la description que nous venons de faire, nous concevons comment l'Expansion s'exécute, mais aucune réflexion, aucune image, ne peuvent nous aider à concevoir comment l'Expansion existe dans le sein des corps; c'est pour nous le premier anneau de la chaîne; c'est le commencement des effets. La raison nous démontre que ce premier anneau, que ce mode de mouvement est le seul qui puisse être mis universellement en exercice, car c'est le seul qui puisse perpétuer le mouvement. Tout autre mode, l'Attraction, par exemple, rendrait cette permanence impossible; et l'idée de l'Attraction est, par elle-même, aussi occulte, plus occulte même que celle d'une force expansive. Deux Élémens qui, ne se touchant pas, sont déterminés, par une force propre, à se mouvoir l'un vers l'autre, présentent à la pensée une difficulté bien plus grande que celle de deux Élémens qui, pénétrés de mouvement, sont contraints, pour pouvoir le conserver, de se repousser mutuellement, lorsqu'une direction accidentelle a amené leur contact mutuel.

D'ailleurs, l'Attraction, si elle pouvait exister, n'expliquerait que les effets d'union et de rapprochement; les effets de séparation ou de destruction lui seraient directement opposés. Or, nous avons déjà entrevu que, par la distribution de l'Univers en groupes séparés et en masses globuleuses, l'Expansion suffisait pour produire les deux Forces opposées, égales, alternatives, qui entraînent tous les effets, et qui se font mutuellement Équilibre.

Tachons maintenant d'éclaircir ce que nous avons entrevu.

APERÇU GÉNÉRAL

DES PHÉNOMÈNES PHYSIQUES.

Tous les globes répandus dans l'infini de l'espace ne sont point de même grosseur. Sans chercher ici la raison de cette différence, reconnaissons-la comme positive ; elle est attestée par toutes les observations. Voici ses résultats.

La force d'Expansion, essentiellement possédée par chaque globe, n'a toute sa puissance que dans l'intérieur de ce globe même ; là seulement, elle est affranchie de la répression exercée par la force expansive des globes environnans.

Et comme cette répression extérieure s'applique en raison de la surface du corps qui la reçoit, il est évident que les globes très petits ne peuvent s'épancher hors d'eux-mêmes qu'avec beaucoup de difficulté, parce qu'ils ont beaucoup de surface relativement à leur volume ; tandis que les globes très volumineux, n'ayant au contraire, relativement, que très peu de surface, ne peuvent être que très faiblement réprimés par l'Expansion des globes extérieurs.

Il suit de là que les divers globes sont distingués entre eux par plusieurs différences déterminées à leur tour par la différence des diamètres. En premier lieu, les globes d'un grand volume ont des enveloppes faibles et dilatées, relativement à celles des globes d'un petit volume ; en sorte que, dans les globes d'un grand volume, l'émission de l'intérieur vers l'extérieur, est une opération facile, ainsi que l'introduction de la substance venue des globes extérieurs ; tandis que, dans les globes de petites dimensions, ces deux opérations se font avec difficulté ; mais, dans les uns et dans les autres, elles sont toujours en équilibre ; les globes d'un grand volume projettent beaucoup et reçoivent beaucoup ; l'ensemble de leur masse est soumis à un renouvellement abondant et rapide. Au contraire, les globes d'un petit volume projettent peu et reçoivent peu ; le renouvellement de leur masse ne se fait qu'avec peu d'abondance et de rapidité.

En second lieu, les globes de petites dimensions ne peuvent, à cause de l'épaisseur et de la densité de leurs enveloppes, lancer au dehors qu'une substance, non-seulement plus rare, mais plus atténuée, que celle qui est lancée par les globes de grandes dimensions.

Celle-ci, quoique très subtile encore, se trouvant assez forte, assez abondante, pour que nos yeux puissent l'apercevoir, forme pour nous le *fluide éclairant*, auquel nous avons donné le nom de *Lumière*.

Ainsi, le Soleil et les Étoiles produisent, par le mouvement expansif de leurs parties centrales, la *Lumière* qu'elles projettent dans l'espace.

La ténuité et la rareté de la substance lancée par la Terre, la Lune, les Planètes, généralement par les globes de petites dimensions, s'opposent à ce que nos yeux puissent l'apercevoir, à moins qu'elle ne soit fortement condensée comme dans les aurores boréales, ou dans certains phénomènes électriques, ou dans certaines opérations calorifiques ; alors seulement elle devient visible ; ce qui prouve qu'elle est essentiellement de même nature que la lumière du soleil, et qu'elle émane de ces globes par obéissance à la même force, par obéissance à l'Expansion.

Nous pouvons ainsi poser déjà pour principe : que la lumière, soit solaire, soit planétaire, soit stellaire, n'est autre chose que de la matière diversement atténuée par l'Expansion des globes qui la projettent ; il n'existe nulle part, dans l'Univers, une substance particulière, à laquelle appartiennent spécialement les caractères du *calorique* ou ceux de la *lumière ;* la substance entière de chaque globe tend sans cesse à se réduire en matière subtile par l'effort et la nécessité d'obéir à la Puissance première et universelle, à l'Expansion; mais, pour parvenir à échapper à la répression que les autres globes exercent, elle a besoin d'être amenée à cet état de subtilité qui la constitue *lumière*, ou *calorique*, selon qu'elle émane d'une Étoile ou d'une Planète, d'un globe de grandes dimensions, ou d'un globe de petites dimensions.

Ces idées sur la nature identique de la *lumière*, du *calorique*, et généralement de la *matière*, seront directement confirmées par un grand nombre de faits, et nous serviront à en expliquer un grand nombre d'autres; mais nous sentons d'avance qu'elles sont fortement indiquées par le besoin de trouver, dans l'œuvre générale, l'unité parfaite, et la parfaite simplicité. Notre Esprit conçoit avec cette satisfaction, cette facilité, signes de la très grande vraisemblance, que de même qu'il n'y a qu'un mode unique de mouvement, l'*Expansion*, il n'y a qu'un sujet unique de l'*Expansion*, la *matière*; en sorte que l'Élément isolé, partout où il parvient à la simplicité radicale et absolue, est identique de masse et de figure; qu'en dessus de cette simplicité, il n'y a que des agrégations plus ou moins avancées; que la diversité des corpuscules, même de ceux qui nous semblent indécomposables, est directement produite par les divers modes selon lesquels les élémens primitifs parviennent à s'agréger. On sent avec évidence que, pour amener toutes les combinaisons possibles, le Mouvement, qui dispose du nombre, du temps, et de l'espace, n'a besoin que d'élémens très subtils, mais parfaitement égaux.

Ces considérations qui, bientôt, éclairciront les mystères de la Chimie et ceux de la Physiologie, acquièrent déjà le caractère de démonstration à l'aide des réflexions suivantes :

L'Expansion est partout, dans l'Univers, la Force essentielle et unique. Par cela même qu'elle est unique, elle est parfaitement simple, c'est-à-dire qu'elle ne peut avoir qu'un seul mode d'application et d'exécution; d'où il suit que, nécessairement, elle agit sur son sujet universel, la Matière, de manière à lui imprimer, au dernier terme, son propre caractère : l'unité, la simplicité, l'identité.

Nous avons déjà cherché à fixer nos idées sur les conditions qui déterminent le terme absolu de l'action expansive; en ce moment, continuons de tracer l'aperçu général des Phénomènes Physiques.

Les globules lumineux lancés par les Étoiles, n'ont jamais plus de masse qu'à l'instant où ils échappent à ces Étoiles mêmes; à mesure qu'ils s'avancent dans l'espace, ils se divisent; par le seul effet de l'Expansion qui toujours les anime, ils tendent progressivement, et sans cesse, à se résoudre en leurs élémens.

Le terme arrive où ceux de ces globules qui n'ont point rencontré d'obstacles, sont parvenus à la division extrême; leurs élémens alors sont libres, et réduits à toute leur ténuité, à celle qui les rend indécomposables; alors encore, si aucun globe ne leur est opposé, ils suivent la direction qu'ils ont reçue; ils rencontrent enfin un obstacle; c'est là qu'ils perdent leur direction.

Comme l'Univers est infini, il est nécessaire que chaque Élément, en mouvement d'Expansion, rencontre enfin un globe qui l'arrête; par conséquent, il est également nécessaire que chaque globe reçoive constamment, sur chacun de ses points, l'incidence convergente d'un très grand nombre d'élémens qui se poursuivent et se renouvellent sans cesse.

Ces élémens, provenus de globes très éloignés, ne pénètrent pas jusques au centre des globes qu'ils rencontrent; ils sont arrêtés par les enveloppes de ces globes; ils s'égarent dans leur sein;

mais ils commencent par frapper tous les corps dont ces enveloppes sont formées; en les frappant, ils tendent à les rassembler, parce qu'ils arrivent toujours avec convergence; et comme leur convergence est uniformément dirigée vers le centre du globe qui les reçoit, ils pressent constamment, vers le centre de ce globe, tous les corps qu'ils peuvent frapper. C'est ainsi qu'ils produisent, dans l'atmosphère, à la surface, et dans les premières couches de chaque globe, de la Terre par exemple, tous les effets de *compression*, d'*agrégation* et de *pesanteur*.

Et comme, en quelques points des couches intérieures, ils rencontrent des corps vacillans, mal cimentés, ils finissent par les précipiter dans les entrailles du globe; là, ils les abandonnent à la puissance d'Expansion.

C'est ainsi que le réservoir intérieur s'alimente de matière; celle-ci, arrivée dans l'état de composition variée, très hétérogène, se divise, s'élabore, se résout en fluides subtils et homogènes ou peu hétérogènes, en *Calorique*, en *Lumière*, en *Électricité;* par obéissance à l'Expansion qui continue de l'agiter, elle reprend la route de l'évasion; elle était tombée de la circonférence vers le centre; et elle était tombée en masse plus ou moins compacte, plus ou moins volumineuse; maintenant elle s'élance du centre vers la circonférence, et sous forme de corpuscules divisés; elle occupe, par conséquent, un beaucoup plus grand espace; elle cherche des issues; sous certaines parties de la voûte intérieure elle ne peut en trouver, à cause de l'épaisseur et de la densité des obstacles; alors elle s'accumule, se recompose sous des formes particulières, produit différens sels, du soufre, des bitumes, se mêle, à doses indéfiniment variées, aux eaux souterraines qu'elle rencontre, les rend chaudes, gazeuses, *thermales;* enfin, se condense très fortement sur d'autres points, et là, forme des *métaux*.

Mais ces divers emplois de la substance intérieure ne suffisent point à son action et à son abondance; pressée par l'Expansion qui toujours l'agite et l'augmente, elle brise, çà et là, les masses qui lui résistent; elle ouvre des *volcans*, qui, à leur tour, vomissent avec fracas, et dans le plus grand désordre, des métaux, des sels, du soufre, des bitumes, toutes ces substances confondues avec de l'eau, des sables, des rochers, que l'enveloppe terrestre a fournis.

Cependant de tels actes de l'Expansion irritée sont rares, et, pour une cause que nous exposerons dans la suite, deviennent plus rares chaque jour; leur multiplicité n'est plus nécessaire; l'Expansion intérieure trouve, en quantité presque suffisante, à travers les enveloppes, des issues permanentes; la matière de l'Expansion terrestre jaillit sans cesse en *Lumière atténuée*, en *Calorique*, en *Électricité;* et, en jaillissant, ou seulement en faisant effort pour jaillir, elle dilate, elle divise, elle réagit contre la compression exercée, ou du moins toujours sollicitée, par l'impulsion qui émane des globes environnans; elle-même, après avoir produit, à la surface de la terre, ces effets d'extension, de décomposition, suit, avec plus ou moins de rapidité, le mouvement expansif qui la porte vers les autres globes; elle va, à de grandes distances, exercer, à son tour, la puissance de répression.

On voit ainsi comment une même Cause, l'Expansion, fait passer alternativement la matière par les deux états auxquels elle est destinée, et comment elle l'entraîne à remplir les deux fonctions opposées, dont l'égalité et l'alternative constituent l'Équilibre de l'Univers.

DE LA PESANTEUR,

OU GRAVITATION CENTRALE.

Nous venons de jeter un coup d'œil sur l'ensemble des effets que le Physicien considère. Nous allons en parcourir les principaux détails.

La *Pesanteur* est l'un de ces phénomènes généraux qui se reproduisent sans cesse ; et nous en avons indiqué l'explication : il importe de la rendre précise.

Et d'abord le mot *Pesanteur* est une expression inexacte ; la matière ne *pèse* pas ; ce n'est qu'une apparence ; voici la réalité.

Chaque Globe étant, comme nous l'avons dit, au centre de deux actions, l'une produite, l'autre éprouvée, qui, l'une et l'autre, ont pour agent la matière atténuée, cette action et cette réaction mutuelles ont fait que le volume, la densité, et la place de chaque globe ont été déterminés par la nécessité où il s'est trouvé, dès le commencement de son existence, de se mettre en équilibre d'action et de réaction.

Ainsi, en premier lieu, par cela seul qu'un Globe existe, il est en Équilibre entre sa propre action expansive et l'action compressive dont il est l'objet. Si, par une cause quelconque, l'Équilibre venait à se rompre, comme ce ne pourrait être qu'en faisant passer l'excès de prépondérance vers l'Expansion, puisque c'est la force essentielle et primitive, le Globe entrerait, sur-le-champ, en pleine dissolution.

En second lieu, ce même Équilibre de chaque Globe démontre que l'intervalle qui le sépare de tous ceux qui l'environnent est rempli par de la lumière en mouvement, se croisant dans tous les sens, et uniformément distribuée; car si, dans tous les points de l'espace qu'elle traverse, la lumière ou matière atténuée n'était pas distribuée avec égalité, elle ne serait pas en Équilibre avec elle-même; par conséquent les Globes qui la projettent ne seraient pas en Équilibre entre eux. Les uns éprouveraient une répression trop forte; les autres seraient animés d'une Expansion trop énergique; dans l'ensemble des Globes, la réaction ne serait pas égale à l'action.

Supposons maintenant qu'au sein de l'espace, et à une distance considérable de tout globe, soit créé subitement un corps de petites dimensions, par exemple d'un pied de diamètre. Ce corps se trouve à l'instant pressé d'une manière égale sur tous les points de sa surface ; par conséquent, s'il n'a point reçu d'impulsion particulière, s'il n'a été que posé au lieu qu'il occupe ; il y demeurera immobile.

Mais si la lumière émanée de tous les globes environnans ne peut point s'appliquer uniformément sur tous les points de la surface de ce corps, si, par exemple, un autre corps, également d'un pied de diamètre, est posé dans son voisinage, alors la Lumière, troublée dans son Équilibre, pressera, l'un vers l'autre, les deux obstacles qui s'opposent à l'uniformité de son impulsion ; elle tendra à les réunir, à les grouper, afin de reprendre cette impulsion uniforme ; elle les fera *graviter* l'un vers l'autre dans le sens d'une ligne droite dirigée du centre de l'un au centre de l'autre.

Et la vitesse de ce mouvement de gravitation ne pourra pas être constamment la même, parce que, à mesure que les deux corps s'avanceront l'un vers l'autre, ils se présenteront mutuellement une plus grande surface ; chacun, par son interposition, arrêtera, sur la surface de l'autre, l'incidence d'une plus grande quantité de lumière ; l'équilibre de pression sera de plus en plus troublé.

Or, la Géométrie la plus simple démontre

qu'à la moitié de la distance primitive, les surfaces respectives seront quatre fois plus grandes; la lumière pressera donc avec quatre fois plus de force; la vitesse de gravitation sera donc quatre fois plus grande.

Et au tiers de la distance primitive, la pression sera neuf fois plus grande; au quart de la distance primitive, la pression sera seize fois plus grande; et ainsi de suite; c'est-à-dire que la pression, toujours mesurée par l'augmentation des surfaces respectives, sera toujours proportionnelle au carré de la diminution de la distance. La vitesse de gravitation croîtra dans le même rapport.

On sait aussi, depuis que Newton l'a démontré, que le mouvement de gravitation s'effectue avec une vitesse qui croît en raison inverse du carré des distances.

Nous avons supposé que les deux corps étaient d'un même volume: s'ils étaient inégaux, si, par exemple, le volume de l'un était double de celui de l'autre, alors la portion de lumière cachée pour celui-ci, serait double de celle qui serait cachée pour le premier; par conséquent le corps simple graviterait vers le corps double avec deux fois plus de vitesse. C'est encore ce que l'observation démontre.

Supposons maintenant deux corps d'une très grande disproportion, par exemple le Globe de la terre, et ce corps d'un pied de diamètre dont nous nous occupions tout à l'heure. Plaçons celui-ci à une certaine élévation, telle que mille pieds. La gravitation de ces deux corps sera réciproque ; mais la différence de volume étant très considérable, la gravitation de la terre sera insensible, tandis que le corps d'un pied de diamètre, pressé sur une seule de ses faces, gravitera vers le globe avec rapidité. Son mouvement s'accélérera uniformément de manière à ce que les espaces parcourus depuis le point du départ soient proportionnels aux carrés des temps écoulés ; c'est-à-dire qu'après deux secondes de temps, le corps se trouvera avoir fait quatre fois autant de chemin que dans la première seconde ; après trois secondes, il en aura fait neuf fois autant, et ainsi de suite. Cette progression résulte de ce que telle est l'expression mathématique de la Loi d'impulsion, lorsqu'elle se renouvelle avec uniformité et continuité ; la somme d'effets qu'elle produit successivement dans le sein du mobile, s'accroît comme le carré des temps employés à l'exécution de ces effets.

Lorsque le mobile sera parvenu à la surface de la terre, il la pressera de son *poids ;* et ce poids aura pour mesure la quantité de rayons stellaires qui ne pourront le traverser. S'il a beaucoup de *densité*, c'est-à-dire beaucoup de matière sous un petit volume, il arrêtera un grand nombre de rayons stellaires ; il aura un *poids* considérable; il affaissera ceux de ses appuis qui n'auront pas beaucoup de dureté. Si, au contraire, il ne contient, sous un grand volume, qu'une petite quantité de matière, il ne sera que d'un faible *poids*, parce qu'il se laissera traverser par le plus grand nombre des rayons stellaires qui lui seront adressés. On lui donnera, par comparaison, le titre de corps *léger*.

Telles sont les conditions principales de la *pesanteur* ou gravitation centrale. Mais plusieurs objections se présentent. Avant de les résoudre, nous devons fixer, le plus clairement possible, nos idées sur l'agent universel de la gravitation.

Cet agent, comme nous l'avons dit, est la lumière émanée des divers globes, soit stellaires, soit planétaires, et réduite, par l'Expansion, à la ténuité du simple élément.

Il est important d'établir que la fonction de *substance compressive* n'appartient spécialement à la lumière que lorsqu'elle est parvenue à cet état d'absolue simplicité ; jusque-là, elle est susceptible elle-même de gravitation, parce que chacun de ses globules a encore un volume suffisant pour pouvoir offrir à la lumière simple, ou matière élémentaire, un terme de convergence, par conséquent pour qu'il puisse être pressé sur quelques points de sa surface, plus fortement que sur quelques autres. Mais, lorsque la Lumière est devenue subtile au dernier degré, ses molécules ne peuvent plus être saisies plus fortement d'un côté que d'un autre; par conséquent, elles ne peuvent plus être *pressées* hors de leur route; elles ne peuvent plus *graviter.*

Disons maintenant qu'à l'instant où la Lumière échappe à un astre éclatant, tel que le soleil, chacun de ses globules, encore composés d'un grand nombre d'élémens, est encore sous le travail d'une Expansion ardente; ses élémens cherchent à se dégager de l'association qui les retient; la quantité d'action que tous ces élémens emploient pour ressaisir leur liberté, est prise sur la vitesse de translation; c'est-à-dire que la vitesse du globule, qui est une vitesse d'ensemble, est nécessairement inférieure à celle qui appartiendra à chaque élément, aussitôt qu'il aura brisé ses entraves. N'oublions pas que l'Expansion est, dans la matière, une action constante, essentielle, que tout corps composé porte avec lui le Principe de cette action, et qu'elle ne doit jamais être plus vive, plus efficace, que dans un globule de matière déjà très atténuée, qui vient de s'élaborer dans le sein d'un globe très agité, et qui en a jailli par Expansion.

Et ce globe lui-même, agité par l'Expansion, faisant sans cesse effort pour se dissoudre, exécute un mouvement d'ensemble, un mouvement de *rotation*, qui est le témoignage de son Expansion générale. Or, le globule qui lui échappe exécute un mouvement bien plus rapide que ce mouvement de rotation. Pourquoi n'en serait-il pas de même de l'élément qui échappe au globule ? celui-ci n'exécute encore qu'un mouvement d'ensemble, puisqu'il est encore dans l'état de composition; c'est en quelque sorte, un petit soleil, eu égard aux élémens que successivement son Expansion disperse.

Ainsi, à mesure que le globule de lumière traverse l'espace, il continue de se livrer à l'action même qui l'a projeté ; et cette action, qui s'avance vers son terme, augmente sans cesse d'énergie ; le moment arrive où la dispersion est achevée ; chaque élément, réduit alors à la ténuité absolue, est, pour cette raison, rentré en possession de la vitesse *absolue ;* vitesse qui n'est pas infinie sans doute, mais qui, comme la ténuité élémentaire, est *indéfinie*, c'est-à-dire indéfiniment plus grande que tout ce que nos instrumens peuvent apprécier, tout ce que notre imagination peut concevoir, tout ce que nos calculs peuvent constater.

Généralement, dans l'Univers, nous ne pouvons avoir aucun moyen de saisir les termes primitifs, tels que la ténuité absolue, et le plus grand degré de vitesse. C'est à notre raison seulement à nous montrer qu'il y a nécessairement un dernier degré de vitesse, et un dernier degré de ténuité.

Cette dernière pensée me conduit à discuter une Lettre bien écrite, et forte de réflexion, que j'ai reçue depuis ma dernière séance. En voici l'extrait :

« Un seul Principe vous suffit pour expliquer tous les effets de la Nature; l'Expansion, si je conserve un souvenir fidèle de vos expressions, est une force inhérente à tous les corps, par laquelle ils sont continuellement invités à s'élancer dans l'espace, et à se répandre dans l'infini. Mais si les corps possèdent cette vertu, il faut, par une conséquence rigoureuse, que chacune de leurs molécules la possède aussi, et devienne un centre d'Expansion. Alors nous voilà dans l'hypothèse du *plein*, et sous le poids de la difficulté renfermée dans ce vers de Voltaire :

» Comment, tout étant plein, tout a pu se mouvoir. »

Je répondrai, Monsieur, que si vous pouvez concevoir la matière comme susceptible d'une division interminable à l'aide de cette force même d'Expansion qui ne cesse de la pénétrer, vous n'en venez pas pour cela à penser qu'en se divisant elle augmente de masse, et occupe en réalité un espace plus grand.

Qu'une sphère de métal d'un pied de diamètre devienne subitement le seul corps existant dans l'Univers, il est indubitable qu'elle éclatera en fragmens, qui chacun éclateront encore; et les molécules de ces fragmens se diviseront aussitôt en molécules plus petites, qui éprouveront sur-le-champ une division encore plus avancée, et ainsi de suite, sans terme possible, ni dans l'espace, ni dans le temps.

Mais cette progression sans terme possible, cette division continue de la matière ne sera jamais néanmoins une création de matière; plus le nombre de molécules augmentera, plus la ténuité de chacune sera augmentée; l'espace réellement occupé restera constamment le même; il pourra toujours être mathématiquement représenté par un espace sphérique d'un pied de diamètre dont tous les points seraient contigus.

Ainsi, Monsieur, la Force expansive universellement imprimée à la Matière ne pouvait point, non-seulement produire le *plein* de l'espace, mais diminuer, le plus légèrement possible, le rapport de la matière à l'espace, ou de l'espace occupé à l'espace vide. Ce rapport est un Fait primitif, incontestable et permanent : primitif, car si, à l'origine des choses, la matière eût *pleinement* rempli l'espace, c'est bien vainement que la Cause suprême l'eût pénétrée d'Expansion ; elle serait demeurée *pleinement* et éternellement immobile. D'un autre côté, si le rapport de la matière à l'espace n'eût pas été rendu permanent par la Cause même qui l'instituait ; s'il se faisait, à diverses époques, soit une création de matière, soit un anéantissement de matière, il n'y aurait rien de stable dans aucun ordre de phénomènes, parce qu'il n'y aurait rien de stable dans l'exercice du Mouvement.

Mais le Créateur ayant fixé la quantité de matière, et selon un rapport tel, que l'espace qu'elle occupe est très inférieur à celui qu'elle n'occupe pas, il en est résulté, pour la matière, une faculté de mouvement et d'atténuation très étendue et cependant limitée. Aussitôt que l'espace a été universellement *plein de matière en mouvement*, le plus haut degré de vitesse du mouvement de la matière, et le dernier degré de ténuité de l'élément, se sont trouvés irrévocablement fixés.

Répétons maintenant, en résumant l'objet principal de cette séance, que la matière lancée par les étoiles, réduite par le progrès de l'Expansion à cette ténuité qui ne peut être augmentée, et en possession de toute la vitesse qui peut être acquise, et qui est en rapport avec cette ténuité, est l'agent universel de cette *Force compressive* de laquelle résultent tous les effets de pesanteur ou de gravité.

Je substitue, comme vous le voyez, dans l'explication de cet ordre de phénomènes, une *Force d'impulsion* dont l'instrument est connu, à cette *Force d'attraction* dont l'idée ne reposant sur l'existence d'aucun agent matériel, sur aucun moyen mécanique d'exécution, ne pouvait être qu'une chimère. Et c'est bien ainsi que Newton l'avait considérée ; voici ce qu'il écrivait au docteur Bentley en 1692 :

« La supposition d'une *gravité innée*, inhérente à la matière, tellement qu'un corps puisse agir sur un autre, à distance et au travers du vide, sans aucun intermède qui propage de

» l'un à l'autre leur force et leur action récipro-
» ques, cette supposition, dis-je, est pour moi
» une si grande absurdité que je ne crois pas qu'un
» homme qui jouit d'une faculté ordinaire de
» méditer sur les objets physiques, puisse jamais
» l'admettre. *La gravité doit être causée par un*
» *agent qui opère constamment selon certaines*
» *lois.* » (Bibliothèque Britannique, tome 14.)

Newton chercha cet agent de la gravité : il dit dans son Optique (préface, édition de 1717) : « Pour montrer que je ne prends pas la gravité » pour une propriété essentielle des corps, j'ai » ajouté une conjecture sur sa cause. »

Mais n'ayant pas été satisfait lui-même de sa conjecture, il se borna à étudier les lois constantes selon lesquelles l'*agent* qui lui était inconnu opérait la gravité. Ayant besoin ensuite de représenter, par un seul mot, le caractère des relations que l'agent inconnu établissait entre les corps, il imagina le mot *attrait* ou *attraction;* mais il ne prétendit en faire qu'une image, une métaphore ; il laissa aux siècles qui devaient le suivre la découverte de la réalité.

Cette réalité, Messieurs, est le Fait universel dont je vous occupe ; c'est *l'émission stellaire;* nos discussions prochaines ne laisseront à cet égard aucun doute, aucune obscurité.

Je vais terminer cette séance par répondre à une objection très judicieuse qui m'a été présentée verbalement par un de vous, Messieurs, à l'issue de ma séance précédente :

« Si l'état d'Expansion continue est essentiel à » la matière, cette faculté de se mouvoir par » elle-même, cette faculté active n'est-elle pas » incompatible, dans la matière, avec l'*inertie*, » faculté négative que toute la Mécanique dé- » montre, et dont vous avez vous-même posé » ainsi la définition : indifférence au repos et au » mouvement? »

Réponse. Toutes les impulsions accidentelles qui peuvent être données à un corps composé sont de l'un ou de l'autre de ces deux genres : elles le mettent en mouvement de *translation*, ou bien elles le mettent en mouvement de *rotation*. Le mouvement de translation sans rotation est imprimé, lorsque l'impulsion a été donnée centralement, de manière à se distribuer, avec uniformité, dans le sein du corps frappé. Il est évident qu'une telle action et l'Expansion intime ne sont nullement incompatibles; celle-ci ne peut en être gênée; partout où le corps se transporte, il continue d'être sollicité par la force propre qui cherche à le dissoudre; et cette dissolution s'opère, pendant qu'il se déplace, avec la même activité que s'il était en repos. Ainsi, l'Expansion intime d'un corps composé est réellement *indifférente*, soit au repos, soit au déplacement de l'ensemble de ce corps. D'ailleurs il n'est point de corps dans l'Univers qui ne soit actuellement et constamment en mouvement de translation.

Le mouvement de *rotation* est imprimé à un corps composé, à un globe, par exemple, lorsque l'impulsion accidentelle est donnée à la fois avec égalité, mais en sens inverse, sur les deux extrémités d'un de ses diamètres, et alors il tourne sur lui-même sans se déplacer; ou bien le mouvement de *rotation* résulte dans ce globe de l'impulsion destinée à le mettre en mouvement de translation, lorsque cette impulsion n'a pas été donnée centralement, c'est-à-dire, dans le sens exact d'un des diamètres du globe; alors elle s'est distribuée inégalement; une moitié du globe l'a reçue plus vivement que l'autre moitié, ce qui a contraint l'ensemble à tourner sur lui-même pendant qu'il s'avançait dans l'espace.

Il est aisé de voir que dans l'un et l'autre cas, soit que le globe en rotation ne se déplace pas, soit qu'il se déplace, ce mouvement de rotation n'est rien moins qu'incompatible avec l'Expansion intime, puisque au contraire, ou bien il la favorise, ou bien il s'en montre le résultat. Citons l'expérience.

Les journaux du mois de juillet 1816 ont raconté l'explosion violente d'une grosse meule de grès qu'un homme tournait rapidement dans la cour d'une maison (rue Montorgueil), et qui, de l'un de ses débris, tua un enfant. On remarqua, par la dispersion en tous sens des débris de la meule, qu'ils ne s'étaient point échappés par la tangente du cercle de rotation; ce qui aurait eu lieu si le mouvement de rotation avait seul produit l'explosion; la projection des débris s'était faite en rayonnant autour du centre.

Et dans les ateliers voisins d'Aix-la-Chapelle, où l'on s'occupe à former les pointes des aiguilles à coudre, et où, pour cela, on les présente à des meules que l'eau fait mouvoir avec une grande rapidité, on observe souvent des effets semblables, et toujours les explosions sont rayonnantes; les débris sont lancés dans tous les sens.

Ces faits démontrent que le mouvement de rotation imprimé à un corps composé devient une faveur accidentelle, qui précipite seulement la dissolution à laquelle le corps entier serait parvenu, mais plus lentement; ce mouvement de rotation ne fait que presser le corps de se dissoudre.

Mais voici un Fait plus universellement observé, et qui conduit encore plus directement au Principe que nous voulons établir.

Lorsque l'on soumet un métal tel que l'argent à l'opération que l'on appelle l'*essai*, on en place un morceau dans une *coupelle*; c'est un petit mortier fait en poussière d'os ou d'une autre substance difficile à fondre; on dépose dans la même coupelle un petit culot de plomb. On met la coupelle ainsi garnie dans un feu ardent; lorsqu'elle s'est pénétrée de chaleur, on la retire avec des pinces; on voit alors que le plomb est déjà absorbé par la coupelle; mais l'argent est soumis à un mouvement extraordinaire; la masse entière est irradiée avec violence dans tous les sens; en même temps elle tourne sur elle-même avec une excessive vitesse; cette irradiation ou distribution irrégulière de la lumière, et cette rotation, ou distribution irrégulière de l'Expansion, se soutiennent jusqu'au moment de la *corruscation*, c'est-à-dire jusqu'au moment où la petite masse d'argent jette un éclat extraordinaire et homogène; alors elle tombe subitement dans une parfaite tranquillité; l'Expansion est distribuée uniformément dans toutes les parties de la petite masse; l'*essai* est terminé.

Il est aisé de prévoir combien cette expérience pourra nous guider dans l'explication de la formation des Astres et de leur mouvement de rotation; en ce moment, bornons-nous à en tirer la conséquence la plus rapprochée; c'est que l'Expansion, dans un corps composé, bien loin de résister au mouvement de rotation qu'une cause extérieure cherche à lui imprimer, suffit au contraire pour le provoquer, lorsque ce corps est libre et hétérogène.

Ajoutons maintenant que toutes les fois qu'un corps composé reçoit une impulsion accidentelle, c'est toujours l'Expansion qui est la source immédiate de cette impulsion même : ainsi un corps en mouvement de chute en frappe un autre; c'est l'Expansion stellaire qui a mis le premier en mouvement de chute. Une vapeur s'élève, elle frappe les corps qu'elle rencontre; c'est l'Expansion terrestre qui a mis cette vapeur en mouvement d'ascension. Un homme pousse devant lui un obstacle; c'est l'Expansion vitale qui donne à l'homme cette faculté d'impulsion.

Or, il faut bien que la Cause essentielle s'effectue; tout corps frappé n'est autre chose que celui dans le sein duquel s'exécute une partie plus ou moins grande de l'Expansion d'un corps, ou de plusieurs autres corps. Tributaire forcé de cette action étrangère, il n'en conserve pas moins le principe de son action intime; l'impulsion étrangère fait seulement qu'il change de place; il va porter et effectuer ailleurs sa propre Expansion.

Je n'ajouterai qu'une réflexion sur ce mouvement de rotation que l'Expansion imprime nécessairement à tout corps isolé et hétérogène.

Vous savez, Messieurs, que la rotation de la Terre est maintenant un fait démontré, et vous n'ignorez pas quels chagrins Galilée eut à souffrir pour avoir trouvé, dans la rectitude de son jugement, les preuves invincibles de cette découverte; elle combattait à la fois des apparences si frappantes et des dogmes si respectés ! Pour oser même discuter silencieusement, et avec soi-même, de telles apparences, il fallait cette hardiesse de pensée qui est l'un des caractères du génie.

« Mais, disait Galilée (je reproduis son raisonnement d'après M. Biot), n'est-il pas infiniment plus simple de supposer à notre petit globe un mouvement de rotation déjà indiqué par l'aplatissement de ses pôles, que d'imaginer la masse immense du soleil décrivant chaque jour autour de nous une circonférence dont le contour surpasserait deux cents millions de lieues?

quelle force énorme ne faudrait-il pas pour le contenir, et balancer sa force centrifuge? Mais cela n'est rien encore; il faudrait supposer des mouvemens semblables dans les planètes, dans les comètes, dans les satellites, mouvemens exactement proportionnels à leurs distances, tous parfaitement d'accord et comme concertés; ce qui est bien plus, il faudrait les étendre à cette multitude d'étoiles dont le ciel est parsemé; et tous ces corps, dont la distance est si grande qu'il nous est impossible d'en concevoir l'idée, tourneraient ensemble chaque jour autour d'un point imperceptible avec une régularité inconcevable, et avec une vitesse qui effraie l'imagination! »

De tels argumens sont irrésistibles, et cependant encore ils ne sont, pour ainsi dire, que le commencement de celui que maintenant le Système universel découvre. Nous avons démontré que l'univers est infini, que le nombre d'étoiles, de planètes, de comètes, est nécessairement sans limites. Or, un de ces globes, qui n'est jamais qu'un point, peut tourner sur lui-même au centre de l'infini, mais l'infini ne peut tourner autour d'un point; toute révolution se fait dans une enceinte; là où il n'y a point d'enceinte, il y a impossibilité de révolution.

QUATRIÈME SÉANCE.

Exorde occasionné par un Article du Courrier Français. — Explication de la Pesanteur. — Réponse à un article du Constitutionnel.

Messieurs,

Un journal estimé, et bien digne de l'être, le Courrier Français, m'a fait, en termes flatteurs, un reproche que j'ai mérité. Mon élocution, dit-il, a trop d'abondance. C'est prendre un détour bienveillant et délicat pour me représenter que je n'expose pas toujours mes pensées avec concision et méthode.

C'est ce que j'avoue; c'est ce que, pendant le cours de chacune de mes séances, je sens avec un regret qui me distrait et m'afflige. La cause en est dans la disproportion de mes forces, peut-être aussi des forces du langage, avec le sujet que j'ai embrassé. Ce sujet est l'horizon entier des Faits; c'est l'horizon de la Vérité. Chaque point, sur cet horizon immense, tient à tous les autres par des relations intimes; il n'est point de

Fait isolé; chaque Fait, chaque Vérité, est un foyer qui rayonne en tous sens, et, sur chacun de ses rayons, rencontre d'autres Faits qu'il s'approprie, qu'il unit à ses faisceaux particuliers. Il y a, sans doute, un point central qui est comme le foyer universel, où tous les Faits particuliers viennent puiser leur action et leur influence; mais ce foyer universel n'existant, à son tour, que par ses relations universelles, ne peut être décrit, démontré, caractérisé que par l'universalité de ses relations.

Il résulte de là, que je ne puis définir le Principe universel, je ne puis le faire comparaître devant votre intelligence, sans m'élancer aussitôt, par mon imagination, vers un grand nombre de ses conséquences; chacune de celles-ci assiège ma pensée, semble me demander la priorité sur toutes les autres; chacune me presse de la montrer à vos regards, comme la plus digne de servir de premier point d'appui au Principe universel.

Ma peine intérieure, lorsque j'ai l'honneur de parler devant vous, est donc d'élaguer le trop plein de mes preuves, de contraindre un grand nombre de mes idées, non à disparaître, mais à attendre, à se tenir en réserve pour un moment plus opportun.

Sans doute, je devais me tracer une ligne de discussion; et cette ligne, ce Plan devait être calqué sur le Plan de gradation auquel se sont soumises les œuvres de la Nature. C'est à quoi j'ai consacré toute mon attention. Mais, en réalité, ce Plan de gradation commence dans chaque moment de la durée, et parcourt sans cesse tous les points de l'espace; toutes les phases, toutes les périodes de la succession des Faits, s'entremêlent, se confondent dans l'espace et dans le temps; en sorte que le Système universel, considéré comme Édifice de l'intelligence humaine, n'a pu s'élever en elle que par l'effort successif et continu d'une immense abstraction.

Messieurs, je le répète, et l'expérience de mes trois premières séances, m'en a donné la certitude, je sens que, malgré mon âge, mon imagination est encore trop facile à émouvoir pour que je puisse soutenir de vive voix cette abstraction immense, si d'avance je ne la fixe par un enchaînement écrit. Dans l'intervalle de chacune de mes séances à la suivante, je suis sans cesse à cette tribune; je ne vous quitte que pour continuer de m'entretenir avec vous; je développe ce que je vous ai dit : je vous le dis beaucoup mieux en ces momens où vous ne pouvez plus l'entendre; je prépare ce que je dois vous dire; mille idées me frappent; je cherche à les retenir; ce travail opiniâtre et involontaire de ma pensée, m'agite, me conduit à la crainte qu'il n'use mes forces, qu'il ne me fasse descendre au-dessous de votre attente et de mes engagemens.

Mes engagemens sont de tout expliquer, de conduire votre intelligence à tout saisir! Que de rapidité ne m'est pas nécessaire! et cependant, puisque tout est nouveau, non dans les Faits que j'emploie, mais dans les liens que je leur donne, la clarté ne m'est-elle pas encore plus nécessaire que la rapidité? Ce besoin d'économiser votre temps, votre attention, et cependant de vous convaincre de la vérité d'idées générales, toutes nouvelles, comment parviendrai-je à le satisfaire, si l'ordre le plus rigoureux ne préside à l'emploi de preuves, cependant nombreuses, claires et frappantes?

Permettez-moi donc, Messieurs, de renoncer à un mode de discussion, attrayant sans doute, mais dont la précision rigoureuse ne saurait être le caractère. Dans l'intervalle d'une séance à la suivante, j'écrirai ce que j'aurai dessein d'exposer devant vous; mais je ne donnerai point à cette exposition la forme didactique d'un Traité soutenu. Je prendrai le ton d'un entretien, d'une conférence philosophique. C'est à vous, Messieurs, que je m'adresserai; c'est votre témoignage, votre expérience personnelle, votre raison que j'invoquerai. Cette forme de discussion m'autorisera d'ailleurs à quelques excursions adjacentes; soulevant alors un léger coin du voile qui recouvre des tableaux voisins, je vous ferai entrevoir d'avance leurs relations directes avec le tableau placé, en ce moment, sous vos regards. Votre raison marchera d'un pas ferme et grave, et, cependant, votre imagination se mettra, de temps en temps, en exercice.

Faisons, sur l'heure, la première épreuve de ce mode mélangé de la servitude méthodique et de la liberté d'improvisation (*).

(*) Dans la suite, j'ai quelquefois abandonné cette forme de discussion pour reprendre l'improvisation, que je quittais encore, selon la nature de mon sujet, et les dispositions où je me trouvais moi-même. Il en est résulté, dans mon Cours, une variété qui m'a paru avoir pour effet d'augmenter l'intérêt et de soutenir l'attention de mes auditeurs.

En rédigeant ce Cours pour le livrer à l'impression, j'ai pensé que j'obtiendrais le même avantage si je conservais les diverses formes de mes conférences, et si, à l'aide d'une fiction qui m'était facile, je transformais en auditeurs les lecteurs de mon ouvrage.

Messieurs,

Voici le résumé de ce que nous avons appris à ma séance précédente.

L'Expansion de chaque être, cette action qui lui est inhérente, qui tend sans cesse à porter toute sa substance sur un plus grand espace, l'Expansion s'exécute conformément à ce Principe le plus simple, le plus naturel, que les Physiciens, les Mécaniciens et les Géomètres ont érigé en axiome, sous le titre de Principe de la *moindre action*. Ce Principe est démontré par la direction en ligne droite que suit toujours le mouvement simple.

Un corps ne peut se mettre en expansion efficace, que lorsque les résistances qui lui sont opposées sont plus faibles que sa puissance expansive. Or, les résistances extérieures peuvent être écartées régulièrement autour de la surface d'un corps, ou inégalement sur ses diverses parties. Dans le premier cas, l'émission de sa substance se fait régulièrement du centre vers chaque point de la circonférence, et alors il y a *rayonnement;* c'est l'état de tous les corps que vous amenez à une pleine incandescence.

Dans le second cas, lorsque l'Expansion est inégalement favorisée, ce qui a lieu dans un grand nombre d'opérations chimiques, chaque élément disposé à l'évasion, saisit l'issue la plus courte et la plus facile; et, dans une situation quelconque, il y a toujours, pour chaque élément, une issue la plus courte et la plus facile; il y a toujours, en sa faveur, l'emploi du Principe de la *moindre action*.

Les divers globes répandus dans le sein de l'espace y sont environnés d'une résistance uniforme; leur émission expansive doit donc se faire par voie de *rayonnement;* cela est sensible pour le Soleil et les Étoiles; cela n'est pas également sensible pour la Terre et les Planètes; cela n'est pas moins de toute certitude. Chaque Planète lance centralement, et sous forme rayonnante, une substance atténuée, de la même nature que la Lumière du Soleil, mais beaucoup plus subtile, parce que les enveloppes de la Terre et de chaque Planète ont beaucoup plus de densité que celles du Soleil; ce qui contraint la matière de leur émission centrale à se réduire à un état de division beaucoup plus avancé, afin de pouvoir traverser un crible qui est beaucoup plus serré.

Le *Calorique*, ou matière de l'émission terrestre, s'élance de notre globe sous forme rayonnante, comme la Lumière s'élance du Soleil; mais, dans les circonstances ordinaires, nos yeux sont trop faibles pour l'apercevoir. Vous savez d'ailleurs qu'il est plusieurs animaux qui doivent à la faiblesse ou plutôt à l'excessive délicatesse de leur organe de la vue, la faculté de voir dans ce que nous appelons l'obscurité. Pour ces animaux, la terre est lumineuse.

Ce qui fait que chaque Planète a des enveloppes beaucoup plus serrées que celles du Soleil, c'est que chaque Planète a beaucoup moins de volume que le Soleil. Or, un globe quelconque, isolé dans l'espace, et par conséquent exposé librement, sur tous ses points, à l'incidence convergente de la matière lancée par tous les globes qui l'environnent, est d'autant plus réprimé par cette compression qu'il a plus de surface relativement à sa masse.

Amenez au même degré de chaleur deux corps de même nature, deux globes de fer par exemple, mais l'un très gros, l'autre très petit; tirez-les ensuite de la fournaise; le petit globe se refroidira promptement; le grand globe mettra beaucoup de temps à se refroidir, à se consolider, à se durcir.

Observez maintenant qu'il n'en est pas, d'un globe isolé dans l'espace, tel que le Soleil ou la Terre, comme d'un petit globe de métal faisant partie de la Terre ou du Soleil. Tout globe isolé, tel qu'une Planète ou une Étoile, possède toujours, dans son ensemble, la même quantité de puissance expansive, puisqu'il est toujours en équilibre avec les globes environnans. Seulement sa quantité générale d'expansion se distribue diversement entre ses diverses parties.

Ainsi, considéré dans son ensemble, un globe isolé, tel qu'une Étoile, une planète, est toujours consolidé au même degré, et ce degré permanent est d'autant plus faible que le volume du globe est plus considérable.

Le Soleil et les Étoiles jouissent donc avec continuité d'une Expansion plus forte, plus efficace, plus apercevable, que celle des Planètes; l'ensemble de leurs enveloppes a donc plus de perméabilité; elle est plus près de la mollesse; leur émission extérieure est plus abondante, plus soutenue. Comment donc, me direz-vous, leur masse s'entretient-elle? Comment le Soleil ne s'épuise-t-il pas rapidement par les torrens de lumière qui lui échappent sans cesse? Et puisque nous avons dit que l'Équilibre était la Loi nécessaire, la Loi universelle, comment un corps qui tend à s'épuiser par l'énergie même de son Expansion, reste-t-il en Équilibre avec les corps environnans?

La réponse est facile. Nous avons vu que l'Expansion d'un corps hétérogène, qui ne peut entièrement se dissoudre, le contraint à tourner sur lui-même; or, dans un corps qui tourne sur lui-même, l'Expansion générale ne saurait être uniformément distribuée; elle a sa plus grande facilité par la tranche équatoriale; cette facilité décroît progressivement de l'Équateur vers chacun de deux Pôles. Réciproquement, l'influence des corps extérieurs s'applique avec sa plus grande énergie aux deux points polaires, et de là elle décroît progressivement jusqu'à l'Équateur.

Or, qu'est-ce que cette influence des corps extérieurs? C'est, à l'égard de chaque globe, l'affluence convergente de la matière que lancent vers lui les globes environnans. De cette matière convergente, celle qui est adressée à l'équateur d'un globe, est fortement repoussée; mais celle qui est adressée à ses pôles ne l'est presque point, elle se poursuit elle-même, elle se pousse dans l'intérieur du globe; comme elle est excessivement subtile, elle pénètre à une grande profondeur dans les enveloppes; elle pénètre d'autant plus profondément, et avec d'autant plus d'abondance, que les enveloppes générales ont moins de consistance, ou que le globe a plus de grosseur.

Ainsi, l'émission d'un globe est en raison de son volume; mais le renouvellement de sa masse, aux dépens des globes qui l'environnent, est également, et au même degré, en raison de son volume; ce qui maintient l'Équilibre.

Loi simple! admirable! chaque globe est un vase sphérique, qui constamment se vide par son équateur, se remplit par ses pôles, et se vide sans cesse au dégré même où il se remplit.

Cette Loi, appliquée au globe terrestre, vous le montre formé d'une croûte dure, épaisse et serrée, ne lançant, par son équateur, et les régions qui l'avoisinent, qu'une substance rare et subtile, comparée à celle du soleil, mais ne recevant, à travers ses pôles, que beaucoup moins de substance stellaire.

Et si vous considérez un globe plus petit encore, le globe de la Lune, vous voyez la progression, dans les deux sens, aboutissant toujours à l'Équilibre. Presque point de rayonnance à travers l'équateur de la Lune; la répression extérieure est si forte, les enveloppes sont si dures, si épaisses, que la substance lancée par l'Expansion intime est d'une rareté et d'une ténuité très supérieures à la rareté et à la ténuité du calorique terrestre; aussi, point de chaleur sensible, à la surface de la Lune, point d'atmosphère, point de liquides ; par conséquent point de végétaux, point d'animaux, point d'hommes ; toute cette surface, semblable à celle de nos régions polaires, est stérile, concrète et glacée. Que doivent être ses régions polaires ? presque imperméables à la substance des Étoiles. La Lune reçoit très peu, donne très peu ; elle est en Équilibre.

Chaque globe, avons-nous dit, est en Équilibre, non en particulier avec chacun de ceux qui l'environnent, mais avec l'ensemble de ceux qui l'environnent. Cela est de toute évidence. Si chaque globe n'était pas en Équilibre au sein de l'Univers, son existence y serait impossible. Aussi, et nous le verrons dans la suite, à l'instant où un globe cesse d'être en Équilibre avec la force environnante, à l'instant où son Expansion intime devient supérieure à la répression que cette force exerce, son existence se termine ; il rend toute sa matière à l'Univers.

C'est à une telle catastrophe que doivent nécessairement aboutir, et le globe terrestre, et tous les globes de l'Univers ; ils ne peuvent périr que par elle ; mais il faut que, successivement, tous disparaissent, afin que d'autres se composent, qui disparaîtront à leur tour. Ainsi l'exige la Loi du renouvellement universel et de l'Équilibre.

Mais, je me hâte de le dire : ce terme fatal est encore éloigné pour le globe terrestre, et généralement pour toutes les Planètes qui tournent autour du Soleil. Nous le montrerons dans la suite ; l'origine de la Terre, et de toutes les Planètes du système solaire, est absolument la même ; elles sont nées ensemble, au même instant, par une action commune, et cette époque de leur naissance est très récente. Qu'est-ce que dix mille ans, vingt mille ans, tout au plus, dans la durée du Monde ? C'est beaucoup pour nous sans doute, pour nous dont la vie est si passagère ! Mais, pénétrons, avec Herschell, dans les profondeurs de l'espace. Selon ce grand Astronome, les étoiles les plus reculées, parmi celles que son télescope découvre, nous adressent une lumière qui met, au moins, deux millions d'années à nous parvenir. Ainsi, il s'en fallait encore de deux millions d'années que la Terre existât, lorsque certaines étoiles lançaient la lumière qui, deux millions d'années plus tard, devait aboutir à l'espace que maintenant la Terre occupe.

Ainsi, rassurons-nous, Messieurs ; la Terre passera sans doute ; mais un très grand nombre de générations passeront sur sa surface, avant le terme de son existence, et, jusques au moment fatal, l'Équilibre précis de son existence semblera devoir être éternel.

Cet Équilibre précis n'est pas une supposition de notre intelligence; il est démontré par la périodicité parfaite des deux mouvemens du globe, le mouvement diurne et le mouvement annuel. La Terre est toujours en commerce avec les globes qui l'environnent, puisque leurs envois la frappent sans cesse, et dans tous les sens, tandis qu'elle projette sans cesse vers eux sa matière rayonnante. Si ce commerce n'était pas toujours égal à lui-même, si, dans divers points de son orbite, la Terre était plus frappée que dans d'autres points, son mouvement autour du Soleil n'aurait plus cette régularité absolue qui est attestée par toute l'Astronomie; et son mouvement sur elle-même serait tantôt ralenti, tantôt précipité.

Les conséquences immédiates de Faits positifs sont nécessairement positives. De la périodicité rigoureuse des deux mouvemens de la Terre, il suit rigoureusement, que, dans l'espace qu'elle traverse, dans cet espace, son enceinte, dont le diamètre est de plus de soixante millions de lieues, la matière qu'elle rencontre, qui la choque, qui la presse, arrive toujours, sur chacun de ses points, en mesure égale, et avec une force égale; et, comme les raisonnemens que nous venons de faire pour le globe terrestre, s'appliquent également à toutes les planètes, il est démontré que, dans l'enceinte du système solaire, enceinte dont le diamètre est de plusieurs milliards de lieues, la matière lancée dans tous les sens par l'Expansion des étoiles environnantes, est distribuée sous un mode rigoureusement uniforme; en sorte que, sur chaque point de cet immense espace, elle arrive, en tout sens, avec la même force et la même quantité.

Quel spectacle, Messieurs! qu'il est grand et simple! l'uniforme dans l'immense!... Eh quoi! l'immense? Est-ce à l'enceinte du système solaire que notre imagination va se borner? qu'elle s'étende! qu'elle s'étende encore! qu'elle passe des siècles à s'étendre, à se projeter dans l'infini! que rencontrera-t-elle? la Raison l'annonce; le Soleil et les Planètes le démontrent; elle rencontrera de la matière en mouvement, mais uniformément répandue, des globes en mouvement, mais se faisant continuellement Équilibre.

Rentrons dans le système solaire; redescendons sur notre Planète. C'est de cette base, notre domaine, que nous devons étudier l'Univers; apprenons d'abord à la bien connaître.

La Terre, disons-nous, quel que soit le point de son orbite qu'elle occupe, est noyée dans l'émission convergente des étoiles, et cette émission lui est adressée, en tout sens, avec une parfaite égalité.

J'invoque votre raison, Messieurs; ne voyez-vous pas ici une force constante, une force de compression continue, régulière, toujours dirigée vers le centre du globe, toujours ayant pour but de réduire ce globe au plus petit espace qu'il puisse occuper?

Et cette Force, opposée, par sa direction, à l'Expansion du globe, chargée, par conséquent, de prévenir la dissipation du globe, chargée de le conserver, cette Force, quelle est son origine? l'Expansion des globes qui environnent la Terre.

Harmonie sublime! des effets opposés n'ont qu'une même cause! c'est l'Expansion qui balance l'Expansion!

La Force compressive, disons-nous, s'applique avec continuité et convergence sur tous les points de la surface du globe. Les instrumens de cette force, sans cesse en action, sans cesse renouvelée, tendent sans cesse à se porter vers le centre de la Terre; ils n'en sont empêchés que par les obstacles que leur opposent la Terre même et les corps dont elle est composée.

Ils pressent donc constamment ces corps vers le centre de la Terre; ils tendent sans cesse à les y porter.

Ne savons-nous pas aussi que tous les corps terrestres, que toutes les parties de la Terre pèsent vers le centre, c'est-à-dire, se dirigent vers le centre, lorsqu'ils tombent, et dirigent leur *poids* vers le centre, lorsqu'ils sont appuyés.

Et si cet appui est à demi glissant, s'il n'est vainqueur du mouvement de chute qu'à l'aide d'un léger frottement, cet auxiliaire, ce frottement, n'est-il pas tacitement combattu, et enfin surmonté? ne voyons-nous pas le corps qui paraissait arrêté, tomber inopinément? Cela ne prouve-t-il pas que, depuis son repos, il n'avait cessé d'être frappé?

Mais, direz-vous, pourquoi est-il des corps qui s'élèvent? pourquoi la Force compressive étant une Force constante, uniforme, toujours égale à elle-même, se trouve-t-elle, au même moment, dominante sur tant de corps, et vaincue par un si grand nombre d'autres?

Messieurs, parce que la Force expansive, son antagoniste, n'est une Force constante, et toujours égale à elle-même, que dans l'ensemble de chaque globe; elle se distribue inégalement dans les diverses parties; partout où elle dépasse un certain degré, elle est victorieuse de la Force compressive, qui, par compensation, est victorieuse partout où l'Expansion reste inférieure; et, dans l'ensemble du globe, les actes de supériorité de l'action expansive, forment une somme exactement égale à la somme de ses actes d'infériorité.

Pour me faire entendre, prenons un exemple qui vous soit familier.

Nous sommes en plein air; vous ramassez une pierre d'un petit volume; vous la jetez dans le sens supérieur, et vous la dirigez dans le sens exactement vertical.

Par cela même que vous lancez cette pierre, votre Expansion personnelle se signale comme supérieure à la force qui fait la pesanteur de ce corps. Si vous étiez en état de défaillance, ou plongé dans un profond sommeil, vous ne jouiriez pas de cette supériorité d'Expansion.

La pierre vous échappe, elle monte; mais, dès l'instant ou vous avez cessé de la toucher, toute votre action sur elle a été terminée.

Représentons par le nombre 100 le mouvement que vous lui avez imprimé.

La matière, avons-nous dit, est indifférente à tout mouvement de translation; c'est un axiome de Mécanique. C'est-à-dire que si nul obstacle ne se présente sur la route de la pierre que vous avez lancée, elle doit suivre éternellement sa route, en conservant à jamais les 100 degrés de son mouvement.

Il n'en est point ainsi. A peine a-t-elle quitté votre main qu'elle rencontre la matière compressive; celle-ci, vous le savez, se poursuit et se renouvelle sans cesse. Par cette première rencontre, la pierre perd un degré du mouvement que vous lui avez imprimé; il ne lui en reste plus que 99. Au second instant, nouvelle perte d'un degré, car elle rencontre encore la même quantité de matière compressive; le mouvement d'ascension se réduit à 98 degrés. Au troisième instant, nouvelle rencontre, toujours égale; perte d'un 3e degré de mouvement. Il ne reste plus que 97 degrés.

Suivez le décroissement de la progression; au cinquantième instant, la moitié de votre action est consumée; au centième instant, elle est détruite, la pierre ne monte plus.

Au cent-unième instant, qu'arrive-t-il? la Force compressive n'a plus d'antagoniste, elle frappe seule la pierre; et comme elle est toujours égale à elle-même, elle n'imprime qu'un seul degré de mouvement; au cent-deuxième instant, elle en imprime un second qui s'ajoute au premier, la pierre tombe plus vite; au cent-troisième instant, nouvelle impulsion, vitesse augmentée; vous suivez maintenant l'accroissement de la pression; au deux-centième instant, si, comme nous l'avons supposé, vous avez lancé la pierre selon une ligne parfaitement verticale, elle en est revenue à toucher votre main, et elle la frappe avec ce même mouvement de 100 degrés, que vous lui aviez imprimé.

Messieurs, nous n'étudierons jamais un Fait plus clair et plus précis, et d'une extension plus générale. C'est l'histoire de la nature entière, réduite à sa plus simple expression.

Considérons maintenant sous une autre face cet acte général de Compression qui produit la *pesanteur*.

La Lune tombe vers la Terre; la Terre tombe vers le Soleil, qui tombe à son tour vers chaque Planète; mais les Étoiles ne tombent pas les unes vers les autres. Si l'on croit avoir observé une translation du Soleil et de tout son système vers les étoiles qui forment la constellation d'Hercule, ce n'est du moins qu'un mouvement de déplacement direct, ce n'est point un mouvement de gravitation autour d'un corps qui en soit le centre.

Ainsi les Étoiles qui pèsent vers leurs planètes, et vers lesquelles leurs Planètes ne cessent point de peser, ne pèsent point elles-mêmes les unes vers les autres.

La *Pesanteur* n'est donc point un fait essentiel et primordial; il ne s'exécute que d'après certaines conditions, et dans certaines circonstances.

Supposez que la distance qui sépare chaque Étoile de celles qui l'environnent soit assez grande pour que chacune ne soit, à l'égard de la plus voisine, qu'un point mathématique; dès lors chaque Étoile est pressée, sur toute sa surface, avec une égalité absolue; cette condition leur étant commune, elles conservent toutes leur distance réciproque.

Telle est précisément la situation dans laquelle toutes les Étoiles sont placées les unes à l'égard des autres; et c'est ce qui les rend, les unes à l'égard des autres, sans pesanteur.

Que faut-il donc pour qu'il y ait gravitation, pour qu'il y ait pesanteur, en un mot pour que deux corps tombent l'un vers l'autre? il faut qu'ils soient déjà assez rapprochés l'un de l'autre pour que chacun trouble, sur la surface de l'autre, l'Équilibre de pression.

C'est ce que j'ai établi à ma séance précédente; et j'ai, en même temps, défini la progression de vitesse que suivent les deux corps qui tombent l'un vers l'autre, à mesure qu'ils exécutent ce mouvement.

Mais comme cette progression est l'un des Faits généraux les plus importans, souffrez que je vous en rende la connaissance facile à l'aide d'une expérience familière.

Je suppose qu'un seul flambeau éclaire cette enceinte, et qu'il est fixé au milieu du mur le plus éloigné.

Voici un carton dont les dimensions sont d'un pied carré; je l'applique sur le mur opposé à celui qui porte le flambeau : la portion de ce mur qu'il cache à la lumière du flambeau, est, comme lui, d'un pied carré de surface.

Je porte maintenant le carton vers le flambeau, et toujours parallèlement au mur sur lequel je viens de l'appliquer. A mesure que je marche vers le flambeau, je vois grandir l'ombre du carton; curieux de voir dans quelle progression se fait cet accroissement, je m'arrête au milieu de la salle; j'y fixe le carton, à égale distance du flambeau et du mur qui lui est opposé; je vais ensuite mesurer l'ombre du carton : je trouve qu'elle est de 4 pieds carrés : c'est-à-dire 4 fois plus grande que lorsque ce même carton était appliqué sur le mur. Je retiens ce premier rapport d'un accroissement comme 4, tandis que la distance n'est plus que la moitié de la distance primitive.

Je reprends le carton, et je le porte de nouveau vers le flambeau ; toujours accroissement de l'ombre. Je m'arrête lorsque la distance qui me sépare du flambeau n'est plus que le tiers de la distance primitive, et, mesurant l'ombre du carton, je la trouve de 9 pieds carrés, ou 9 fois plus grande. Je marche encore vers le flambeau : arrivé au quart de la distance primitive, l'ombre est devenue 16 fois plus grande. Arrivé au cinquième de la distance primitive, l'ombre est devenue 25 fois plus grande ; et ainsi de suite ; c'est-à-dire qu'en résumant les résultats de cette expérience, je trouve que tandis que la distance décroissait selon la suite des fractions........................ $\frac{1}{2}$, $\frac{1}{3}$, $\frac{1}{4}$, $\frac{1}{5}$,
l'ombre augmentait selon la suite
des nombres.................... 4, 9, 16, 25,
c'est-à-dire, selon le carré, en sens inverse, de cette diminution.

Je me place maintenant, par l'imagination, sur la surface de la Terre, en un point situé sur une ligne qui unirait le centre de ce globe avec le centre de la Lune, et je suppose que la Lune, ayant perdu tout son mouvement de translation, ne reçoit plus d'autre impulsion que celle de la cause qui fait sa pesanteur.

Elle va donc tomber directement vers le point que j'occupe; et je sais qu'avant de m'atteindre, elle aura environ 80 mille lieues, en ligne droite, à parcourir.

Comme je sais aussi que la cause qui la détermine à tomber n'est autre chose que l'impulsion qu'elle reçoit des Étoiles dont elle me dérobe la vue, j'ai un moyen sûr de calculer le progrès de sa chute; je n'ai qu'à mesurer, d'instant en instant, l'augmentation de sa surface; car cette augmentation progressive servira elle-même de mesure à la portion du mur stellaire que la Lune dérobera à ma vue, portion de mur stellaire duquel procédera toujours le mouvement de gravitation.

C'est ainsi qu'en supposant d'ailleurs, afin de simplifier l'hypothèse, que la Terre sur laquelle je suis placé reste immobile, et ne gravite pas elle-même vers la Lune, je trouverai que la Lune, lorsqu'elle me montrera un diamètre double, ou, ce qui est la même chose, une surface quadruple, n'est plus qu'à une distance de 40 mille lieues, et qu'en même temps, son mouvement est 4 fois plus rapide qu'au moment de son départ ; lorsque sa surface sera devenue 9 fois plus grande, sa vitesse sera devenue 9 fois plus rapide, et sa distance ne sera plus que du $\frac{1}{3}$ de 80 mille lieues. Bientôt sa surface se montrera 16 fois plus grande, et en même temps sa vitesse 16 fois plus rapide, tandis que sa distance sera réduite au $\frac{1}{4}$ de 80 mille lieues.

En un mot, la vitesse augmentera toujours comme l'espace caché sur le mur stellaire, lequel espace caché augmentera toujours en raison inverse du carré de la distance qui restera à parcourir. Lorsque la Lune sera près de toucher la Terre, elle aura alors toute la vitesse de gravitation qu'elle pouvait acquérir, parce qu'alors elle cachera, pour le point central, tout le mur stellaire.

En sorte que cette belle Loi, fixée par Newton, *Dans tout mouvement de gravitation mutuelle, la vitesse s'accélère en raison inverse du carré des distances*, n'est, en réalité, que la première loi des phénomènes optiques.

En effet, vous le voyez, Messieurs, l'émission stellaire explique ce que Newton a calculé, ce que tous les Géomètres ont érigé en Fait invariable, ce qui fait toute la Théorie de la Gravitation. L'émission stellaire, tendant sans cesse à se distribuer uniformément dans l'espace, ne peut manquer de porter géométriquement, les uns vers les autres, tous les obstacles qui s'opposent à l'uniformité de sa distribution ; il faut qu'elle les agglomère, que, ne pouvant les anéantir, elle les réduise du moins à se toucher, à se presser les uns contre les autres, à ne former qu'un seul corps, un seul *globe ;* car la forme sphérique, dans un corps isolé, est la seule forme de l'Équilibre.

Lorsque ensuite elle a composé ce globe, le délaisse-t-elle? Non sans doute ; elle continue de le presser sur tous les points, car elle continue d'arriver vers tous ses points, et avec une force toujours égale. C'est ainsi qu'opiniâtre dans son influence, après avoir fait tomber les uns vers les autres tous les corps qui ont embarrassé sa marche, elle les tient engagés, en donnant à chacun un *poids* déterminé par sa masse ou quantité de matière, car c'est ainsi que se communique toute impulsion.

Et cette impulsion compressive, qui produit la *gravitation* mutuelle, et ensuite le *poids*, cette ennemie universelle de l'Expansion, qui, partout, lui résiste et la réprime, quelle est son origine ? l'Expansion.

Unité, simplicité ; c'est, dans l'histoire de l'Univers, le texte de tous les chapitres ; c'est ce qui fait que la Vérité est l'histoire de l'Univers.

Je viens d'expliquer la *Pesanteur;* vous savez, Messieurs, que jusqu'ici on n'avait fait que l'attester, la décrire, et calculer les conditions selon lesquelles elle s'exécute. C'est à découvrir et à fixer la Loi du Phénomène que Newton avait employé son immense savoir et son profond génie. Tous les grands Géomètres, ses successeurs, les Euler, les Lagrange, les Laplace, ont poursuivi ce Fait universel jusque dans ses applications dernières; et toujours ils ont trouvé ces trois conditions si simples, les plus simples dont une Force universelle puisse être revêtue : distribution en raison des masses, direction centrale, et accélération de vitesse en raison inverse du carré des distances à parcourir

Or, toute impulsion se partage en raison des masses; l'Équilibre l'exige; l'impulsion stellaire ne saurait se partager autrement; toute impulsion uniformément convergente est nécessairement centrale; l'impulsion stellaire est uniformément convergente; enfin, toute impulsion constamment renouvelée place, dans le sein du mobile, une somme d'effets qui s'accroît successivement comme le carré des temps employés à l'exécution de ces effets; c'est encore une Loi démontrée par la Géométrie mécanique; or l'impulsion stellaire est constamment renouvelée, puisque toutes les

Étoiles sont constamment en Expansion. L'impulsion stellaire est donc essentiellement constituée, conformément à toutes les conditions du phénomène de la pesanteur. L'impulsion stellaire est donc la cause immédiate du phénomène.

Pourquoi donc, demanderez-vous, une Cause si simple, si apercevable, si géométrique, a-t-elle échappé au génie de Newton, lui qui avait si attentivement cherché la cause de la pesanteur, lui qui donnait, sans ménagement, le titre d'absurde à l'opinion qui faisait de la pesanteur une propriété essentielle de la matière, lui qui avait institué le mot *attrait, attraction,* comme image, comme métaphore, en attendant le mot de la nature, mais qui avait eu le soin judicieux de dire : Les corps se comportent mutuellement *comme s'ils s'attiraient?*

Messieurs, si Newton s'est arrêté, s'il a entrevu seulement, mais s'il n'a pas osé être convaincu que l'impulsion stellaire est la cause de la pesanteur, à mon tour je n'en puis entrevoir que les deux raisons suivantes :

L'impulsion stellaire ne peut produire la pesanteur qu'autant que l'Univers est infini; or, du temps de Newton, l'imagination de l'homme ne se permettait pas de concevoir l'infini de l'Univers; et qui sait si même aujourd'hui, cette Pensée, si majestueuse jusque dans le vague qui la déborde, si appropriée à la nature d'un Créateur dont l'action ne peut être qu'infinie comme la présence, cette Pensée que Pascal a figurée par une sorte de Géométrie poétique, qui sait si cette Pensée, que je démontre, ne me sera pas imputée à blasphème? Mais non! les temps sont changés; ou plutôt ils s'accomplissent; bientôt il n'y aura plus que piété philosophique, soumission à l'Être infini, partout où il y aura science, raison, et démonstration.

Ce qui a pu faire encore que Newton, entrevoyant l'impulsion stellaire comme cause de la pesanteur, l'a écartée de sa pensée, c'est la crainte de tomber dans l'une des conséquences du système de Descartes. Ce grand Homme, ce génie supérieur, fit la première ébauche du Système universel, car il conçut chaque globe de l'Univers comme un foyer de tourbillons concentriques; mais l'idée de l'Expansion ne lui étant pas venue, il fut conduit à supposer, comme point de départ, le plein universel, ce qui, comme nous l'avons dit, rendait le mouvement impossible.

D'après certaines recherches et certains raisonnemens faits par Newton, renouvelés postérieurement par M. de Laplace, on est porté à penser que Newton avait craint de voir la matière de l'émission stellaire remplissant l'espace, et y formant ce plein de Descartes qui aurait arrêté le mouvement.

Celui de mes auditeurs qui m'a fait l'honneur de m'écrire la dernière lettre à laquelle j'ai répondu, pourrait, mieux que personne, concevoir cette crainte, puisqu'il l'a exprimée.

Mais le plein de Descartes était immobile, il ne pouvait que faire obstacle à tout corps pressé de se mouvoir; au contraire, l'émission stellaire est toute en mouvement, et sa distribution est uniforme dans tous les points de l'espace; le corps en mouvement qu'elle retient dans un sens, elle le pousse dans le sens opposé, et avec la même quantité de force; elle neutralise donc, par son Équilibre universel, son action continue, et le vide absolu ne serait pas plus perméable à tout corps en mouvement particulier, que ne l'est un espace traversé par des corps en mouvement qui se font rigoureusement Équilibre.

Que tandis qu'une boule d'ivoire parcourt une table de billard, elle soit frappée sur tous les points, à droite, à gauche, en avant, en arrière, mais partout avec le même degré de force, elle suivra sa route comme si aucun corps ne la rencontrait. C'est ainsi que l'émission stellaire frappe tout globe en mouvement. Si une telle idée s'était présentée à Newton, il en aurait proclamé l'évidence.

Je passe à l'illustre héritier des travaux de Newton et de ceux de Descartes. M. de Laplace est, dans ce siècle, le premier Magistrat de la science. C'est à lui que je devais d'abord confier les bases de mon explication universelle; j'eus avec lui plusieurs conférences; il m'écouta avec attention et intérêt. Mais il me fit une objection qui m'arrêta, et qui, aujourd'hui que je l'ai résolue, m'explique pourquoi, avec tant de réflexion et de savoir, M. de Laplace n'a pas découvert avant moi que l'impulsion stellaire est la cause de la Pesanteur.

J'ai calculé, me dit-il, que la vitesse de la lumière est beaucoup trop faible pour produire la gravitation mutuelle des astres, au degré où elle s'exécute.

M. de Laplace disant *J'ai calculé*, le Fait était incontestable; c'était la Géométrie en personne qui prononçait.

Messieurs, la Raison devient la première Puissance Géométrique, lorsqu'elle a découvert, et avec certitude, le Principe universel; car alors elle ne fait plus que le suivre dans ses conséquences nécessaires.

Qu'est-ce que l'Expansion? C'est une action

indéfinie ; c'est-à-dire que, par elle-même, elle est sans mesure ; elle ne peut recevoir une mesure que des obstacles qui lui sont opposés ; ou, en d'autres termes, la vitesse qu'elle imprime est d'autant plus grande que moins d'obstacles sont rencontrés par les corps qu'elle a lancés.

Que tous les globes de l'univers, excepté celui que nous habitons, s'anéantissent subitement, aussitôt, et avec une rapidité plus grande que celle de l'éclair, ce globe est non-seulement réduit en poussière, mais les composans de cette poussière, les atomes dont la Terre était formée, se dispersent, en tout sens, dans l'infini de l'espace ; chacun parcourt, en un instant mathématique, un très grand nombre de milliards de lieues.

Disons maintenant qu'à l'instant où la lumière échappe à un astre éclatant, à un soleil, à une étoile, chaque globule est d'une masse très considérable, eu égard à celle des élémens qui le composent ; les obstacles que son mouvement rencontre sont très nombreux, comparés à ceux que rencontrerait chacun de ses élémens ; il est évident que plus un corps a de ténuité, moins son mouvement rencontre d'obstacles. Mais chaque globule de lumière du soleil est sans cesse, depuis l'instant où cet astre le projette, sous le travail d'une Expansion ardente ; c'est réellement un petit soleil qui s'avance dans l'espace, et qui, tout en suivant sa route, entre sans cesse en divergence ; chacun de ses élémens tend à se dégager de l'association qui le retient ; ceux qui y parviennent prennent nécessairement une vitesse incomparablement supérieure à celle du globule ; réduits à la ténuité élémentaire, à celle que le Créateur a fixée, ils possèdent également toute la vitesse élémentaire, c'est-à-dire toute celle qui est déterminée par le rapport général de la matière à l'espace, ou de l'espace occupé à l'espace non occupé.

Telle est, pour l'élément, la vitesse *absolue*, vitesse qui, ainsi que nous l'avons dit précédemment, n'est pas infinie sans doute, mais *indéfinie*, c'est-à-dire indéfiniment plus grande que celle de la lumière à l'instant où elle vient d'être lancée par le soleil.

Vous le voyez maintenant, Messieurs, le Fait attesté par M. de Laplace est positif comme tous ceux qui lui sont révélés par la Géométrie, ce puissant instrument de vérité qu'il possède à un plus haut degré que personne ; mais bien loin d'opposer une objection au Système que je vous présente, il me fournit un heureux moyen d'en mieux développer le principe. La lumière du soleil ne fait environ que quatre millions de lieues par minute; la matière élémentaire fait indubitablement un grand nombre de milliards de lieues dans le même temps. Songez, Messieurs, à ce que Herschell vous a appris. Il est des étoiles, encore visibles par le secours de son télescope, dont la lumière met au moins deux millions d'années à nous parvenir; quelle prodigieuse dispersion chaque globule a effectuée pendant ce long intervalle de temps! à quelle ténuité n'est-il pas descendu! Eh bien, la lumière de ces étoiles, celle qui entre dans le télescope d'Herschell est-elle réduite à l'état élémentaire? Non, sans doute, puisqu'elle est encore visible. Chaque globule est encore un colosse, une montagne, comparé à chacun de ses élémens. C'est cependant la matière élémentaire seule qui est l'instrument direct de la Force compressive; et les élémens qui, en ce moment, nous pressent, viennent de beaucoup plus loin que les dernières étoiles d'Herschell.

Ainsi, Messieurs, regardez ce Fait si simple, ou du moins si ordinaire, et que votre imagination s'épouvante! que cependant votre raison conçoive:

... J'ouvre ma main; cette boule tombe; est-ce par elle-même? Non, c'est par l'impulsion actuelle d'élémens qui marchaient depuis un grand nombre de millions d'années vers le point occupé, en ce moment, par ma main.

... Ce corps est tombé, il *pèse;* est-ce par lui-même? Non, c'est par l'impulsion actuelle d'autres élémens, qui ont suivi les premiers, et qui viennent de la même distance.

Et qu'est-ce que cette distance qui, pour être exprimée, demanderait tant de chiffres? Ce n'est que le commencement de l'infini; ce n'est que le commencement de l'Univers!

Mais, Messieurs, dans mes besoins de répondre à l'objection de M. de Laplace, je ne devais pas me borner à invoquer le témoignage de la raison, je devais appeler celui de l'expérience; elle a répondu victorieusement.

Vous connaissez tous le phénomène de la Réfraction; vous savez qu'un rayon lumineux, passant obliquement de l'air dans un milieu plus dense, tel que le verre, se brise au moment qui précède celui du contact, et se rapproche de la direction perpendiculaire. Vous apercevez d'avance avec quelle facilité ce phénomène de gravitation sera expliqué par l'impulsion stellaire, cette impulsion toujours perpendiculaire et centrale, parce qu'elle est toujours uniformément convergente. Or, l'un des premiers élèves de M. de Laplace; l'un des hommes qu'il a le mieux exercés à manier l'expérience et le calcul, M. Biot, dit formellement, en plusieurs endroits de son Précis élémentaire de Physique Mathématique et Expérimentale, que le rayon lumineux, non-seulement se brise en entrant dans le verre, mais y suit sa route *avec une vitesse augmentée*, et cela, malgré la densité du verre qui tend, au contraire, à la diminuer.

Ce Fait si remarquable prouve jusqu'à l'évidence que les rayons stellaires ont beaucoup plus de vitesse que les rayons de la lumière du soleil; car pour qu'un corps en mouvement puisse détourner de sa marche un autre corps en mouvement, et augmenter sa vitesse, malgré la forte résistance des obstacles, quelle immense supériorité de vitesse ne faut-il pas?

Vous le voyez, Messieurs, dès ses premiers pas, mon Principe, guidé par la raison, appuyé sur le calcul et l'expérience, prend une fermeté inébranlable.

Ne craignons donc pas d'aborder toutes les objections dont il se montrera encore susceptible. Ces objections ne pourront être qu'apparentes; leur véritable titre sera celui de *difficultés à éclaircir*.

La première difficulté qui, sans doute, se présente à l'esprit de chacun de vous, et dont il attend l'éclaircissement avec impatience, est celle-ci :

Comment l'impulsion stellaire peut-elle produire la Pesanteur dans l'enceinte de cette salle aussi bien qu'en face des étoiles ? Comment n'est-elle pas arrêtée par l'interposition d'un récipient de verre, et encore plus d'une voûte épaisse, d'une suite redoublée de murs épais ?

Messieurs, ce récipient de verre que vous citez, n'est-il pas traversé avec une très grande abondance par la lumière du soleil ? et n'avons-nous pas démontré que la lumière du soleil ne pouvait être que colossale et gigantesque, comparée à la substance élémentaire ? Serait-il possible que tous les corps dont les enveloppes de la Terre sont composées ne fussent pas d'une porosité extrême, à l'égard de la substance élémentaire, lorsque, au moment qui a précédé leur composition, cette substance traversait, en tout sens, le lieu dans lequel ils allaient se former ? Croyez-vous que, pendant cette composition qu'elle provoquait elle-même, elle ait pu cesser de se ménager, en tout sens, des canaux d'écoulement ?

Oui, Messieurs, le corps terrestre le plus dense,

celui qui contient le plus de matière sous le moins de volume, n'est encore qu'un tamis ou un réseau très large pour la substance élémentaire. Tous les rayons stellaires adressés à ce corps le plus dense, à cette masse de plomb, ne le traversent pas; s'il en était ainsi, il n'aurait aucun poids; mais la quantité de ceux qui traversent cette masse de plomb, est incomparablement plus grande que la quantité de ceux que cette même masse arrête; dans les corps d'une densité moindre, tels que l'étain, le bois, le liége, cette quantité de rayons arrêtés diminue proportionnellement à la diminution de la quantité de matière; c'est ce qui fait que la pesanteur des corps solides ou liquides, est une mesure si exacte de leur densité.

Cette porosité générale, et très considérable, de tous les corps terrestres, à l'égard de la substance élémentaire, explique comment tous les effets de gravitation sont produits avec *presqu'autant* de facilité sous les voûtes les plus épaisses, et dans les souterrains les plus profonds, qu'à la surface de la terre. Je dis que cette facilité est *presqu'égale;* elle ne peut être d'une égalité absolue; le raisonnement l'indique, et l'expérience le démontre. L'acte de congélation, qui est un acte de rapprochement suivi de l'immobilité, est évidemment l'un des effets de la cause générale qui détermine tout rapprochement, toute gravitation mutuelle; c'est ce que nous montrerons bientôt avec détails; et cet acte de congélation a, d'ordinaire, besoin d'un certain temps pour s'effectuer; ce qui fait qu'il peut fournir des termes de comparaison, avantage que ne fournit pas la chute des corps graves; cette chute, toujours rapide, ne peut pas être observée comparativement en plein air, et dans des lieux fermés, sur des lignes assez étendues pour que nous puissions apprécier les différences de rapidité. Mais construisez une haute tour, dont les murs aient partout la même épaisseur; divisez-la par des voûtes égales, en trois, quatre, cinq étages, parfaitement égaux dans toutes leurs dimensions. Choisissant ensuite un jour très froid, remplissez d'eau cinq vases de la même capacité, enfermez-les, au même instant, l'un dans l'étage inférieur, le second dans le second étage, et ainsi de suite, chaque vase ayant son étage particulier; vous verrez la congélation de ces cinq vases se produire successivement en commençant par celui de l'étage supérieur; elle descendra à intervalles qui se prolongeront, qui montreront ainsi que la congélation devient de plus en plus difficile: peut-être même, si le froid n'est pas d'une excessive rigueur, l'eau du vase contenu dans l'étage inférieur restera liquide, tandis que celle des quatre étages supérieurs aura pris une solidité progressivement plus forte.

Direz-vous que c'est la chaleur de l'étage inférieur qui a empêché la congélation? je le dirai aussi; mais j'ajouterai qu'il ne faisait plus chaud dans l'étage inférieur que parce que l'impulsion stellaire ne pouvait y pénétrer aussi abondamment, aussi énergiquement que dans l'étage supérieur. N'oubliez pas que l'émission terrestre, ou le *calorique*, est toujours en lutte avec l'émission stellaire; ce sont deux athlètes toujours aux prises, et toujours en présence; il y a cette différence, dans la situation de l'un et de l'autre, que l'émission stellaire, au moment où elle arrive à la surface du globe, est partout uniforme et égale à elle-même; tandis que son antagoniste, l'émission terrestre, varie d'intensité, au gré d'un grand nombre de circonstances locales; il suit de là que tout ce que le calorique perd ou gagne en énergie, la puissance stellaire le gagne ou le perd, et réciproquement. En construisant la tour que nous venons de décrire, vous avez placé, au-devant de l'émission stellaire, un obstacle que, successivement, vous avez augmenté; c'est donc une faveur successivement augmentée, que vous avez accordée à l'émission terrestre; aussi, et la chaleur des cinq étages a été progressive de l'étage supérieur à l'étage inférieur, et la facilité de congélation a diminué dans le même sens et dans le même rapport; ce sont les deux effets connexes d'une cause unique, l'Expansion de la terre, et l'Expansion des étoiles.

Je vous prie, Messieurs, de reconnaître que je ne change rien à la Physique constatée. On vous a toujours dit que la force de répulsion du *calorique*, luttait sans cesse contre la force de cohésion. Je ne dis pas autre chose. Mais lorsque, pour expliquer la cohésion et la pesanteur, on établissait, comme principe fondamental, que toute matière est *attractive*, on se jetait dans une opposition d'idées absolument inconciliable. Toute matière est *attractive*, dites-vous. Mais, de deux choses l'une, ou le calorique est matière, et alors il est doué de faculté *attractive*, et non de faculté *répulsive*, ou bien le calorique n'est pas un Être matériel; c'est une faculté *répulsive* qui appartient à toute la matière, en concurrence avec sa faculté *attractive*. Quoi! deux facultés contradictoires, exclusives l'une de l'autre, existant ensemble dans le même sujet? Quoi! le même corps pouvant à la fois, et par lui-même, se condenser et se dilater, se concentrer et se dissoudre. Convenez-en, Messieurs, c'était bien atteindre la plus haute mesure de l'impossible.

Mais, par la pensée que je vous présente, tous les faits sont conservés, et tous se concilient. Le *calorique*, c'est le fruit immédiat de l'Expansion du globe ; il part de son centre, traverse ses enveloppes ; en les traversant, il les dilate, il en sépare, autant qu'il lui est possible, les élémens. S'il ne le fait pas au degré de la dispersion totale, c'est qu'il en est empêché par le fruit immédiat de l'Expansion stellaire, qui toujours arrive en sens opposé, se renouvelle sans cesse, et dont les effets directs sont tous les actes de pesanteur, de cohésion et de combinaison.

Ainsi, dans ce mot *Expansion*, réside, comme dans sa source, l'Explication universelle.

Nous avons dit que l'impulsion stellaire a, pour condition générale, de converger uniformément vers tous les points de la surface du globe, ce qui donne à tous les corps terrestres une pesanteur dont la direction est vers le centre de ce même globe. Mais n'est-il pas, sur la surface de la Terre, des points vers lesquels cette convergence de l'émission stellaire ne saurait être d'une régularité absolue? Par exemple, au pied d'une montagne très élevée, et taillée à pic, les rayons stellaires ne peuvent tomber uniformément. Si, par exemple, cette montagne est située à droite de l'observateur, celui-ci ne peut recevoir, sur son côté droit, autant de rayons stellaires que sur son côté gauche ; il n'est donc pas sous un Équilibre parfait de pression. Sans doute, il doit encore tendre à tomber vers le centre de la Terre, car la grande surabondance des rayons stellaires a encore cette direction ; les rayons verticaux surtout portent immédiatement sur sa tête ; mais puisqu'il n'y a pas équilibre entre les rayons latéraux, il doit être poussé vers le côté où ils sont en minorité.

C'est précisément ce qui est attesté par l'expérience. Au pied d'une grande montagne, lorsqu'elle est isolée, le fil à plomb dévie de la situation verticale ; il s'incline vers la montagne, d'une quantité sensible, quoique très petite.

Ce Fait, éprouvé pour la première fois par La Condamine, vérifié postérieurement par tous les grands observateurs, nous apprend deux choses qu'il est bon de retenir. Une grande montagne s'oppose, mais *légèrement*, à la transmission absolue de la substance élémentaire. Cette masse, que nous jugeons énorme, n'est, pour la substance élémentaire, qu'un crible très large, très ouvert; mais il ne laisse point passer la totalité de ce que les étoiles lui adressent.

Tirons les conséquences. Donnez à la première couche du globe l'épaisseur de cette grosse montagne; ce ne sera encore qu'une faible pellicule; elle arrêtera *un peu*, transmettra *beaucoup*. La seconde couche remplira les mêmes fonctions; il en sera de même de la troisième, de la quatrième, et ainsi de suite; en les supposant toutes de la même densité, la transmission s'affaiblira selon une progression continue. Le terme arrivera où toute la matière élémentaire, adressée par les étoiles, sera arrêtée; un seul atome ne pourra pénétrer au-delà.

Et au-dessous de ce terme, que reste-t-il? l'Expansion régnant sans partage; c'est là que tout s'agite, se divise, s'atténue, s'élabore; c'est là qu'est le foyer, et des combinaisons métalliques, et des explosions violentes, et de cette émission douce, soutenue, bienfaisante, qui, sous le nom de *calorique*, d'*électricité*, de *magnétisme*, vient dilater et animer cette écorce du globe, notre séjour et notre domaine. C'est de là, en un mot, qu'émanent toutes les résistances à cette force extérieure qui, de son côté, résiste à la résistance, et provoque sans cesse la concrétion et le repos.

A quelle profondeur verticale, l'émission stellaire est-elle entièrement arrêtée ? C'est ce que l'on ne peut indiquer que par une approximation très vague. Le terme où la Puissance de compression n'a plus d'instrumens, doit être celui où la Puissance d'Expansion commence à se montrer avec une grande ardeur ; et, comme nous l'avons vu, la *chaleur* est le premier et principal témoignage de l'ardeur expansive. Or on croit avoir découvert, dans les mines de Freyberg en Saxe, que la chaleur intérieure du globe augmente dans la proportion d'un degré du thermomètre pour 150 pieds de profondeur. Si l'on poursuit cette proportion, on trouve qu'à une profondeur de 100 lieues, la chaleur doit être assez forte pour fondre le fer, et tenir tous les métaux dans l'état liquide. Il est donc vraisemblable qu'en doublant cette profondeur, on atteint le terme où l'Expansion agit sans contrôle. Mais, pour faire un excès de concession à l'incertitude, portez à 500 lieues l'épaisseur de l'enveloppe solide et résistante ; il reste encore dans les entrailles du globe un gouffre sphérique, de deux mille lieues de diamètre, entièrement livré à l'Expansion.

Observez un Fait attesté, et très remarquable, dont votre Professeur de Physique vous a entretenus hier avec beaucoup de clarté. Le Pendule est l'instrument précis de l'intensité de la pesanteur; plus ses oscillations se ralentissent, plus la pesanteur s'affaiblit; au contraire, plus ses oscillations se précipitent, plus la pesanteur augmente. Portez le même Pendule du sommet d'une haute montagne vers sa base, ses oscillations se précipiteront progressivement. Mais creusez le sein de la Terre, et continuez de porter le même Pendule vers le centre du globe, les oscillations continueront-elles de se précipiter? Cela devrait être, si l'attraction existait, si toute l'attraction du globe tendait à se réunir vers le centre; et cependant le contraire arrive; les oscillations du Pendule se ralentissent; le progrès du ralentissement est comme le progrès de la chaleur souterraine. On peut attester qu'au terme où les métaux se tiennent en fusion, les oscillations du Pendule seraient d'une lenteur extrême, et qu'enfin au-dessous du point où toute l'impulsion stellaire est arrêtée, le Pendule situé obliquement resterait dans cette situation oblique, il ne tomberait plus.

Mais racontons le Fait dans toute son exactitude. Un Pendule de matière quelconque, d'acier par exemple, que l'on introduirait subitement à 500 lieues perpendiculaires au-dessous de la surface, y perdrait à l'instant toute cohérence de parties. L'Expansion, sa propriété essentielle, délivrée de toute résistance, le briserait en fragmens impalpables, le résoudrait en ses élémens.

Messieurs,

Quelques difficultés s'élèvent encore contre mon explication de la Pesanteur. Nous les éclaircirons; aucun nuage ne doit rester sur une question si importante.

Mais, si je ne me trompe, votre attention vient de s'employer d'une manière assez forte pour demander quelque repos, ou du moins quelque variété dans son exercice; c'est ce que je vais faire en la ramenant vers un morceau d'éloquence dont, à coup sûr, elle a été frappée.

Vous avez lu dans le *Constitutionnel*, le 18 de ce mois, un article au sujet de ce Cours (*). Ce n'est point parce qu'il se rapporte à l'exposition de mes pensées, que je l'appelle un morceau d'éloquence; c'est parce qu'il en a tous les caractères : force d'idées, enchaînement judicieux,

---

(*) Article fait par M. Tissot.

harmonie d'expressions, élévation de style. Ce ne peut être l'ouvrage que d'un homme à la fois généreux de sentimens, et profond de réflexions, à la fois Philosophe, Littérateur et Poëte. Delille n'aurait pas mieux écrit, Delille si passionné pour les grandes choses, si bon, si franc, si juste, si inaccessible aux rivalités de gloire, aux souffrances de l'envie! Cette noble voix que nous avons entendue, ne serait-ce pas celle de son élève, de son successeur? Supposons-le, en attendant que mon cœur reconnaissant ose s'en assurer, et vous le dire. D'ailleurs, Messieurs, l'auteur de cet article vous a donné un moyen personnel de parvenir à le connaître; il a dit que « j'ai choisi la tribune de l'Athénée, certain d'y trouver des auditeurs attentifs, des juges éclairés, des contradicteurs habiles et pleins d'urbanité. »

Il n'est, Messieurs, qu'un homme ayant professé à cette tribune qui puisse parler de vous avec cette justice; c'est ainsi que je parlerai de vous.

Il ajoute que « j'ai dû délibérer long-temps avant d'entreprendre la haute mission que je semble poursuivre. »

Messieurs, parvenu depuis plusieurs années à une persuasion affermie par la retraite, la réflexion et l'étude, mon âge et certaines circonstances m'ont averti que mon temps était venu. Je serais plus avancé aujourd'hui si j'avais eu toujours du calme et de la prudence. Mais passionné, il y a quinze ans, par l'enthousiasme, ne voyant encore que l'ensemble des Faits, hors d'état de me refroidir assez pour descendre dans tous les détails, pour regarder attentivement autre chose que les masses principales, je m'élançai audacieusement sur le théâtre de la science, avant de l'avoir étudiée suffisamment, avant d'en avoir fait ma propriété.

Qu'arriva-t-il? je chancelai, je tombai; ayant pour force intérieure des raisonnemens puissans et des idées générales, mais n'ayant à l'extérieur que des armes beaucoup trop légères, j'étais vulnérable de toutes parts, même au cœur; car je concevais mal le Principe universel; je le plaçais dans son premier effet, et réciproquement je donnais le titre de premier effet au Principe; je faisais découler l'Expansion universelle du mouvement des étoiles et des planètes sur elles-mêmes, tandis que, au contraire, ainsi que je vous l'ai démontré, le mouvement des globes sur eux-mêmes est le produit nécessaire de leur tendance essentielle à se dissoudre, est le produit nécessaire de leur Expansion.

Mon erreur provenait de ce qu'ayant déjà expliqué correctement la pesanteur par l'impulsion des rayons stellaires, ayant commencé mon Système par ce Fait si important et si général, j'avais besoin de trouver, dans un mouvement antérieur, la Cause immédiate du mouvement de la lumière, et j'étais spécieusement conduit à la placer dans le mouvement centrifuge des globes auxquels la lumière échappait.

Je bravais ainsi toutes les lois de la Mécanique; car le mouvement du Soleil sur lui-même est d'une lenteur excessive, comparé à celui de la lumière qu'il nous envoie; or un corps ne peut imprimer un mouvement plus rapide que celui qu'il exécute.

Je trouvai tous les savans, surtout M. Cuvier, judicieusement invincibles sur ce point. M. de Laplace ajouta, comme je vous l'ai dit, l'insuffisance de la vitesse de la lumière pour produire la vitesse des mouvemens de gravitation; et, sur l'heure, je ne pus répondre; car, ne faisant encore de l'Expansion qu'un effet universel, et non la Force initiale, l'idée ne me venait pas que cette Puissance fût, par elle-même, indéfinie; je n'imaginais pas qu'il pût y avoir une différence entre la vitesse de la lumière du Soleil, et celle de la lumière des étoiles réduite à la ténuité élémentaire par les progrès du temps et de la divergence.

Dès le début de ma carrière, je me trouvais ainsi arrêté par des roches inébranlables, que je ne pouvais ni tourner, ni renverser. Ma situation d'esprit fut alors très agitée, et même très malheureuse; je perdais tout le fruit de mes travaux, toutes mes espérances de gloire, tout l'emploi de ma vie.....; cependant un sentiment d'évidence me poursuivait avec acharnement, rendait toute leur force à mes pensées générales, me les représentait comme nécessairement vraies..., et une Loi mécanique les combattait !

Mon explication de la Pesanteur était manifestement positive, inébranlable; et, à la source immédiate de cette explication, se montrait une choquante erreur !

Que d'anxiété dans mon imagination, que de tiraillemens dans ma pensée !

Ramené d'ailleurs vers l'impartialité par la chute de mon enthousiasme, j'examinais froidement les détails secondaires de mon Édifice ; je les trouvais pleins d'inexactitudes, de déplacemens, de désordre ; j'étais honteux d'avoir été si satisfait.

Mais j'en appelle à tout auteur dans un genre

quelconque. Quel est le moment où le plaisir de composer est porté jusqu'à l'ivresse ? C'est celui où l'on dessine l'ensemble, et non celui où l'on achève l'ouvrage : dans la première période, on crée, on imagine ; dans la seconde, on raisonne, on polit, on perfectionne : pendant la première, on traverse en tout sens le vrai et le convenable, on s'égare à force d'ardeur ; pendant la seconde, on revient sur ses pas ; on réforme toutes les saillies extrêmes ; on était romantique et brillant, on devient classique et sage ; on établit, dans le sein de l'ouvrage, les seuls garans de la durée : l'ordre, l'harmonie, la simplicité, l'unité.

Messieurs, j'ai parcouru les deux périodes ; j'ai consacré à chacune quinze ans de ma vie ; depuis cette ébauche informe que j'eus la témérité de produire, sous le titre de *Système universel*, quinze ans se sont écoulés ; je les ai passés dans la méditation et l'étude. A force de chercher, j'ai trouvé ; à force d'y penser, j'ai tout corrigé. D'immenses secours d'ailleurs me sont arrivés. Les sciences d'observation ont pleinement exploré des Faits d'une haute importance, le Galvanisme par exemple ; mon Système ne les expliquait encore que par déduction logique et rationnelle ; il les explique maintenant par voie expérimentale ; ce qui est le mode définitif et concluant.

De plus, et c'est ici, Messieurs, une considération sur laquelle je vous prie d'arrêter votre pensée : est-ce uniquement dans un cabinet de Physique, ou dans un laboratoire de Chimie, que l'homme reçoit les instructions de l'expérience ? les Faits de l'ordre Physique sont-ils les seuls qu'il parvienne à connaître par ses expériences ou ses observations ? les Faits de l'ordre intellectuel ne sont-ils pas constamment sous les regards de sa pensée ? les Faits de l'ordre moral, social et politique, qui appartiennent tous à la chaîne des Faits intellectuels, ne sont-ils pas, pour l'homme, d'une importance, sinon plus immédiate que celle des Faits de l'ordre Physique et Physiologique, au moins plus noble, plus élevée ? et ces Faits, l'homme ne peut-il les étudier que dans l'histoire ? n'est-il pas, pour lui, un moyen plus sûr, plus fécond, de les connaître ? lorsque, par l'effet des évènemens, ses observations personnelles se multiplient, lorsque, surtout, ses épreuves personnelles deviennent nombreuses, profondes, cruelles, ne se trouve-t-il point placé à la source la plus vive, la plus abondante, de la plus grande instruction ?

Depuis quinze ans, Messieurs, quel spectacle

sous nos regards ! quelle agitation d'acteurs ! quels mouvemens de scène ! et, pour chacun de nous, que d'épreuves ! que d'expériences ! que de douleurs !

Cependant, tout fait partie de l'Univers ; tout émane du Principe qui l'anime ; tout est soumis à la Loi qui le conserve et le conduit. L'Univers n'a qu'un ordre ; il ne forme qu'un Système ; par conséquent, l'Esprit de l'homme ne peut élever qu'une Science, dans le sein de laquelle, comme dans l'ensemble des Êtres, tout doit se combiner, s'ordonner et s'unir.

Messieurs, si, dans le Système que je vous présente, tout s'ordonne et se combine, si, dans l'ensemble de mon Édifice, la gradation soutenue est le seul mode de liaison et de continuité ; si tous les Faits, de tous les ordres, sont employés à la construction générale, chacun d'une manière correspondante à son caractère, convenable à ses rapports, ce Système n'est plus une hypothèse ; c'est la copie de ce qui est ; c'est la Vérité ; c'est l'histoire de l'Univers.

Messieurs, je parle aujourd'hui avec une confiance calme, reposant, en moi, sur tous les motifs qui peuvent la rendre légitime ; mûrement et profondément convaincu, si je tenais encore un langage d'hésitation, d'incertitude, je tiendrais un langage de mensonge. Mais, Messieurs, de votre part, je ne sollicite qu'attention, réflexion et prudence. Résistez-moi; cherchez à me combattre; cherchez, de toutes parts, des Faits et des raisonnemens contre moi; ne vous rendez que vaincus, non par moi, mais par vous-mêmes.

Messieurs, autorisé par ma conviction, et par l'attention flatteuse que vous donnez à mes paroles, je ne crains plus de vous présenter cette pensée :

Ici, dans cette enceinte, la grande Révolution de l'esprit humain se décide et se prononce; ici, en ce moment, en votre présence, se sème le noyau de la VÉRITÉ UNIVERSELLE; hommes faits, je le confie à votre sagesse; jeunes gens, je le confie à votre ardeur; vous le recueillerez, vous le féconderez, vous le propagerez; il étendra partout ses racines puissantes; il couvrira le globe de son ombrage protecteur.

CINQUIÈME SÉANCE.

Réponse aux objections contre l'explication de la Pesanteur. — Réponse à une Lettre.

MESSIEURS,

Nous avons expliqué la Pesanteur ; nous avons fait précéder cette explication de considérations servant à démontrer que la Pesanteur, dans les corps, est l'effet d'une impulsion extérieure, et non une propriété qui leur soit inhérente ; car les plus volumineux de tous les corps, les Étoiles, sont sans pesanteur réciproque ; chacune ne pèse que sur les Planètes de son Système ; et les Planètes de chaque Système ne pèsent que vers le Soleil, qui en est le centre ; elles ne pèsent point vers les autres Soleils.

Si la Pesanteur était, dans la matière, un Principe essentiel de mouvement ; si, par exemple, tous les élémens du globe terrestre pesaient essentiellement les uns vers les autres, aucune Force ne pourrait les empêcher d'arriver au but essentiel de cette propriété : l'immobilité éternelle, par voie de concrétion, serait le terme général et inévitable; une propriété essentielle ne peut être détournée de son emploi et de son but.

Ce que nous devons trouver dans la nature, c'est une propriété motrice, qui toujours s'exerce, qui soit unique (car deux propriétés motrices, ce seraient deux ressorts), qui soit universelle (car, à cette condition seule, elle peut être unique), qui, cependant, au sein de chaque Être, ou à l'occasion de chaque Être, se partage en deux exercices opposés l'un à l'autre, l'un de ces exercices produisant, le plus qu'il lui est possible, l'action de chaque Être; l'autre exercice produisant, le plus qu'il lui est possible, sa conservation.

Agir et se conserver, tel est, pour un Être quelconque, l'instinct de l'existence.

D'où il suit, comme vous voyez, que la *répression* est aussi nécessaire à l'existence que l'*action*.

Mais si la répression n'émanait pas du même Principe que l'action, il y aurait, dans l'Univers, deux Principes, deux ressorts, ce qui est impossible.

Dira-t-on que l'*action* pourrait naître de la *répression*, et celle-ci être la Force initiale?

Une telle pensée ne peut soutenir l'examen. Si tous les Êtres ne commençaient par *agir*, ou du moins par tenter d'*agir*, sur quoi la *répression* pourrait-elle être exercée ?

On l'a très bien démontré dans une certaine discussion politique : *réprimer* est autre chose que *prévenir*; *réprimer* une action, c'est la supposer antécédente; *prévenir* une action, c'est l'empêcher même de commencer; ce qui, au reste, dans l'ordre social, peut quelquefois être nécessaire. Mais nous sommes encore dans l'ordre physique.

La pesanteur réciproque de tous les corps est un acte physique qui a pour résultat, leur gêne réciproque, leur répression réciproque; par conséquent, elle doit être postérieure à l'action générale : il y a plus; elle doit émaner de l'action générale, puisque l'Univers ne peut avoir qu'un ressort, ou Principe d'action.

Ces raisonnemens, Messieurs, sont d'une évidence irrésistible. Ils suffiraient pour nous convaincre que la pesanteur émane directement de l'Expansion, lors même que nous ne pourrions découvrir par quelle voie l'Expansion parvient à la produire.

Mais nous avons découvert par quelle voie l'Expansion parvient à produire la pesanteur. Nous avons reconnu, à l'aide des Faits, que l'infini de l'espace est occupé, et comme coupé, par des corps solides, de forme sphérique, ne cessant de lancer, par voie de rayonnement, la matière subtile que l'Expansion a élaborée dans leurs parties centrales. Cette matière subtile ne peut s'anéantir ; car rien, dans l'Univers, ne s'anéantit : de plus, elle ne peut s'empêcher de produire le mouvement des corps qu'elle rencontre ; car telle est la Loi imposée à tout corps en mouvement.

Or les Faits démontrent que cette matière subtile se croise et se distribue de la manière la plus uniforme dans les intervalles qui séparent les globes entre eux. Il suit de là qu'elle tend à réunir, à grouper, à *englober* tous les obstacles qui s'opposent à l'uniformité de sa distribution ; quand, de tous ces obstacles, elle a formé un seul corps, un seul *globe*, elle continue de le frapper en tous les sens, d'en presser toutes les parties ; c'est ainsi qu'elle les rend toutes *pesantes* ; et l'on doit voir qu'elle ne peut être pleinement satisfaite que lorsqu'elle a amené, entre toutes ses parties, la plus grande quantité possible de rapprochement, ou même de contact.

Mais comme elle tire sa source et sa puissance de l'Expansion des corps environnans, elle ne peut, nulle part, anéantir sa propre cause. Le corps qu'elle presse la repousse par sa propre Expansion; il se met en Équilibre; à cette condition seule il conserve l'existence.

Il est essentiel de retenir, lorsque l'on veut se faire une idée précise de la gravitation mutuelle de deux corps, de la Lune par exemple vers la Terre, et de la Terre vers la Lune, que leur tendance à se réunir n'est pas déterminée par une impulsion particulière que ces deux globes reçoivent l'un vers l'autre. En quelque point de l'espace qu'ils se trouvent, la quantité d'impulsion qu'ils reçoivent sur celle de leurs faces qui est pleinement découverte, reste toujours la même. Mais si l'un ou l'autre était seul dans l'espace, toutes ses faces seraient découvertes, par conséquent toutes les impulsions qu'il recevrait se neutraliseraient mutuellement. La présence et le voisinage du second globe ne fait qu'empêcher cette neutralisation mutuelle. De part et d'autre, une impulsion qui devait être reçue se trouve empêchée; de part et d'autre, par conséquent, une impulsion qui était sans effet devient efficace; c'est celle qui, de part et d'autre, s'applique sur la face pleinement découverte. Ainsi, dans le phénomène de la gravitation mutuelle, c'est réellement une soustraction d'impulsion qui détermine le mouvement.

Comme il est toujours utile de rendre les Faits généraux sensibles par des expériences familières, qui ne peuvent être elles-mêmes que des Faits généraux, je suppose qu'une boule d'ivoire repose, immobile, au milieu d'une table de billard; un joueur est placé à chacune des faces de cette table; ces quatre joueurs, à un signal donné, lancent leurs billes sur la bille centrale. Ils la frappent au même instant, et les quatre coups, exactement de même force, sont exactement dirigés sur deux lignes qui se croisent à angles droits. Qu'arrive-t-il? la bille centrale se meut-elle? nullement; elle demeure aussi immobile que si elle n'eût pas été frappée. Mais en sera-t-il de même si l'un des quatre joueurs se retire? non; la bille recevra un coup efficace; ce sera celui qui lui sera donné par le joueur situé en face de la place vide; la bille se dirigera vers cette place vide; les deux coups latéraux resteront étrangers à sa direction et à sa vitesse.

De même, dans l'acte de pesanteur, c'est, en réalité, une soustraction d'impulsion qui, de part et d'autre, détermine la direction; et comme, de part et d'autre, cette soustraction augmente à mesure que les deux corps se rapprochent; comme, d'ailleurs, elle augmente en raison de l'augmentation des surfaces apparentes, ou, ce qui est la même chose, en raison inverse du carré des distances qui restent à parcourir, l'impulsion efficace, quoique toujours la même, augmente d'énergie selon cette progression.

Telle est l'explication directe du Phénomène de la Pesanteur; j'ai cru devoir la résumer à cause de son importance, et parce que, à l'issue de ma dernière séance, une difficulté qui m'a été opposée par l'un des hommes les plus éclairés de l'époque actuelle (*), m'a prouvé que je n'avais pas établi cette explication avec précision et clarté.

Je crois avoir mieux réussi à montrer pourquoi l'impulsion stellaire n'est que très légèrement arrêtée par l'interposition des corps solides, ou liquides, qui composent l'enveloppe de la Terre. L'excessive porosité de tous ces corps, à l'égard de la substance élémentaire, a pour témoignage la très faible déviation que l'interposition des plus fortes montagnes occasionne dans la direction verticale du fil à plomb, ainsi que le faible ralentissement des oscillations du pendule, lorsque l'on descend à une très petite profondeur au-dessous de la surface du globe. Mais

(*) M. de Blainville.

les couches de l'enveloppe terrestre, en se redoublant, finissent par arrêter entièrement l'émission stellaire. Alors Pesanteur nulle, Expansion libre, chaleur la plus violente, agitation excessive, ayant pour but, non-seulement la transsudation de la lumière terrestre, ou du *calorique*, à travers les enveloppes du globe, mais encore l'érosion impétueuse de ces enveloppes en plusieurs points, et la formation des volcans.

C'est là que nous en sommes restés, et je vous ai annoncé, Messieurs, que nous discuterions aujourd'hui les autres objections qui sont appelées par mon explication de la Pesanteur. En voici une qui est très spécieuse.

La Terre tombe sans cesse vers le centre du Soleil; vous savez que cette gravitation constante est prouvée par l'ellipse presque circulaire que la Terre décrit autour de cet astre. Si elle ne gravitait pas dans chaque moment, elle s'éloignerait du soleil en ligne droite, par obéissance à une impulsion tangentielle qu'elle a reçue au premier instant de son existence; c'est ce que nous expliquerons dans la suite.

Mais comment la Terre peut-elle graviter vers le soleil? Comment l'interposition de cet astre au-devant d'une certaine quantité d'étoiles pourrait-elle rompre, sur notre globe, l'Équilibre de pression stellaire? Le Soleil ne lance-t-il pas vers ce même globe une quantité de lumière bien plus grande que celle des étoiles au-devant desquelles il est placé? Ne devrait-il pas, par conséquent, frapper la Terre avec plus de force que ne pourraient le faire les rayons stellaires interceptés? Ne devrait-il pas la faire reculer sans cesse, au lieu de la contraindre à graviter?

Vous voyez, Messieurs, que je n'ai pas affaibli l'argument.

Plusieurs considérations vont s'unir pour composer ma réponse.

En premier lieu, nous avons vu que si la lumière du soleil à beaucoup plus de volume que la matière élémentaire, elle a aussi beaucoup moins de vitesse; et chaque élément est un corps plein, d'une densité absolue, tandis que le globule de lumière du soleil est un corps en état d'Expansion ardente, par conséquent très dilaté.

En second lieu, le soleil étant un corps sphérique tournant sur lui-même, il n'y a, à chaque instant, qu'un seul de ses points qui soit centralement en face d'un certain point pris sur la terre; les rayons latéraux qui peuvent tomber sur le même point, n'y arrivent qu'obliquement, et par l'effet de la divergence du faisceau auquel ils viennent d'appartenir. On peut même dire que la presque totalité de la surface de la Terre, pendant toute la durée du jour, n'est éclairée qu'obliquement par le soleil ; cet astre ne frappe perpendiculairement, dans chaque moment, que le point dont il occupe le zénith.

Ce n'est pas ainsi que tombent les rayons stellaires. Supposons que le soleil n'existe plus ; aussitôt, sur chaque point éclairé jusque là par sa lumière, il tombera directement une quantité de rayons stellaires égale à la quantité de points qui composent la surface du disque du soleil. N'oublions pas, Messieurs, que l'univers est infini; que chaque point de cette voûte apparente à laquelle nous donnons le nom de *voûte céleste,* est occupé par une étoile, placée plus ou moins profondément dans l'espace; qu'à l'égard d'un point pris à une grande distance, sur la surface de la terre, par exemple, ces étoiles sont comme serrées les unes contre les autres, sur un même plan, et de la manière la plus intense; que, dans la réalité, n'étant point sur le même plan, mais à de grandes distances les unes des autres, elles se recouvrent mutuellement à l'égard de chaque point de la surface terrestre, de manière à ce que, de la part de chaque étoile, il ne puisse passer, vers chaque point terrestre, que le rayon qui est en face de ce point, qui, par conséquent, est, à l'égard de ce point, un rayon central.

Quel est donc l'effet de l'interposition du soleil à l'égard de chaque point terrestre? C'est d'intercepter l'impulsion qui serait donnée à ce point par une immense quantité de rayons stellaires, partant, chacun, du milieu d'une étoile, animés du plus haut degré de vitesse, formés d'une succession continue d'élémens pleins, dont la densité est absolue, et qui enfin tombent, sur ce point, avec une parfaite convergence.

Que fait le soleil, en remplacement de cette impulsion qu'il arrête? Il lance vers le point terrestre un seul rayon, rarement perpendiculaire, environné de rayons divergens, formé d'une succession continue de globules qui, comparés à l'élément, ont peu de vitesse, et sont très dilatés.

Enfin, et voici sans doute la raison principale: l'Expansion et la Compression étant deux Puissances toujours opposées, toujours en lutte mutuelle, tout secours donné à l'Expansion d'un globe est un affaiblissement porté à l'action qui le comprime. Or les globules de lumière du soleil qui pénètrent dans le sein des premières couches de la terre, et qui, à cause de leur volume beaucoup plus considérable que celui de la matière élémentaire, n'y descendent jamais qu'à une très légère profondeur, ces globules lumineux consomment presque aussitôt l'Expansion qui les sollicite; ils se brisent dans la substance intime des corps qui les reçoivent; ils s'y résolvent en calorique; une partie de leurs élémens y reste engagée, et provoque leur dilatation; une autre partie, plus considérable ce semble, s'échappe dans le sens de l'Expansion terrestre, par conséquent neutralise l'impulsion d'un certain nombre de rayons stellaires, en les choquant directement.

Ainsi, des deux faces de la terre, celle qui est éclairée par le soleil est toujours plus expansive que la face opposée; celle-ci, par conséquent, est toujours plus énergiquement frappée par la Puissance compressive; ce qui doit porter constamment la Terre vers le centre du soleil.

Il ne faut pas oublier que la lumière du soleil ne donne qu'un secours à l'Expansion terrestre, et à la chaleur qui en est le signe le plus sensible; ce n'est pas elle qui produit directement cette Expansion et cette chaleur. Ne pensez pas, Messieurs, que si le soleil venait à s'éteindre, la Terre fût aussitôt glacée; la Terre n'en serait pas moins un foyer d'émission divergente, principalement par son équateur et les régions qui l'avoisinent; et la somme générale de refroidissement éprouvé par sa surface ne serait pas bien considérable, quoique, dans son état actuel, la supériorité du jour sur la nuit, et de l'été sur l'hiver, sous le rapport de la chaleur, ne dépende réellement que de la lumière du soleil. Cette supériorité alternative n'est qu'une distribution successive de l'Expansion terrestre ; la surface de chaque région pénétrée de la lumière du soleil, se dilate par l'Expansion de cet auxiliaire; cette dilatation ouvre les voies à l'Expansion intérieure, la rend plus facile ; et comme elle parcourt successivement tous les points de la surface de la Terre, elle appelle successivement l'écoulement expansif vers tous les points; c'est une sorte d'exutoire que le soleil applique successivement sur toute la surface du globe, excepté sur ses deux pôles ; cet exutoire, comme ceux dont on fait usage pour l'économie animale, excite et attire vivement l'Expansion intérieure, par cela même qu'il est très expansif.

Mais quel effet l'exutoire le plus expansif, ce que nous nommons le cautère le plus violent, produirait-il sur un Être sans Expansion, ou du moins d'une Expansion très faible, très languissante? C'est ce que l'expérience des Médecins nous révèle tous les jours, et c'est ce qui, transporté à l'économie universelle, reçoit une application frappante.

La Lune, avons-nous dit, ne jouit que d'une Expansion très faible, parce que ce n'est qu'un globe très petit. Voyez si le soleil lui donne de la chaleur, s'il provoque, à sa surface, le moindre mouvement, s'il l'excite seulement à se donner une atmosphère; et cependant elle reçoit fortement la lumière du soleil, puisqu'elle nous la renvoie avec tant d'éclat. Il est vrai que pendant quatorze jours sur vingt-huit, elle est plus loin du soleil que ne l'est la Terre; mais, pendant les quatorze jours suivans, elle se place, au contraire, entre la Terre et le soleil. Elle n'en est pas moins alors aussi concrète, aussi glacée que nos deux pôles.

Prenons, maintenant, un autre terme de comparaison qui complètera l'évidence. Jupiter est beaucoup plus loin du soleil que ne l'est la Terre; mais il a une masse beaucoup plus étendue; c'est la plus volumineuse des planètes; c'est aussi la plus expansive. Elle est presque lumineuse à la manière du soleil; ces bandes laiteuses qui entourent son équateur, attestent la densité de son calorique. C'est à la surface d'un tel globe que l'exutoire solaire doit agir avec une grande énergie; c'est là que tout se meut et s'agite, tandis qu'à la surface de la Lune, tout demeure immobile.

Messieurs, je viens d'emprunter à l'économie animale ce mot *exutoire*, retraçant une image que tout le monde peut saisir; je vais représenter les secours que la lumière du soleil donne à l'Expansion terrestre par une image qui vous est plus familière encore. Lorsque, pendant l'hiver, vous vous placez devant une cheminée dont le feu est ardent, mais récemment allumé, et n'ayant pas eu encore le temps d'échauffer toute la chambre, vous éprouvez bientôt sur toute la partie postérieure de votre corps, un refroidissement qui n'est pas de simple comparaison; vous souffrez, en ces parties, d'un froid réel, et plus grand que celui dont elles étaient affectées avant que vous ne vous approchassiez du feu. Cela vient de ce que le calorique émané à grands flots de la cheminée, a brusquement dilaté la surface antérieure de votre corps, et, en y rendant votre Expansion vitale plus facile, l'y a appelée, ce qui n'a pu se faire qu'au détriment de la surface postérieure.

Tel est le résultat de l'action du soleil; il occasionne, en réalité, le refroidissement de la partie du globe qu'il n'éclaire pas, parce qu'il augmente et facilite la chaleur naturelle de la partie qu'il éclaire. Le jour et la nuit, sur l'ensemble du globe, sont toujours en balancement mutuel, en parfaites compensations.

Mais je puis appeler le soleil lui-même en témoignage de cette faculté que je lui attribue, de refroidir, par compensation, les lieux voisins de ceux qu'il échauffe. Lorsque le temps est serein, quel est, à la surface de la terre, le moment le plus froid de la journée? c'est celui où le soleil va paraître sur l'horizon. D'où cela vient-il? de ce que déjà il augmente l'Expansion de la partie supérieure de l'atmosphère; toute l'Expansion atmosphérique tend dès lors à se porter vers la région où elle est rendue plus facile; les régions inférieures, momentanément abandonnées, sont plus fortement soumises à la puissance de condensation. C'est un effet ressemblant à cette condensation momentanée de la partie postérieure de votre corps, lorsque, dans une chambre non encore échauffée, vous vous placez en face d'un brasier récemment allumé; et de même que votre sensation de froid cesse lorsque toute l'atmosphère de la chambre où vous êtes s'est pénétrée de la chaleur du foyer, de même, lorsque le soleil s'est élevé, lorsque ses rayons ont favorisé l'Expansion de toutes les régions de l'air, le froid de la couche inférieure est terminé.

Les rapprochemens que je viens de faire, Messieurs, m'écartent sans doute de la méthode rigoureuse; j'anticipe sur des explications qui n'auront toute leur force que lorsque j'aurai exposé, à leur place, les Faits qui déjà me les fournissent, et alors ces explications auront toute leur force, parce qu'elles naîtront du simple récit des Faits; mais, en ce moment, il m'est utile de rappeler ces Faits qui, pour ainsi dire, sont de notoriété vulgaire; ils vous portent à entrevoir d'avance ce que j'espère vous démontrer : que tout s'enchaîne et se ressemble, parce que l'Univers ne peut être qu'un système de Faits dirigés et liés par une seule Cause.

Une nouvelle idée me vient; c'est encore une excursion; mais vous me la pardonnerez.

Pourquoi la Lune est-elle un globe constamment glacé? Nous l'avons dit; c'est parce que, n'ayant qu'un très petit diamètre, elle a beaucoup de surface relativement à son volume, ce qui donne, à son égard, beaucoup d'énergie à l'impulsion stellaire. Si la Lune reposait immédiatement sur le globe terrestre, elle y formerait une saillie exhaussée, dont la partie supérieure, ayant encore beaucoup de surface relativement à son volume, resterait dans l'état concret; sa partie inférieure seule, se confondant avec le globe terrestre, participerait à son Expansion.

Une grande montagne est précisément dans la situation que je viens de décrire; c'est une saillie du globe, confondant sa base avec l'enveloppe terrestre, mais exposant librement son sommet à toute l'énergie de la compression. Aussi, le sommet des grandes montagnes est toujours glacé; vainement le soleil les frappe de sa lumière. J'ai gravi le pic de *Néou-Vielle* dans les Pyrénées; c'est une montagne de 1700 toises de hauteur au-dessus du niveau de la mer; on la nomme *Néou-Vielle, vieille neige*, parce que l'on trouve toujours de la neige à son sommet; j'y en ai vu des masses énormes, et à toutes les expositions; elles semblaient aussi dures que le rocher, aussi anciennes que le monde; cependant, le jour où je m'élevais à cette hauteur dans l'atmosphère, la chaleur de la plaine était étouffante; c'était un 12 juillet; le thermomètre, à Bagnères, se tenait à 22 degrés.

Et les grandes montagnes volcaniques, telles que le Ténériffe, présentent un spectacle encore plus frappant : les vomissemens du cratère se répandent en torrens enflammés sur des couches épaisses de neiges éternelles; ces torrens sillonnent à peine la surface du lit glacé qui les reçoit.

Rapprochement bien digne, Messieurs, d'occuper votre imagination et votre pensée : l'Expansion terrestre et l'Expansion stellaire sont là en présence, chacune dans toute sa force. Des entrailles du globe s'élance avec fureur la matière enflammée ; elle perce le sommet du cône, et là toute sa violence expire, et l'enveloppe du cône reste froide et immobile par la puissance des étoiles ; c'est la fable des Titans réalisée ; c'est l'enfer en courroux, enchaîné par le ciel.

Il ne me reste plus à examiner que trois légères objections contre l'explication que je présente du phénomène de la pesanteur.

Première objection.

La pesanteur d'un corps est déterminée par l'excès de la compression qui tend à le porter vers le centre du globe, sur l'expansion qui tend à l'élever ; pourquoi donc n'est-elle pas incomparablement plus faible à l'équateur, où tout s'évapore, qu'à la surface des régions polaires, où tout demeure glacé ? Il y a une différence sans doute ; mais elle est très légère ; et elle devrait être immense.

Réponse. L'évaporation des liquides, à la surface de l'équateur, est très rapide, très abondante; et elle est presque nulle à la surface des régions-polaires; mais les corps solides ne s'élèvent pas; ils sont retenus par une pesanteur presque égale à celle qu'ils auraient si on les transportait à la surface des régions polaires; et une masse de liquide même pèse, à l'équateur comme aux pôles, en raison à peu près de son volume; enfermée hermétiquement dans un vase, elle ne diminuerait que faiblement de pesanteur, en parcourant successivement les degrés d'un même méridien.

Ce ne sont que les molécules arrachées du sein du liquide par l'impétuosité du calorique ascendant, qui s'évaporent; en sorte que c'est, en réalité, le calorique qui brave, en ces molécules, l'action de la pesanteur; le même effet a lieu dans nos climats, et à la surface des régions polaires, lorsque l'on expose un liquide à l'action d'un feu ardent.

Ainsi, pour mesurer la quantité d'action que la pesanteur exécute à la surface de chaque point du globe, il faut uniquement s'adresser aux corps solides, et apprécier comparativement la vitesse de leur chute. Le pendule est un instrument très favorable à ce genre d'appréciation; on voit, en effet, que ses oscillations s'accélèrent, que par conséquent il tombe plus vite, à mesure que l'on s'avance de l'équateur vers chaque pôle.

Mais d'où peut procéder cette augmentation de pesanteur? Uniquement de la forme du globe terrestre. Si ce globe était exactement sphérique, la pesanteur serait absolument la même sur chaque point de sa surface; mais il est renflé à son équateur, et ce renflement est progressif depuis chaque pôle. Une telle condition doit produire sur le pendule un effet semblable à celui des hauteurs parsemées sur la surface du globe, avec la différence que sa cause se trouve progressivement étendue sur un espace beaucoup plus considérable, ce qui rend l'augmentation d'effet beaucoup moins rapide. Une lieue en hauteur perpendiculaire, correspond, sous ce rapport, à un grand nombre de lieues dans le sens horizontal.

Les géomètres observateurs ont trouvé, d'après la comparaison des oscillations du même pendule porté successivement sur tous les points d'un même méridien, que la pesanteur diminuait de chaque pôle à l'équateur, proportionnellement au carré de l'augmentation de la perpendiculaire à l'axe de rotation; or c'est précisément ainsi qu'est établi le renflement du globe; ce qui démontre mathématiquement que la diminution progressive de pesanteur est immédiatement causée par ce renflement. La rotation du globe, ou ce que l'on a appelé la force centrifuge, n'est pour rien dans le phénomène; car la rotation du globe n'est qu'un effet général de son expansion générale, effet qui, par conséquent, se distribue, dans chaque corps, en raison de sa densité; mais la rotation est la cause du renflement; ce qui fait que la diminution de pesanteur lui est également proportionnelle.

Seconde objection.

Puisque la matière élémentaire, qui n'est autre chose que la lumière au dernier degré d'atténuation, se porte constamment vers chaque point de la Terre avec une si grande abondance, et une parfaite convergence, pourquoi ne pouvons-nous ni la voir ni la sentir, tandis que nous voyons et que nous sentons la lumière du soleil?

Ici encore, je suis obligé d'anticiper sur des explications futures, et de vous dire que nous ne voyons la lumière du soleil qu'à l'aide de l'Expansion même qu'elle porte dans notre organe; cela est si vrai, que nous cessons de la voir aussitôt que notre organe lui-même cesse d'être expansif; or les molécules de matière élémentaire n'ont plus d'Expansion à communiquer, parce qu'elles n'en ont plus à éprouver ; leur incidence convergente n'a plus, au contraire, pour objet que de réprimer ou ralentir la dissolution des corps vivement expansifs.

C'est pour la même raison, mais plus générale encore, que nous ne pouvons sentir, par aucun de nos organes, l'action de la matière élémentaire ; la raison seule peut nous en révéler l'existence : *sentir,* de la part d'un de nos organes quelconque, est une opération qui exige, pour condition nécessaire, l'expansibilité actuelle, et de notre organe, et du sujet de notre sensation ; c'est ce que j'exposerai avec détails, et, j'ose le dire, avec évidence ; j'ajouterai ici, et encore par anticipation, que, de notre part, *sentir,* même dans les cas les plus simples, c'est faire en nous-mêmes un acte de comparaison ; c'est ce qui fait que nous ne pouvons connaître, non-seulement ce qui n'a jamais d'action sur nous, mais encore ce qui exerce sur nous une action continue et toujours égale à elle-même ; nous manquons alors de termes de comparaison. Si nous savons que l'air existe, c'est parce que, dans certains momens, nous sommes exposés au passage d'une quantité d'air plus grande que la quantité ordinaire. Cette action des vents avait révélé à l'homme l'existence de l'air, avant même qu'il n'inventât une machine qui parvient à le soustraire d'un certain espace.

Mais l'action exercée sur nous par l'impulsion de la matière élémentaire, a été constante depuis le premier instant de notre existence; et la force de cette action a été, par elle-même, invariable; ce qui a seulement varié en nous, c'est la force et l'abondance des mobiles expansifs que nous avons opposés à la compression extérieure: aussi, nous ne cessons de *sentir* notre Expansion, qui n'est autre chose que notre *vie;* nous en apprécions tous les accroissemens, toutes les dégradations, toutes les vicissitudes; mais la Puissance extérieure nous enferme toujours dans son action permanente; nous lui sommes trop constamment et trop universellement soumis pour qu'il nous soit possible de l'apercevoir.

Dernière objection.

D'après les définitions mêmes que nous avons données des fonctions et des mouvemens de la matière élémentaire, on peut encore opposer que chaque point, dans l'espace, semble devoir être le centre d'une sphère dont les rayons sont en nombre presque infini. Quelle confusion! que de chocs doivent se faire ! comment le vide de l'espace n'est-il pas obstrué par la matière élémentaire ? Comment cette substance peut-elle se rendre vers les corps sur lesquels elle doit agir ?

Une expérience très simple rendra ma réponse facile. Si vous percez une carte avec une épingle, et si vous regardez un paysage par cette petite ouverture, vous verrez nettement le paysage en entier. D'après les lois de l'Optique, cela prouve que chaque point du paysage adresse un rayon de lumière à la petite ouverture ; en sorte que des rayons ; en nombre immense, entrent par cet étroit passage, et se croisent mutuellement ; presque sans se déranger.

Ce mouvement de la lumière du soleil nous présente une image du mouvement de la matière élémentaire à chaque point de l'espace ; et nous ne saurions oublier que la lumière du soleil a beaucoup moins de ténuité et beaucoup moins de vitesse que la matière élémentaire.

Cependant, on a sans doute raison de le penser ; il se fait, dans l'espace, un grand nombre de chocs entre les molécules de la matière élémentaire ; mais, sans doute aussi, l'excessive ténuité de cette substance fait qu'elle se meut dans l'espace avec beaucoup de liberté ; c'est ce qui passe directement ; c'est du moins la portion de cette substance qui aboutit, avec un mouvement plus ou moins fort, sur les globes, qui produit à leur surface les effets de compression. Que deviennent les élémens qui se choquent ? ils perdent, en totalité ou en partie, leur première direction ; l'instant d'après, ils sont rencontrés par d'autres élémens qui leur impriment une direction nouvelle ; un élément ainsi détourné va peut-être éprouver encore un grand nombre de déviations, avant de rencontrer un corps composé ; que de combats ! que de résistances ! cela doit-il entraîner l'irrégularité d'effets et le désordre ? non sans doute ; l'univers est infini ; chaque globe y est habituellement en équilibre entre sa propre Expansion et l'Expansion de tous les globes qui l'environnent. Cela prouve, comme nous l'avons dit, que dans l'espace vide en apparence, dans ces immenses intervalles qui séparent les globes, la matière élémentaire est partout en mouvement et en disposition uniforme ; s'il n'en était point ainsi, rien n'existerait dans l'espace que le désordre et le chaos ; non-seulement la Terre, par exemple, ne conserverait point, deux instans de suite, le même mode d'existence ; mais un fait très remarquable et rigoureusement constaté, la périodicité parfaite de ses deux mouvemens, serait impossible. Ne craignons pas de le répéter : pour que cette périodicité du mouvement diurne et du mouvement annuel soit d'une exactitude absolue, il est nécessaire que, dans tous les points de son immense courbe autour du soleil, la Terre ne rencontre jamais que la même quantité de matière élémentaire ; pour peu qu'il y eût inégalité dans la distribution de la substance au sein de laquelle elle est constamment noyée, son mouvement sur elle-même et son mouvement de translation seraient nécessairement altérés.

Généralement, tous les globes, le Soleil et les Étoiles comme les Planètes, sont *habituellement* fixés dans l'enceinte de leurs mouvemens périodiques. Ainsi, dans tous les points de l'espace, tout se passe *habituellement* de même ; toutes les irrégularités sont *habituellement* semblables, en même nombre ; il n'y a donc point d'irrégularités.

Mais qu'il me soit permis d'insister de nouveau sur une vérité majeure ; un tel état de fixité n'est qu'*habituel*, du moins pour nous dont la durée est si passagère ; il n'est point *éternel*. A l'aide du temps et de l'espace, qui, l'un et l'autre, appartiennent à l'univers, tout change et se renouvelle ; en divers points plus ou moins éloignés les uns des autres, et à des intervalles de temps plus ou moins prolongés, des globes éclatent, d'autres se forment; des irruptions soudaines jettent des masses plus ou moins fortes dans le voisinage de certains globes dont tous les mouvemens sont alors troublés. De telles perturbations ne portent à l'ensemble aucun désordre; car, provoquées par une action antérieure dont elles sont le balancement, elles sont balancées, à leur tour, par la réaction même qu'elles provoquent. Ce n'est que le changement de formes qui suit son cours.

Je termine ici l'examen du phénomène de la *Pesanteur*, et de sa cause immédiate; j'occuperai le reste de cette séance en répondant à une Lettre que l'un de vous, Messieurs, m'a fait récemment l'honneur de m'écrire.

En voici l'extrait :

..... « L'hypothèse du mouvement résultant de deux forces égales et opposées, me paraît difficile à concilier avec les lois de la Statique; le défaut de simultanéité dans le commencement de leur action peut produire à la vérité des oscillations plus ou moins longues, mais ne change rien aux lois de l'Équilibre.

» C'est ce que l'on observe dans une balance sensible chargée de poids égaux ; en rompant l'Équilibre par une force extérieure, on pourra la faire osciller plus ou moins long-temps; mais elle finira par se fixer.

» Deux forces égales et opposées produisent donc, malgré toutes les perturbations, l'Équilibre de repos, et non l'Équilibre du mouvement ; je cherche vainement, dans les phénomènes qui se passent sous nos yeux, un résultat contraire. Veuillez bien dissiper mes doutes, en en citant quelques-uns. »

Réponse.

Cette Lettre me met dans l'obligation de revenir sur une question fondamentale que je ne dois pas avoir posée assez clairement. J'ai dit :

L'Équilibre de repos est essentiellement le but vers lequel l'Expansion universelle ne cesse de tendre ; mais elle ne peut y parvenir, parce que le trouble qu'elle a éprouvé à l'origine des choses, est devenu une action permanente, éternelle, universelle, qui ne peut jamais cesser de s'effectuer ; l'Expansion réagit universellement et sans cesse contre ce trouble éternel et universel ; mais elle ne peut réagir qu'au degré du besoin que le trouble même lui imprime ; c'est ce qui établit dans l'Univers cette Loi si authentiquement proclamée par Descartes, Newton et tous les philosophes : il s'exécute toujours dans l'univers deux sommes égales de mouvement, l'une d'*action*, l'autre de *réaction*.

Mais il ne faut point chercher les témoignages de cette loi dans chaque point de l'espace, ni dans chaque moment de la durée d'un Être quelconque. Lorsque l'égalité absolue entre l'action expansive et la réaction compressive existe dans le sein d'un Être, elle n'y est que fugitive, transitoire, elle n'a que la durée d'un instant, parce qu'elle résulte du croisement des deux Forces marchant en sens inverse. Avant ce croisement précis, tout corps d'une nature quelconque est, ou bien sous la prépondérance de l'Expansion, ou bien sous la prépondérance de la Compression.

Ainsi, la pierre qui s'élève est, tant qu'elle s'élève, sous la prépondérance de l'Expansion, prépondérance graduellement décroissante ; son mouvement ascendant se termine aussitôt que la prépondérance expansive est entièrement épuisée par la résistance soutenue de la réaction compressive ; à ce terme, les deux forces sont rigoureusement égales, mais l'égalité ne dure qu'un instant mathématique ; la prépondérance passe aussitôt du côté de la réaction compressive, et cette prépondérance augmente progressivement de manière à former une branche descendante égale, par toutes ses conditions, à la branche ascendante qu'elle a remplacée.

Une balance en repos ne figure nullement le balancement mutuel de l'action expansive et de la réaction compressive; une balance en repos n'est autre chose qu'un corps solide continu, dont les deux moitiés sont de masse égale, en sorte que leur obéissance à la force compressive, ou leur pesanteur, est la même; c'est un seul corps qui tombe parallèlement à lui-même, et avec égalité.

On pourrait construire une balance expansive qui aurait les mêmes caractères, mais en sens inverse. On pourrait unir, par un conduit flexible, deux ballons d'une capacité égale, et que l'on remplirait du même gaz. Si l'atmosphère était paisible, ce ballon à deux bassins s'élèverait parallèlement à lui-même, en sorte que ses deux moitiés seraient toujours de niveau, et leur lien commun se tiendrait toujours dans la situation horizontale. Pendant tout le temps que cette balance monterait, elle attesterait l'égalité de distribution de la force expansive; lorsque les gaz auraient consommé leur expansion, la balance redescendrait parallèlement à elle-même; ce serait alors une balance ordinaire, indiquant l'égalité de pesanteur ou de compression.

Reprenons la balance ordinaire, la balance à deux bassins. Cette pesanteur uniformément répandue dans tout le corps de l'appareil n'empêche pas que la matière dont il est formé ne soit en Expansion tacite. Si un liquide, tel que l'eau, repose en masse égale, dans chacun des deux bassins, l'évaporation de ce liquide se fera d'une manière insensible; si elle est égale des deux côtés, la balance continuera de rester en repos; si l'évaporation est inégale, si, par exemple, on a placé sous l'un des bassins, un réchaud de charbons ardens, l'évaporation du liquide en sera plus rapide; la masse, de ce côté de la balance, diminuera plus promptement que celle de l'autre côté; celui-ci, bientôt, aura plus de poids; il fera pencher la balance.

Il n'en serait pas de même si les deux bassins étant en métal, et d'une masse forte, persistante, n'étant d'ailleurs chargés d'aucun liquide, d'aucun corps étranger, vous placez sous l'un des bassins, le même réchaud de charbons ardens. L'Expansion du calorique émané du réchaud dilatera sans doute la substance de ce bassin; mais si elle ne l'amène pas à l'état de fusion, elle ne le rendra pas plus léger, parce qu'elle lui laissera toute sa quantité de matière. Cette permanence de pesanteur explique celle de la pesanteur des corps solides déposés à la surface de l'équateur. Généralement, un corps restant dans le même lieu, ne peut y devenir moins pesant qu'en perdant une certaine quantité de matière.

Cependant si chaque bassin de la balance était d'une feuille très légère de métal, celui qui serait exposé à l'émanation d'un calorique très abondant pourrait s'élever un moment, le calorique faisant alors, sur lui, l'office de moteur; un léger coup de vent produirait le même effet; mais, ni dans l'un ni dans l'autre cas, l'effet ne serait durable, et on ne devrait jamais le considérer que comme un accident.

Rétablissons maintenant l'égalité des deux bassins; les voilà à la même température, et en plein repos. Frappez d'un coup vertical l'un des bassins; ce coup vertical est un secours donné à l'impulsion stellaire; le bassin frappé doit tomber, et soulever l'autre bassin; mais votre action n'a été que d'un moment; elle a ressemblé à votre action sur une pierre que vous lancez; cette action n'est également que d'un moment; les effets doivent être les mêmes. En frappant l'un des bassins, en le contraignant à s'abaisser, vous avez soulevé le bassin opposé; celui-ci a dû monter d'un mouvement uniformément retardé; il a cessé de monter lorsque toute votre percussion a été consumée par l'impulsion stellaire ; à ce terme, l'impulsion stellaire a agi seule, elle a fait retomber le bassin soulevé ; et le bassin que vous aviez abaissé n'a point résisté à ce retour, parce que votre percussion était épuisée. Le bassin que vous avez soulevé a donc suivi la loi de tous les corps graves, il est retombé d'un mouvement accéléré. Parvenu à la ligne horizontale, a-t-il pu y demeurer ? non sans doute, car il s'est trouvé chargé non-seulement de son poids naturel, mais encore de l'accélération acquise ; et quelle a été la mesure de cette acquisition de vitesse ? votre percussion antérieure ; car le degré de force avec lequel vous avez frappé est ce qui a déterminé le degré de hauteur auquel est parvenu le bassin que votre percussion a soulevé.

Or il faut que toute action s'exécute ; la vitesse acquise s'est exécutée ; le bassin précédemment soulevé est tombé au-dessous du niveau, et le degré de son abaissement a été nécessairement égal au degré de soulèvement antérieur. C'est maintenant le bassin que vous aviez frappé qui a été soulevé, mais d'un mouvement uniformément retardé ; il s'est arrêté, lorsque la vitesse acquise par le bassin en chute a été consumée ; une nouvelle oscillation a commencé ; elle s'est également composée de deux mouvemens égaux et correspondans. A cette seconde oscillation ont succédé une troisième, une quatrième, une cinquième, et ainsi de suite; oscillations toutes égales, par conséquent sans terme, comme les oscillations du pendule. Et en effet, les oscillations d'une balance, accidentellement écartée de la ligne de niveau, ont exactement la même cause que les oscillations d'un pendule accidentellement écarté de la ligne verticale; les unes et les autres seraient éternelles sans la résistance de l'air et celle du point d'appui. Faites osciller une balance dans le vide, et affaiblissez le plus qu'il vous sera possible, le frottement du point d'appui, vous verrez les oscillations se maintenir beaucoup plus long-temps.

Cette discussion éclaire, comme vous voyez, le point fondamental de la Théorie universelle. Toute action est par elle-même éternelle, c'est-à-dire que, par elle-même, elle ne saurait se terminer; la percussion que vous avez imprimée à l'un des bassins d'une balance ne se termine pas; seulement elle passe à l'air qui touche toute la surface de cette balance, et au point d'appui qui la suspend. De proche en proche, votre action se propage, s'étend, parcourt indéfiniment l'espace, au sein duquel toujours elle se conserve. Sur sa route, en tout sens, elle balancera, au degré de sa force, les diverses actions qu'elle rencontrera; elle ne produira plus l'oscillation de la balance, précisément parce qu'elle sera entrée dans l'oscillation universelle.

Mais votre action même, celle que vous avez exécutée lorsque vous avez frappé l'un des bassins de la balance, d'où l'avez-vous tirée ? De votre Expansion personnelle; dans l'état de sommeil, dans l'état de paralysie, vous n'auriez point donné cette percussion.

N'entrons pas encore dans la définition de votre Expansion vitale; nous dirons avec détails comment elle s'exerce, comment elle s'alimente. En ce moment, bornons-nous à rappeler, comme axiome fondamental, cette pensée de l'illustre Descartes; il ne s'exécute jamais, dans l'univers, que la même somme de mouvement; ajoutons : l'Expansion est le mode universel et unique de ce mouvement; l'Expansion agit en tout sens, et réagit en tout sens; elle a par conséquent deux directions opposées qui, constamment et universellement, se croisent avec égalité de puissance, qui cependant ne se neutralisent pas, qui, au contraire, s'emploient mutuellement à se conserver, parce que l'une est initiale, l'autre succède et provoque le retour de la première, qui provoque la seconde à son tour, et ainsi de suite, sans terme possible, ni dans le temps, ni dans l'espace.

Pour concevoir ce premier et universel mystère, représentez-vous toute la matière ne formant que des balances en repos. La Puissance suprême a frappé, au même instant, un des bassins de chacune ; par cet acte dans l'infini, Elle a établi un nombre infini de bassins en mouvement de chute ; ce qui, simultanément, a établi un même nombre de bassins en mouvement d'ascension.

Et comme toutes les balances étaient contiguës, comme de plus elles étaient inégales de grandeur, comme enfin chacune a reçu un degré particulier d'impulsion accessoire, l'échange universel et éternel s'est constitué par voie de balancement invariable.

N'est-ce pas ici, pour l'esprit de l'homme, l'occasion la plus vaste et la plus frappante de s'écrier : mystère incompréhensible, et cependant démontré !

Une percussion instantanée dans l'infini ! et pourquoi, avant que cette percussion fût donnée, ces temps éternels d'un repos uniforme ? Je l'ignore, ni aucun de vous, Messieurs, ni aucun homme ne pourra jamais répondre. Nous dirons seulement : le but essentiel du mouvement, tel qu'il est constitué, c'est-à-dire par Expansion uniforme, est le repos universel. Puisque ce but n'est jamais atteint, c'est qu'il a été primitivement et définitivement empêché. Or, quelle peut être la nature de la Puissance plus forte que la Matière, plus forte que le Mouvement ?

On trouve dans les traditions anciennes, l'idée de l'état naturel de la matière, et de l'acte par lequel la Cause suprême mit fin à cet état. L'Écriture dit : *l'Esprit de Dieu reposait sur les eaux.* Cette liquidité d'une plaine paisible et infinie est l'image ébauchée du repos universel.

Et puisque nous sommes dans ces questions confuses, immenses, inaccessibles, demandons-nous de nouveau qui a fixé le rapport de l'espace occupé à l'espace vide, ou de la matière à l'espace, et à quelle époque ce rapport a été fixé. Sans doute, si la matière eût égalé la capacité de l'espace, si elle l'eût entièrement rempli, le mouvement fût demeuré à jamais impossible ; mais nous concevons comme non impossible, cette abondance pleine et universelle de la matière ; il nous suffit, pour cela, d'ajouter, par notre pensée, à celle qui existe, et d'ajouter encore jusqu'à ce que chaque point de l'espace soit occupé. Pourquoi ce qui pourrait être n'est-il pas?

Et pourquoi, au contraire, la quantité générale de matière n'a-t-elle pas éte moindre que celle qui existe? Si nous anéantissons par la pensée la moitié de la matière dont l'Univers se compose, le mouvement général devient deux fois plus rapide, la ténuité de l'élément deux fois plus grande, tous les effets ont deux fois moins de durée; une autre harmonie s'établit, moins parfaite sans doute; l'Homme, ce résultat admirable d'un mouvement moyen, n'est plus qu'un Être deux fois plus mobile.

Et si, dans un sens opposé, nous doublons la quantité générale de matière, si, par la pensée, nous en plaçons, au sein de l'espace, deux fois plus que, dans l'état actuel, l'espace n'en contient, aussitôt le mouvement général, perdant la moitié de sa liberté, perd la moitié de sa vitesse, l'élément primitif conserve une masse deux fois plus grande, tous les effets éprouvent deux fois plus de difficulté; c'est encore une harmonie, mais formée de rapports deux fois moins nombreux; l'Être, placé au sommet de la gradation, ne possède plus que des facultés deux fois moins étendues dans leur emploi, deux fois plus lentes dans leur exercice. Dans les deux cas, dans la mobilité doublée, comme dans la gravité doublée, ce n'est plus réellement l'Homme qui existe; l'Univers ne possède plus un Être doué d'une intelligence forte, d'une imagination soutenue, d'un sentiment créateur. Le chef-d'œuvre de la nature n'a plus que la pesanteur du quadrupède le plus morne, ou l'agitation insignifiante de l'oiseau le plus vif.

Mais cette absence de l'Homme, dans l'Univers, n'était pas, par elle-même, une chose impossible. Quelle est donc la Puissance généreuse qui a voulu que l'Univers fût constitué de manière à avoir pour résultat supérieur, un Être si éminent? quelle Sagesse, forte de choix et de prévoyance, a établi les seuls rapports qui pussent conduire l'existence universelle au but le plus élevé? quel Être sublime et bienfaisant a organisé l'Univers de manière à ce que l'Homme fût produit?

Ici, Messieurs, tout ce que peut faire notre âme accablée, mais reconnaissante, c'est de bénir et admirer.

Messieurs, vous voyez où je me suis laissé conduire par l'enchaînement des hautes pensées; je viens de dessiner, à vos yeux, le couronnement de l'Édifice que je cherche à élever. L'Homme, fruit de l'Univers! l'Homme, doué, au degré le plus éminent, de sensibilité et d'intelligence, produit universel de tous les mouvemens, de tous les rapports! l'Homme, complément de l'harmonie universelle, mais seulement lorsqu'il s'élève jusqu'à cet honneur par la noblesse de ses sentimens et la beauté de sa conduite : voilà ce que nous apprendrons en étudiant graduellement les Faits, et en découvrant les liens qui les unissent; tel est le but de cette construction philosophique, à laquelle j'ai consacré trente ans d'efforts, préparés, aidés par les travaux de tous les peuples, et le concours de tous les siècles.

Tous les Faits constatés, je les ai saisis; toutes les pensées généreuses, je les ai admises; dans tout ce qui a satisfait le cœur ou la raison de l'homme, j'ai vu un élément de Vérité.

Voici donc, Messieurs, le grand objet qui nous rassemble : c'est de réunir en faisceau tous les sentimens humains, aussi bien que toutes les connaissances humaines, c'est de mettre de l'ordre dans un immense héritage; à ce titre seul, nous aurons mérité de le recueillir.

SIXIÈME SÉANCE.

Exorde occasionné par un Article du Journal de Paris. — Nature de la Matière; identité universelle de l'Élément.

MESSIEURS,

J'ai pris récemment connaissance d'un Article du Journal de Paris, Article où je suis traité avec la plus honorable bienveillance, qui, pour cette raison, m'autorise à quelques citations, et ensuite à quelques réflexions.

« Pourrais-je, dit l'Auteur de cet article (M. Fabien Pillet), me flatter de classer et de coordonner toutes les parties d'un Système qui ne tend à rien moins qu'à détruire l'Édifice bâti par Newton, d'un Système qui explique la Pesanteur par l'influence d'une Force stellaire, toujours agissante dans l'espace, et le mouvement général des choses par une Force d'Expansion qui, existant dans tous les corps, ne cesserait jamais de se développer à l'extérieur, si la Force stellaire, ou tout autre obstacle, ne lui opposait pas une force de réaction plus ou moins capable de la comprimer ?

» Je suis étonné, ajoute l'auteur, d'avoir trouvé toutes ces choses fort claires pendant la démonstration que j'ai entendue, et de ne plus me représenter les circonstances de ces phénomènes avec la même précision au moment où j'essaie d'en rendre compte. »

Et moi, au contraire, je suis étonné et flatté de trouver, non une précision rigoureuse dans un exposé si succinct de mon idée principale, mais une approximation tellement avancée qu'elle ne me présente qu'un mot à modifier.

Ce mot est celui de *tout autre obstacle*, s'unissant à la Force stellaire pour arrêter l'exercice indéfini de la Force d'expansion.

Il n'y a, dans l'Univers, d'autre obstacle à l'exercice indéfini de l'Expansion que l'Expansion elle-même; la Force stellaire n'est pas autre chose, puisqu'elle dérive de l'Expansion des étoiles; et l'Expansion stellaire est le seul obstacle à l'Expansion terrestre, car il est indubitable que si toutes les étoiles de l'Univers étaient anéanties, si la Terre restait seule au sein de l'espace, elle s'efforcerait aussitôt de le remplir; par conséquent, elle se dissoudrait avec une rapidité effroyable.

Tandis que si, par une supposition contraire, toutes les étoiles continuant d'exister, et d'être sans cesse en Expansion, la Terre seule perdait sa propriété expansive, à l'instant toutes ses parties seraient pressées vers le centre avec tant de continuité et d'énergie, que tout le globe tomberait aussitôt dans l'état le plus absolu de densité, d'immobilité, et de concrétion : plus d'atmosphère, plus de liquides, plus de vapeurs, plus de végétaux, plus d'animaux, plus d'hommes; de la glace, universellement de la matière glacée, et au centre comme à la surface, et à l'équateur comme aux deux pôles; il n'y aurait plus d'ailleurs ni équateur ni pôles, car la Terre cesserait de tourner sur elle-même; le mouvement de rotation est, dans chaque globe, le premier effet général de l'Expansion.

Il me semble, Messieurs, qu'en faisant ainsi une abstraction alternative de l'Expansion stellaire et de l'Expansion terrestre, en vous indiquant successivement ce qui arriverait si l'Expansion était anéantie, d'abord dans les étoiles, en continuant d'appartenir à la Terre, ensuite dans la Terre, en continuant d'appartenir aux étoiles, je vous indique avec simplicité, avec clarté, ce qui résulte de la connexité de l'Expansion dans sous les globes de l'Univers; chacun est contrôlé et réprimé par tous les autres, ce qui ne peut avoir lieu qu'autant que chaque globe est au centre de l'Univers, est environné de l'infini.

Messieurs, un homme qui est parmi vous en ce moment, un homme d'un savoir éminent, surtout en Botanique, dont il s'est spécialement occupé (*), me disait hier : Cette idée de l'infini, que vous démontrez, accable ma pensée, la pulvérise, et cependant l'éclaire.

Ce mot est d'une vérité pittoresque; tout s'éclaircit aussitôt que l'on admet cette idée de l'infini, devant laquelle cependant notre âme s'anéantit; mais refuser de l'admettre est aussi impossible que de la comprendre. Si vous recevez mon Système de l'Expansion, elle est évidente, car il est rigoureusement nécessaire que chaque Être soit au centre de l'Univers, pour qu'il se conserve deux instans de suite; chacun de nous a le droit de dire : J'existe : donc l'Univers est infini.

Si vous persistez dans le Système de l'attraction, l'évidence de l'infini n'est pas moins pleine et entière. En effet, si l'Univers est fini, s'il a un centre, et si tous les corps s'attirent, tous doivent se presser vers le centre de cet Univers fini, de ce petit Univers, et ne s'arrêter, dans leur

(*) M. Turpin, auteur de l'*Iconographie végétale*.

gravitation mutuelle, que lorqu'ils auront formé un globe bien arrondi, bien immobile, absolument concret; puisque cela n'arrive pas, puisque les distances respectives des étoiles restent les mêmes, c'est que chacune est attirée par la même masse environnante; chacune est au centre de l'infini.

Pourquoi, me direz-vous alors, ne pas nous laisser l'attraction, puisqu'elle démontre l'infini de l'Univers aussi bien que l'Expansion?

Pourquoi, Messieurs?

Parce que, dans l'Univers, il y a encore autre chose que l'infini à démontrer.

Supposez que l'attraction existe, et que l'Univers soit infini, une seule chose de l'ordre actuel est conservée, c'est la distance respective des étoiles entre elles; mais chaque étoile, ou soleil, devient un corps concret et immobile, ne tournant point sur lui-même, ne faisant jamais, hors de lui-même, la plus légère émission de substance; ainsi, dans l'Univers, plus de chaleur; la vie est terminée; plus de lumière; tous les flambeaux sont éteints.

A quoi d'ailleurs pourraient-ils servir? Il ne peut plus même exister une Planète; la force d'attraction s'exerçant seule, l'impulsion tangentielle n'ayant pu même jamais avoir lieu, toute planète, tout corps secondaire, si son existence était possible, tomberait directement vers son étoile, au lieu de tourner en ellipse autour d'elle ; je le répète, si l'attraction existait, tout l'Univers se réduirait à l'existence de globes en nombre infini, se faisant mutuellement équilibre de pesanteur, mais glacés, obscurs, et inutiles.

Ainsi, nulle part, dans aucun coin de l'espace, n'aurait pu être formée cette Terre que nous habitons; nulle part, dans aucun point de l'espace, n'aurait pu exister un globe, centre de chaleur et de dilatation, un globe montrant à sa surface, et une atmosphère qui s'agite, et des eaux liquides, et des vapeurs qui montent, et des végétaux qui se développent, et des animaux qui croissent, se meuvent, se multiplient, et l'homme, foyer si admirable de mouvement et d'action.

Oui, Messieurs, voilà ce que non-seulement l'attraction ne pourrait produire ou entretenir, mais voilà ce que, par essence même, elle serait obligée d'empêcher ; en sorte qu'il suffirait à l'Univers d'être frappé d'attraction, pour être frappé d'une stérilité éternelle.

Aussi, l'un des hommes les plus judicieux qui aient honoré la France, l'illustre Fontenelle disait avec sa malice de bonhomme : Tous les songes finissent; le temps viendra où l'on sera bien étonné, et même un peu honteux, d'avoir cru à l'Attraction.

Je me hâte, Messieurs, de vous rappeler ce que je vous ai déjà dit, dans une autre séance, au sujet du fondateur apparent de ce dogme scientifique. Newton lui-même, ce génie immense, donnait, sans ménagement, le titre d'absurde à l'idée de la Pesanteur, considérée comme propriété essentielle de la matière; il distinguait soigneusement la Gravitation, Fait général et incontestable, de la cause chargée de la produire; cette cause lui était inconnue; il la cherchait, il ne la trouvait pas; il se bornait alors à désigner le phénomène par la métaphore qui lui paraissait la plus propre à le représenter. Il disait: Si les corps étaient doués d'un *attrait* mutuel, d'un *attrait* soutenu, d'un *attrait* semblable à celui de deux amans, d'un *attrait* qui augmente de vivacité à mesure qu'il s'effectue, si tous les corps avaient, les uns pour les autres, ce genre de sympathie, ils le manifesteraient par des mouvemens exactement ressemblans à ceux qu'ils exécutent lorsqu'ils tombent les uns vers les autres. Ainsi, pour éviter les périphrases, mettons provisoirement une image vulgaire à la place d'une réalité qui nous est inconnue; disons : les corps se rendent les uns vers les autres, *comme s'ils s'attiraient, comme s'ils s'aimaient.*

Ce n'est donc point, Messieurs, l'admirable édifice construit par Newton que nous songeons à détruire, ce n'est point sa gloire que nous voulons affaiblir ; une telle tentative serait autre chose encore qu'un acte d'impiété, ce serait un acte de démence. Dire que la Loi découverte par Newton sur le mode général de Gravitation mutuelle est une erreur, ce serait aussi insensé que de nier l'une ou l'autre de ces deux propositions : un et un font deux, ou bien : les trois angles d'un triangle sont égaux à deux angles droits. La certitude que la Gravitation mutuelle s'exécute en raison inverse du carré des distances, est égale à celle de ces deux propositions ; et elle leur sera éternellement égale ; car les Vérités mathématiques sont toutes égales, et toutes éternelles.

Mais raconter mathématiquement un Fait, ce n'est pas encore l'expliquer; nous prenons les choses où Newton les a laissées : ce grand homme a fait une admirable narration mathématique ; il nous a légué le soin de l'explication.

Messieurs, deux fois par semaine vous entendez ici une narration mathématique pleine de clarté et de précision. Votre Professeur d'Astronomie, et votre Professeur de Physique parcourent en propriétaires les domaines de ces deux sciences ; tout ce qu'ils vous racontent est d'une vérité absolue ; ils sont sur le terrain de Newton ; mais, comme lui, lorsqu'ils se laissent entraîner à en dépasser les limites, lorsqu'ils passent du récit des Faits à l'indication de leur cause, ils emploient, comme Newton, le mot désigné par les apparences ; ils sont trop judicieux pour faire de ce mot l'enseigne d'une réalité.

Il est, au reste, bien naturel que des apparences soutenues, universelles, parviennent à établir dans notre esprit des habitudes opiniâtres. Ne disons-nous pas habituellement : *le soleil se lève, le soleil se couche ?* nous savons cependant, et avec certitude, que le soleil reste immobile dans ses rapports avec la Terre, que c'est chaque point de la surface de la Terre qui se présente successivement à la lumière du soleil.

Mais c'est le raisonnement qui nous donne cette certitude, tandis que notre habitude procède du témoignage de nos yeux ; or, nous faisons plus fréquemment usage de nos yeux que de notre raison.

De même, notre raison nous dit que tout corps qui se déplace est poussé par un moteur qui s'applique sur sa face postérieure; c'est ce que nous voyons invariablement dans tout déplacement horizontal : il ne peut en être autrement du mouvement vertical; mais tandis que nous voyons souvent le moteur du mouvement horizontal, le joueur, par exemple, qui, sur un tapis de billard, frappe la bille, nous ne voyons jamais le moteur du mouvement vertical exécuté par tout corps qui tombe; le témoignage constant de nos yeux, quoique, dans ce cas, ce ne soit qu'un témoignage négatif, nous conduit à l'habitude de penser que les corps qui tombent, tombent d'eux-mêmes, sans intervention d'un moteur, sans impulsion.

Et comme nous avons observé, en voyant tomber les corps, que la vitesse de leur mouvement vertical s'accroît à mesure qu'il s'exécute, tandis que le mouvement qui résulte d'une impulsion horizontale n'augmente pas, comme une telle accélération de vitesse ressemble très bien à l'effet d'une sympathie, d'un *attrait* moral, d'une *attraction*, nous acceptons ce mot *attraction* par irréflexion, par habitude; nous finissons par le confondre, dans notre pensée, avec le Fait réel, avec la Pesanteur, avec la Gravitation.

Mais réfléchissons. Est-ce bien l'attraction par

exemple, qui, conformément à ce phénomène si bien décrit hier par votre professeur de Physique, courbe sans cesse autour du centre de la terre la surface des eaux tranquilles? Si c'est leur attraction pour la terre, qui les attache à sa surface, pourquoi, au même instant, travaillent-elles à s'évaporer, c'est-à-dire à fuir sa surface? Quoi! le même corps, identiquement le même corps, est doué à la fois d'affection et d'aversion pour celui sur lequel il repose?

Non, Messieurs, il n'y a, entre l'Eau et la Terre, ni *affection* ni *aversion*. Mais partout où une masse d'eau est déposée, elle est placée entre les étoiles qui la pressent uniformément vers la Terre, et la Terre elle-même qui s'efforce de la lancer vers les étoiles. Toute masse d'eau liquide partage son obéissance entre ces deux forces. Celles de ses molécules qui sont surabondamment frappées par les rayons des étoiles restent couchées vers la Terre; celles qui, dans un sens inverse, sont surabondamment frappées par les rayons du calorique, ou lumière terrestre, s'élèvent par un mouvement opposé à celui de la Pesanteur.

C'est ainsi, comme vous le voyez, qu'un seul Fait, une impulsion de même nature, lève toutes les contradictions du mystère; c'est ainsi que la pesanteur de l'eau, et l'évaporation de l'eau, deux Faits toujours connexes, car pour que l'eau ne s'évapore pas, il faut qu'elle soit très fortement glacée, c'est ainsi, dis-je, que deux Faits opposés qui s'exécutent toujours ensemble, ne sont, comme les branches et les racines d'un même arbre, que le produit simultané d'une même cause, l'Expansion.

C'en est assez, Messieurs; je crois maintenant avoir assez défini ma pensée principale, pour que vous en ayez une idée claire; c'était, pour moi, le premier point à obtenir; il fallait d'abord que vous connussiez bien le premier anneau de ma chaîne; et il ne pouvait me suffire de le nommer devant vous; il fallait encore vous le décrire de manière à vous faire entrevoir du moins que, par ses conditions et sa force, il pouvait répondre à ce titre de premier anneau.

J'ai consacré plusieurs séances à cette exposition préliminaire. Elle était nécessaire; elle était fondamentale; c'était les bases de mon Édifice que je plaçais. Vous savez, Messieurs, que l'action de fonder un Édifice est de toutes celles qui servent à le construire, la plus longue, la plus difficile; il faut creuser dans le sol, déblayer les masses superflues, trouver le ferme, y jeter des matériaux qui l'affermissent encore ; cette opération a beaucoup d'importance, mais peu d'éclat; l'Édifice attire bien plus les regards, lorsqu'il s'élève ; et alors, pour l'Architecte, tout est jouissance; presque plus de tâtonnemens, presque plus d'efforts.

Messieurs, nous ne sommes pas encore entièrement parvenus à ce terme; mais nous y touchons; je ne vous demande plus que cette séance de gravité forte, d'attention puissante. Les fondemens de mon Édifice ne sont pas encore au niveau du sol; mais je vais les y amener. Je vous aurai obligation, si vous ne me reprochez pas de vous demander encore une demi-heure de raisonnemens généraux; ce seront les derniers; d'ailleurs, vous savez que je tâche de donner, même aux raisonnemens les plus généraux, un intérêt d'application et de détails qui en adoucisse la sécheresse.

Qu'il me soit permis, avant de passer à cette dernière discussion fondamentale, de renouveler mes remerciemens à l'Écrivain spirituel, judicieux, et bienveillant, qui a parlé de moi, dans le Journal de Paris, de manière à exciter et autoriser tout ce que je viens de dire. Si je suis assez heureux, en ce moment, pour qu'il soit au nombre de mes auditeurs, je le prie de m'écouter avec les dispositions flatteuses qu'il a déjà exprimées ; je pourrai alors espérer que, selon l'engagement qu'il a bien voulu prendre avec ses lecteurs, il serve une seconde fois la Vérité, en acquérant de nouveaux droits à la reconnaissance de l'Homme qui a consacré sa vie à la chercher, qui croit la posséder, et qui demande aux âmes généreuses de l'aider dans les efforts qu'il fait pour la répandre (*).

(*) L'Article de M. Fabien Pillet est si flatteur pour moi, et si avantageux à ma cause, que je ne résiste pas au besoin d'en transcrire du moins les dernières lignes. Mes Lecteurs, dont j'ambitionne si vivement l'estime, me pardonneront de m'être aidé d'un si honorable suffrage pour l'obtenir.

..... « Tout s'enchaîne dans le Système de M. Azaïs ; tout s'y coordonne si exactement, du moins en apparence (j'applaudis bien sincèrement à cette réserve), qu'il est difficile de lui trouver un seul côté où la force d'Expansion ne soit pas prête à repousser l'action répressive des critiques. L'élocution de ce Professeur est d'ailleurs, qu'on me passe le terme, si heureusement imprégnée de franchise, elle est si précise, si élégante, si brillante d'imagination, que chacun de ses auditeurs est tenté de lui dire, avec le bon *Dubriage* :

» Oui, je vous crois, ami, j'ai besoin de vous croire. »

(Journal de Paris, du 7 janvier 1822.)

Messieurs,

Nous avons démontré que le mouvement de gravitation, semblable à tous les mouvemens qui se manifestent par le déplacement ou la translation du mobile, est nécessairement le produit d'une impulsion, et que le moteur universel de cette impulsion est la substance lancée par les étoiles, et réduite, par le progrès du temps et de la divergence, à la ténuité élémentaire. Aussi, en parlant de cet instrument universel de l'impulsion donnée par les étoiles, nous l'avons appelé *matière élémentaire;* et c'est le nom que nous lui donnerons le plus souvent.

Maintenant, vous m'adressez sans doute plusieurs questions au sujet de cette matière élémentaire, et je trouve une de ces questions dans la lettre très judicieuse que l'un de vous a bien voulu m'écrire, et que je lirai à la fin de cette séance.

Quelle est la nature de cette matière élémentaire? est-ce une substance particulière dans l'Univers, ayant des fonctions spéciales, un caractère spécial, qui la distinguent de toutes les autres substances?

Non, Messieurs, *la matière est identique;* il n'y a pas une substance particulière qui soit *lu-*

mière, une autre qui soit *calorique*, une autre qui soit *élément* de l'*air*, ou de l'*eau*, ou du *sable*, ou d'un *métal*. Tous les corps de l'Univers sont composés d'un *Élément* absolument égal à lui-même par le volume et par la forme; en sorte que l'idée la plus générale de l'Univers est celle-ci :

Un seul Principe, l'Expansion; une seule Loi, l'Équilibre; un seul sujet, l'Élément.

Mais, me direz-vous, cette vue générale de votre esprit n'est-elle pas une hypothèse, du moins dans sa dernière partie? Qui nous en garantira la réalité, lorsque tant d'apparences, ou même tant de Faits, montrent dans la matière une diversité si marquée, et une diversité si opiniâtre, si indélébile?

Messieurs, pour guider nos recherches sur la nature des choses, employons toujours en concurrence, et le raisonnement, et les Faits.

Si nous avons démontré, et je crois qu'à cet égard nul de vous n'est encore dans le doute, si nous avons démontré que l'Expansion est, dans l'Univers, le seul Principe réel, possible même, d'action et de mouvement, nous avons démontré que le sujet universel de cette action, l'*Élément matériel*, est nécessairement conduit, par elle, à l'identité absolue. En effet, cette action a pour exercice essentiel de diviser la matière, de l'atténuer, de la projeter, jusqu'à ce qu'elle soit arrêtée par le manque d'espace ou de liberté. Or comme cette action, n'étant pas un Être matériel, est nécessairement égale à elle-même dans tous les points de l'espace, il est impossible qu'elle ne s'exerce pas d'une manière rigoureusement la même sur son sujet universel; il est impossible qu'au terme de son exercice entier et absolu, elle n'ait pas réduit son sujet à la même forme, à la même ténuité.

Messieurs, ce raisonnement sera de toute certitude pour ceux d'entre vous qui ne voient nulle part plus de certitude que dans l'enchaînement rigoureux des vérités premières. Ce sentiment d'une certitude sans hésitation est, en pareil cas, le caractère des esprits justes. Pour cette raison, tout esprit juste voit, sans hésiter, pleine certitude dans la pensée suivante :

En fait de Constitution universelle, la plus simple possible est la seule Constitution possible, parce qu'elle est la seule parfaite au degré absolu; or, pour l'Univers, la Constitution simple et parfaite au degré absolu est évidemment celle-ci : un seul Principe, l'Expansion; une seule Loi, l'Équilibre; un seul sujet, l'Élément.

Réfléchissez, Messieurs, cherchez, méditez;

si vous découvrez, par la pensée, un mode de Constitution universelle qui, en répondant à tous les effets, soit plus homogène et plus simple, celui que je vous présente ne sera plus, de mon aveu, qu'une création illusoire; je lui substituerai aussitôt celui que vous m'aurez présenté.

Mais j'entends l'observation que plusieurs de vous m'adressent. Je viens de dire, en définissant les caractères essentiels de la Constitution universelle, qu'elle doit répondre à tous les effets. Est-il bien certain, me direz-vous, que vous rendrez raison de tous les effets Physiques et Physiologiques, en n'admettant jamais, dans la nature, qu'un seul Élément ?

Oui, Messieurs ! Si vous suivez, avec gradation et attention, le développement du Système dont j'achève, en ce moment, de poser les bases, vous trouverez que tous les effets Physiques et Physiologiques peuvent être expliqués par l'application d'un seul Principe d'action à un seul Sujet, à un Élément identique. Vous trouverez, que tout effet matériel d'un genre quelconque n'exige, pour condition nécessaire, pour condition unique, que la *mobilité* de la matière : toute autre condition, telle que la diversité de grandeur, ou la diversité de figure, peut distinguer entre eux les divers corps composés ; mais, entre les Élémens, cette distinction est inutile, superflue, par conséquent n'existe pas ; car là où la simplicité suffit, la complication est écartée ; vous reconnaissez sans doute la vérité de cet axiome.

C'est donc le Système entier des Faits Physiques et Physiologiques que je m'engage d'avance à vous fournir comme témoignage de cette Vérité universelle : l'Élément est partout égal à lui-même, il est universellement identique ; car, pour se prêter à la production de tous les Faits d'un genre quelconque, il n'a besoin d'être varié, ni par la grosseur, ni par la figure ; il n'a besoin que de cette qualité qui lui est nécessaire pour être sujet du mouvement, pour exécuter ses impulsions ; il n'a besoin que de *mobilité*. Or la mobilité n'est pas un Être matériel ; c'est une propriété immatérielle ; par elle-même, elle n'est susceptible ni de plus ni de moins ; elle est nécessairement revêtue d'identité.

. . . .

Mais, Messieurs, à la démonstration rationnelle des Vérités générales ajoutons immédiatement l'exposition de quelques faits simples et marquans ; c'est, comme vous avez pu le reconnaître, la marche habituelle que je m'impose.

Je citerai d'abord chacun de vous en témoignage. Chacun de vous est un vase organique, dans le sein duquel s'exécutent sans cesse un grand nombre d'opérations chimiques très délicates. La digestion de vos alimens, la respiration de l'air que vous admettez dans votre poitrine, sont suivies de résultats, de compositions matérielles, que le Physicien peut ensuite soumettre à l'observation. Or vous connaissez cet axiome de Physiologie : il y a beaucoup d'alimens; il n'y a qu'un aliment. Cela veut dire que ce qu'il y a d'essentiel dans la substance de l'homme se compose toujours, quels que soient les alimens dont il se nourrit. Ainsi, la fibre musculaire, et les os, sont de même nature dans tous les hommes. Or le squelette entier, ou la charpente osseuse, est formé principalement de Phosphate calcaire, c'est-à-dire d'une combinaison de phosphore et de chaux ; cette combinaison est également la base de l'épiderme, des cheveux, des ongles. Faites, maintenant, l'expérience; nourrissez un homme, exclusivement, et pendant long-temps, de substances, telles que le pain, l'eau distillée, l'air pur, dans lesquelles l'analyse chimique ne vous montrera ni chaux ni phosphore ; cet homme ne se donnera pas moins une charpente osseuse, un épiderme, des ongles, des cheveux ; toutes ces parties de son Être n'en seront pas moins composées, comme les vôtres, de chaux et de phosphore, de ces deux substances réputées simples par les Chimistes, parce que, dans nos laboratoires, on ne peut, ni les composer, ni les décomposer. Mais, vous le voyez, dans le laboratoire merveilleux que chacun de vous porte en lui-même, la Nature emploie et bien d'autres vases, et bien d'autres agens ; elle opère avec une flexibilité, une délicatesse, auprès desquelles tous les efforts, tous les soins de notre industrie chimique ne conduisent qu'à de grossières ébauches. Nous le verrons, en pénétrant graduellement dans tous les actes physiologiques ; les Êtres vivans, en comprenant sous ce titre, non-seulement l'homme, mais les animaux et les plantes, les Êtres vivans sont, par tous leurs organes, des ateliers d'une élaboration plus ou moins féconde, d'une fabrication plus ou moins soutenue, d'où sortent des produits que les ateliers inorganiques ne donnent pas, qui cependant ne puisent leurs matériaux, comme les corps inorganisés, que dans le réservoir universel de la matière.

Commençons donc à fixer nos idées. Votre Professeur de Chimie vous a signalé quarante-neuf substances réputées simples, et il vous donne successivement l'histoire de chacune avec une parfaite clarté ; mais comme c'est un homme aussi judicieux qu'éclairé, il a eu soin de ne pas affirmer que ces quarante-neuf substances soient, par elles-mêmes, indécomposables ; il a dit seulement que, dans l'état actuel de la science, nos instrumens ne parvenaient pas, du moins encore, à les décomposer. Il est vraisemblable que le plus grand nombre se refusera éternellement à nos décompositions artificielles. Mais vous venez de voir que nous portons en nous une puissance de composition naturelle qui produit de ces substances réputées simples, qui par conséquent nous démontre que ces substances sont formées d'autres élémens.

Passons maintenant à un autre ordre d'expériences, et écoutons les révélations importantes qui en jailliront.

Prenez des flacons d'un verre pur et épais ; enfermez dans ces flacons une très petite quantité d'eau soigneusement distillée, et des gaz, soit atmosphériques, soit formés chimiquement ; bouchez ces flaçons soigneusement avec le mastic le plus imperméable, placez-les ensuite, à demi enfoncés, dans une couche de fumier très chaude, abondamment renouvelée, et exposée elle-même à un soleil ardent; tenez-les dans cette position pendant un certain nombre de jours : vous obtiendrez des dépôts terreux plus ou moins abondans, mêlés de cristaux solides, plus ou moins apercevables; vous observerez, en même temps, qu'il s'est opéré une diminution très sensible de l'eau que vous aviez enfermée, quelquefois même l'eau aura entièrement disparu.

Voilà donc des terres et des cristaux composés avec de l'eau, des gaz, du calorique et de la lumière.

Étendons l'expérience. Enfermez les mêmes gaz dans les mêmes flacons, mais avec une plus grande quantité d'eau, et placez les flacons dans les mêmes circonstances : alors, une partie plus ou moins considérable de l'eau sera toujours conservée; mais, au lieu de matière terreuse, vous verrez, à l'aide du microscope, se mouvoir rapidement, dans le sein du liquide, un grand nombre de corpuscules, de forme globuleuse; et si vous débouchez le flacon, si vous en retirez l'eau, les corpuscules la suivront, mais, presque aussitôt, ils éclateront et se dissiperont.

La première idée de ces expériences remarquables est due à M. Fray, physicien très habile, très attentif, qui les a faites à Toulouse, pendant un été brûlant ; qui les a ensuite poursuivies pendant plusieurs années, en les variant ingénieusement, et les soutenant avec autant de soin que de patience; il a fini par obtenir des résidus terreux qui, portés sur la langue, y causaient la saveur du muriate de soude ou sel commun, qui, de plus, étant bien desséchés, se montraient ferrugineux, car l'aimant les attirait. Voyez que de substances réputées simples, composées avec de l'eau, des gaz, du calorique et de la lumière !

Mais, direz-vous, de telles expériences sont-elles positives?

Je répondrai, en premier lieu, que je connais, à Paris, un expérimentateur très éclairé (*), qui a répété celles de ces expériences que le climat de Paris rendait possibles, et qui les a trouvées tellement exactes qu'il n'a point douté de l'exactitude de celles qu'il n'a pu vérifier.

En second lieu, comme la Nature reproduit en grand, dans une foule de circonstances, les expériences que nous venons de citer, comme ces expériences ne sont, en réalité, que l'opération naturelle la plus générale, mais faite dans

(*) M. Le Baillif, trésorier à la Préfecture de Police.

un petit espace, dans un vase transparent, et dans les circonstances les plus simples, je ne puis que les considérer comme authentiques, et il ne me reste qu'à les expliquer, c'est-à-dire à chercher comment le Principe universel, comment l'Expansion, parvient à les produire.

Vous avez enfermé dans des flacons exactement bouchés, de l'eau, substance au degré moyen d'Expansion, et des gaz, substances d'une Expansion plus avancée; les flacons, à demi enfoncés dans des couches de fumier très chaud, et exposés, par leur partie supérieure, à la lumière d'un soleil ardent, se trouvent soumis à la pénétration de torrens continus de lumière et de calorique.

Chaque globule de ces fluides est un corps très subtil, puisqu'il a traversé le verre; mais c'est réellement un corps, c'est-à-dire une association d'élémens, sollicitée par l'Expansion la plus ardente, par conséquent très près de se dissoudre. Pendant que ces globules si nombreux, si impétueux, traversent le vase, ils projettent tumultueusement autour d'eux-mêmes une partie de leurs fragmens, ce qui imprime aux molécules de l'eau et à celles des gaz, l'agitation la plus violente.

Celles-ci, vivement aidées dans leur Expansion naturelle, tendent beaucoup plus rapidement à se dissoudre; mais, comme elles sont enfermées, leur dissolution, coercée à l'instant même où elle s'entame, est forcée de se réduire à un changement d'agrégation et de forme; les corpuscules gazeux, à demi brisés, se replient sur le calorique même qui les agite; si l'eau que vous avez enfermée dans le flacon est d'une quantité un peu considérable, comme elle résiste un peu plus que les gaz à l'impétuosité dissolvante du calorique et de la lumière, elle sert de refuge à un grand nombre de corpuscules gazeux. Ceux-ci reçoivent alors de la densité de l'eau une prison qui se referme sur eux, et, au premier instant, les presse, les contracte; mais comme ils sont en Expansion vive, et que l'Expansion est une force que rien ne peut anéantir, au second instant, ils réagissent contre le liquide; ils se dilatent; par cette réaction, ils pressent à leur tour le liquide contre les fluides expansifs; ceux-ci refoulent le liquide, qui de nouveau refoule les globules enfermés : seconde contraction, suivie d'une seconde dilatation, réprimée par une troisième résistance, à laquelle succède un nouvel effort; en un mot, lutte continue entre l'Expansion et la répression, ou suite continue d'oscillations par *sistole* et *diastole*.....

Je m'arrête, Messieurs; si je ne me trompe,

vous voyez ici l'aurore des plus lumineuses explications. Oui, Messieurs, et je pose déjà le Fait général, conséquence si vaste du plus vaste Principe :

Toutes les fois qu'un corps en Expansion ardente est subitement coercé par une enveloppe d'une densité supérieure, qui, par conséquent, devient, à son égard, l'auxiliaire de la force répressive, il entre aussitôt dans l'*état vibratoire*, état qui lui appartient essentiellement, qui, par lui-même, est interminable, car l'Expansion est une action interminable, qui, par conséquent, ne cesse que lorsque le prisonnier sort de prison.

Une immensité de faits en Physique et en Physiologie, je dirais presque, toute la Physique et toute la Physiologie se rattacheront à cette *lutte vibratoire* de l'Expansion et de la Répression.

Rappelez-vous maintenant, Messieurs, l'une des conditions de l'expérience qui nous a conduits à ce Théorème si important : lorsque vous débouchez le flacon, lorsque vous en retirez l'eau dans le sein de laquelle se débattent et *vibrent* tant de globules, l'espace est augmenté, leur prison n'est plus sévère ; ils éclatent et se dissipent ; ils consomment leur Expansion ; c'est par l'Expansion que tout finit dans la Nature.

Reprenons le flacon. Si vous n'y avez enfermé qu'une très petite quantité d'eau, alors cette eau sans profondeur, aisément attaquée, jusque dans sa substance intime, par les fluides expansifs, entre elle-même en Expansion ardente; ses fragmens, froissés par mille chocs, disputent aux substances gazeuses un espace étroit que chaque globule voudrait à lui seul remplir; tous sont réduits à économiser cet espace qui leur manque; tous les débris, et d'eau et de gaz, contractent de fortes adhérences; ce qui donne naissance à des résultats concrets.

Phénomène qui, comme l'état vibratoire des globules enveloppés, est d'une importance majeure; c'est encore ici la clef d'une immensité de Faits; c'est ici le second et grand Théorème.

Je l'exprime et je l'explique, en disant: L'Expansion étant le seul mode essentiel de mouvement, est nécessairement la seule force productive; par conséquent, toute concrétion est le fruit direct d'une Expansion coercée par le défaut d'espace; c'est-à-dire que, partout où des obstacles invincibles gênent l'évasion d'élémens que l'Expansion a désunis, et qu'elle cherche à dissiper, cette force d'Expansion se change en force de pression, qui contraint ces élémens à rentrer de nouveau en agrégation mutuelle. Nous le verrons bientôt : les corps les plus durs que nous puissions produire, l'acier par exemple, résulte d'un coup de feu expansif, pressant avec violence, contre un obstacle formidable, des corps très divisés.

Et voulez-vous produire brusquement du marbre très dur, avec de la simple craie pulvérisée? répétez l'expérience de Hutton, célèbre Physicien anglais; enfermez cette craie dans le fond d'un canon de fusil qui n'ait point de lumière; pressez-la par les moyens les plus forts dont vous puissiez disposer, et tenez toujours sur elle un obstacle énergique; placez ensuite le bout du canon dans un brasier très ardent; lorsque le fer sera devenu incandescent, les matériaux calcaires, agités à l'excès, et cependant manquant d'espace pour se mouvoir, seront réduits à prendre l'agrégation mutuelle la plus intense; l'excès du mouvement les conduira à une très forte concrétion.

Il nous est donc maintenant facile de définir l'une des deux grandes opérations de la nature, celle qui compose des corps; elle découle immédiatement de l'opération qui les décompose; celle-ci est initiale; c'est le Principe universel; c'est l'Expansion; mais l'Expansion n'est pas toujours libre de s'effectuer, du moins en étendue, en divergence; partout où elle rencontre des obstacles, ses produits ne peuvent plus diverger; ils s'accumulent alors, ils se pressent les uns contre les autres; des agrégations se forment, s'augmentent; les compositions s'étendent jusques aux limites fixées par la force expansive de l'agrégation elle-même; ainsi, pour citer d'avance l'exemple le plus marquant de composition, lorsqu'une étoile disparaît, ce qui est arrivé déjà en plusieurs points du ciel depuis que l'homme a armé ses yeux d'un télescope, lorsqu'une Étoile disparaît, c'est qu'elle a éclaté par l'effort long-temps accumulé de son Expansion intestine; ses fragmens se dispersent dans tous les sens; chacun, à une distance plus ou moins éloignée du point de départ, passe dans le prochain voisinage, ou d'une Étoile, ou d'une Planète, ou d'un autre fragment d'Étoile; si c'est d'une Planète, telle que la Terre, que ce fragment s'approche, le moment arrive où l'Expansion stellaire le fait graviter vers le centre de cette Planète; il y tombe d'un mouvement plus ou moins rapide, plus ou moins direct; voilà l'une des sources de ce Phénomène effrayant, si constaté aujourd'hui, si long-temps révoqué en doute, de ces masses solides, tombées du ciel, que l'on a nommées *Aérolithes*, et dont le vrai nom est *Cosmolithes*, car elles viennent d'un point indéterminé dans l'Univers ; c'est ce que nous traiterons avec détails.

Si un certain nombre de ces Cosmolithes arrivent, les uns vers les autres, de diverses directions, et se rencontrent en un point de l'espace à peu près également éloigné de toutes les Étoiles environnantes, ils s'agrègent ensemble par obéissance à l'impulsion stellaire ; ils forment un noyau d'abord très petit, par conséquent très condensé, et obscur ; mais ce noyau est devenu un centre de gravitation pour tous les Cosmolithes qui passent dans son voisinage ; à l'aide du temps, il grossit ; sa masse augmente ; pour la même raison, sa surface diminue proportionnellement d'étendue ; le moment arrive où son Expansion centrale, protégée par les enveloppes mêmes que la compression stellaire lui a données, s'effectue avec une efficacité prononcée ; successivement, de nouvelles additions lui sont adressées, et en tous sens, car nous ne saurions oublier que l'Univers est infini, et que, dans ses profondeurs en tout sens, il y a toujours, sur chaque direction, de grands corps qui se détruisent. Le noyau central, dont nous avons vu la naissance, est donc destiné, à l'aide du temps, c'est-à-dire à l'aide d'un nombre indéfini de siècles, à devenir assez volumineux pour jouir d'une Expansion ardente, forte, abondante, pour être, en un mot, une nouvelle Étoile, un nouveau Soleil.

Et, pour cette composition éclatante et immense, qu'a-t-il fallu ? vous venez de le voir : du temps et de l'Expansion.

Messieurs, je ne fais ici que tracer les premiers traits de cette Cosmogonie continue, toujours égale à elle-même, toujours en même somme d'effets, en comprenant l'ensemble du temps et de l'espace; voulant vous montrer, d'une manière générale, comment les corps se composent, je devais commencer par l'histoire générale de la composition des corps les plus vastes. Lorsque nous entrerons dans l'examen de tous les Faits que les Astronomes nous ont fait connaître, nous donnerons avec précision les détails de cette histoire générale; nous expliquerons, et toujours d'après le Principe unique, d'après l'Expansion, toutes les conditions de l'existence des Étoiles, des Planètes, de leurs Satellites, et des Comètes. Cette partie du Système universel sera même la plus satisfaisante pour les esprits qui ont besoin de trouver, dans les raisonnemens et les preuves, une rigueur mathématique; la Mécanique céleste étant la seule partie des sciences humaines dans laquelle l'instrument des mathématiques puisse être employé avec une absolue précision.

En ce moment, revenons aux bases de la Science générale, à la Physique terrestre.

Nous avons été déjà conduits par le raisonnement, et par une expérience aussi simple que remarquable, à établir que la matière première de tous les corps, que l'Élément primitif, est universellement identique ; et je vous ai annoncé, Messieurs, que toute la Physique, que toute la Physiologie, s'emploieraient à la démonstration de cette Vérité; je dois, par anticipation, vous indiquer l'immense secours que nous tirerons, à cet égard, de la Physique et de la Physiologie.

Vous savez déjà que le rôle majeur, dans les Faits dont se compose le domaine de ces deux sciences, appartient au Magnétisme, à l'Électricité, au Galvanisme, qui ne sont essentiellement que le même ordre de Faits. Lorsque nous aurons défini en quoi consiste l'*état magnétique* ou l'*état électrique* des corps solides qui le manifestent, lorsque nous aurons montré que tous les corps solides de la nature sont susceptibles de cet état, lorsque saisissant ensuite les résultats immédiats de l'action magnétique ou électrique, nous aurons découvert que cette action n'est autre chose que leur Expansion intestine, que cette Expansion, non-seulemeut tend à les dissoudre, mais qu'elle les dissout en réalité, c'est-à-dire qu'elle ne cesse de résoudre leur substance propre, leur substance intime, en fluides subtils, qu'elle projette hors de leur sein; enfin, et c'est ici le point essentiel, lorsque l'expérience nous aura démontré que ces fluides sont absolument, et universellement, de même nature, quels que soient les corps qui les produisent, nous aurons porté jusqu'à l'évidence l'identité de toute la matière.

Or c'est là l'engagement que la Physique entière et la Physiologie entière nous fourniront les moyens de tenir.

Ce n'est pas cependant, Messieurs, que les corpuscules qui composent les fluides magnétiques, ou électriqnes, soient parvenus à ne plus être que de la matière élémentaire. Non; chacun de ces corpuscules est encore une association d'élémens; mais, puisque l'ensemble des Faits démontre que ces corpuscules, magnétiques ou électriques, sont universellement ressemblans entre eux, quels que soient les corps d'où ils émanent, l'élément qui les forme doit, à plus forte raison, être revêtu d'identité.

Et nous irons plus loin dans nos découvertes; les Faits nous apprendont encore que les Fluides magnétiques, les Fluides électriques, le Calorique et la Lumière, ne sont que la même substance; en sorte que dans ce fluide lumineux, produit immédiat de l'Expansion des étoiles, et dans ce calorique, ou lumière planétaire, produit immédiat de l'Expansion des Planètes, nous ne pourrons voir que de l'Électricité abondante et rayonnante, composée de corpuscules toujours ressemblans.

Je viens de vous dire que les corpuscules électriques ne sont pas encore parvenus à ne plus être que de la matière élémentaire; ce qui le prouve, c'est que les fluides électriques, ou magnétiques, ainsi que la lumière, ainsi que le calorique, sont encore susceptibles de gravitation et de combinaison; une telle faculté démontre que chacun de leurs globules a encore une masse suffisante pour pouvoir être saisi et coercé par la matière élémentaire.

Mais à son départ, soit des étoiles, soit des planètes, cette lumière, ce calorique, cette électricité, ne sont refoulés et retenus qu'en très petite partie par l'incidence convergente de la matière élémentaire; la plus grande partie s'échappe par rayonnement aperçu ou inaperçu; alors les faisceaux qui forment ces rayons, et les globules qui forment ces faisceaux, se divisent progressivement, en suivant leur route dans l'espace; le moment arrive où chaque rayon n'est plus formé que de matière qui ne peut plus être divisée, de matière élémentaire; chacun de ces rayons alors s'apprête à aller concourir aux effets de compression sur un des globes de l'univers.

Telle est donc, Messieurs, la destination ultérieure d'un corps quelconque, de cette feuille de papier par exemple. Ce corps est, sans cesse, en Expansion, non-seulement sollicitée, mais effectuée; son Expansion a pour but ultérieur, de le résoudre en ses élémens primitifs, et elle y parviendra à l'aide de plus ou moins de temps; lorsqu'elle y sera parvenue, les parties de ce corps, réduites à la ténuité absolue, les élémens de ce corps, tous égaux de forme et de volume, n'appartiendront plus qu'à l'espace; ils le traverseront avec le plus haut degré de vitesse; ils voyageront ainsi, peut-être, pendant un grand nombre de siècles, avant de rencontrer une étoile ou une planète; mais enfin, comme l'Univers est infini, ils feront cette rencontre, les uns plus tôt, les autres plus tard. Alors, ou bien ils frapperont une surface qui les repoussera, et les lancera de nouveau dans l'espace, ou bien ils pénétreront dans les profondeurs du globe qu'ils auront rencontré; arrêtés, dans leur retour, par ceux qui ne cesseront de leur succéder, ils descendront vers le centre de ce globe, surtout si c'est par les pôles qu'ils sont arrivés; parvenus au gouffre central, ils y seront agités, pressés par l'Expansion, seule souveraine de ces régions intérieures; là l'Expansion, dominatrice encore plus impérieuse, encore plus exclusive, encore plus violente, que dans l'intérieur de ce canon de fusil dont je vous ai parlé tout à l'heure, l'Expansion, devenue force de pression extrême, les contraindra à rentrer dans de nouvelles combinaisons, à concourir à la composition de corps nouveaux; et l'Expansion, après avoir produit ces corps nouveaux, cherchera sans cesse à les lancer vers la surface du globe; c'est à quoi elle parviendra plus tôt, ou plus tard, soit par la voie soutenue de l'émission lumineuse, soit par la voie impétueuse des volcans.

C'est ainsi que les Élémens de ce corps, que je vous montre en ce moment, après avoir été arrachés, par l'Expansion, à l'existence composée, seront rendus, par l'Expansion, à une nouvelle existence composée, pour passer de nouveau à l'existence isolée et simple, pour rentrer de nouveau dans l'existence composée, pour se séparer encore, s'isoler, se réduire à la ténuité élémentaire, et ainsi de suite, sans terme possible dans l'espace ni dans le temps.

Vous voyez la succession alternative et interminable de ces deux états. Cette succession alternative et interminable est l'histoire éternelle de chaque Élément; et quelle infinie variété dans cette histoire éternelle! à chaque phase de combinaison, association différente de celle qui l'a précédée. En ce moment, les Élémens de ce corps font partie d'une composition d'origine organique; mais à quels Êtres n'ont-ils pas appartenu dans les temps antérieurs? de quels Êtres ne seront-ils pas, dans l'avenir, partie intégrante? Aujourd'hui tissu végétal, autrefois tissu animal, rocher, métal, vapeur, gaz, sel, cristal, lumière; et, pendant la durée infinie des siècles futurs; que de vicissitudes! un jour, à la surface d'une autre planète, ou peut-être de la Terre même, les Élémens de ce corps reposeront dans la substance d'une rose, ou bouillonneront dans le sang d'un tigre, se cacheront dans les haillons de l'indigence, ou brilleront dans les diamans d'une couronne, tomberont, en douces larmes, des yeux d'un enfant timide, ou porteront, enfermés dans une bombe, l'épouvante et la mort.

Messieurs, je le répète : ce Tableau n'est pas de la Poésie ; c'est de l'Histoire ; la Métempsycose éternelle de chaque Élément est la nécessité de son sort. Si chaque Élément n'entrait pas alternativement en combinaison et en liberté, l'Équilibre de l'Univers serait impossible ; car l'Équilibre de l'Univers n'est autre chose que le balancement continu des actes de composition et des actes de destruction.

Mais, nous venons de le voir, comment l'Expansion parvient-elle à faire rentrer sous l'esclavage de combinaison l'Élément qu'elle-même venait de conduire à un entier isolement, à une liberté absolue ? C'est en l'adressant vers un corps déjà composé, en le faisant pénétrer dans son sein, en l'y retenant sous ses enveloppes, en l'y agitant avec une vivacité extrême, et en concurrence avec d'autres Élémens qu'elle a également introduits dans cet étroit espace. Il suit de là que des corps antérieurement composés sont nécessaires à la formation de corps nouveaux ; car, pour exercer sa faculté composante, il faut à l'Expansion le secours de matrices internes, qui à la fois protègent son action, lui permettent de se porter au plus haut degré de violence, et en même temps fassent obstacle à ses divagations. Il a donc existé des corps composés, avant même que l'Expansion entrât en exercice utile; avant qu'elle fût chargée de produire, à elle seule, tous les effets, tous les corps, il y a eu des corps, des effets; et de quelle Cause? de quelle Puissance?

Ici, de nouveau, que notre intelligence s'abîme; elle peut parvenir à comprendre le mode actuel de l'existence de l'univers; c'est l'objet de notre étude; mais elle n'a aucun moyen de comprendre les temps antérieurs à la Constitution actuelle, ni l'Être qui lui a donné l'existence.

Restons donc, Messieurs, dans la sphère de nos possibilités intellectuelles; elles sont bien assez étendues. Voir l'Univers, tel qu'il est constitué aujourd'hui, en ce moment; comprendre, par notre pensée, l'ordre de tous ses mouvemens, et les rapports mutuels de toutes ses parties, concevoir cet ordre et ces rapports comme étant d'une simplicité absolue, par conséquent d'une perfection absolue, par conséquent désormais stables, immuables, éternels: tel est le magnifique emploi permis à notre intelligence; acceptons-en l'utilité et l'honneur! L'utilité! la Vérité pourrait-elle ne pas être un grand bien pour l'homme et pour les peuples? L'honneur! cherchez, Messieurs, pour l'intelligence humaine, un plus sublime honneur que celui de comprendre et admirer l'Univers!

SEPTIÈME SÉANCE.

Résumé des Principes. — Excursion occasionnée par la présence du général Drouot. — Réponse à une lettre.

MESSIEURS,

Nous avons posé les Bases du Système universel. Le raisonnement, mettant en œuvre tout ce qu'il y a de général et de simple dans l'observation et l'expérience, nous a conduits à un très petit nombre d'idées fondamentales, dont le résumé est court et facile. Je crois utile de vous le présenter, au moment où nous allons entrer dans le labyrinthe graduel des Faits particuliers. Ce résumé placera, dans la main de chacun de vous, le fil d'Ariadne.

L'Action universelle, le Mouvement, n'a qu'un mode général d'exercice ; ce mode est l'Expansion. C'est-à-dire que tout corps composé, par cela seul qu'il existe, est pénétré, dans tous les points de l'espace qu'il occupe, d'une action intime, continue, qui travaille sans cesse à étendre sa substance sur un espace plus grand.

Ce travail s'effectue ; chaque corps composé est constamment en action divergente, plus ou moins vive, plus ou moins étendue. Il se dissout efficacement, et sans cesse. Pour témoignage continu de cette action essentielle, il s'environne constamment d'une émanation rayonnante, formée de ce qu'il y a de plus subtil dans ses débris. Il n'est point de corps sans émanation spéciale, sans *Électricité*.

Mais, sous ce rapport, tous les corps peuvent être divisés en deux grandes classes : les corps vastes et isolés ; ce sont les Étoiles, les Planètes, les Comètes ; et les corps petits, dépendants, engagés, faisant partie des corps vastes et isolés.

L'émanation rayonnante des Étoiles et des Planètes se compose de la réunion et de la somme de toutes les projections faites par leurs parties. L'émanation des Étoiles, des Soleils, est cette rayonnance éclatante qui les rend visibles à nos yeux. L'émanation des Planètes est de même nature ; et elle s'échappe sous la même forme que la lumière du soleil, sous la forme rayonnante ; mais, à cause de la densité des enveloppes de chaque planète, densité beaucoup plus forte que celle des enveloppes de chaque étoile, densité d'autant plus forte que la planète est plus petite, la substance de l'émanation planétaire est beaucoup plus subtile que la lumière des étoiles; c'est de la lumière atténuée, invisible pour nous; c'est du *Calorique* ou de l'*Électricité* simple.

Chaque Étoile, chaque Planète, fait sa projection continue principalement par son équateur et les régions qui l'avoisinent; mais, en même temps, elle reçoit, principalement par ses régions polaires, une même quantité de la substance lancée par les grands corps qui l'environnent; en sorte que chaque Étoile, chaque Planète, en équilibre de dépense et de recette, se vide par son équateur en même mesure qu'elle se remplit par ses pôles.

Cet Équilibre de dépense et de recette exige que chaque Étoile, chaque Planète, soit environnée de Planètes et d'Étoiles; que, par conséquent, il n'y ait point de limites à l'Univers.

L'émanation universelle se croise et se distribue avec uniformité dans l'espace; ce qui fait qu'elle tombe avec une convergence uniforme sur la surface de tout globe isolé. Cette convergence uniforme, cette pression uniforme, est ce qui fait la gravitation de toutes les parties de chaque globe vers son centre de masse. Cette gravitation centrale se nomme *pesanteur;* elle est le fruit, non d'une qualité occulte, d'une *attraction*, mais d'une impulsion.

Toutes les conditions de ce phénomène général, la pesanteur, sont en rapport direct et mathématique avec l'uniformité, la subtilité, et la vitesse de l'émanation universelle; la démonstration, à cet égard, est d'une rigueur absolue; en sorte que l'histoire exacte de l'effet n'est autre chose que la définition exacte de la cause. Il n'est pas de mode plus concluant d'explication.

L'impulsion convergente, adressée à chaque globe par l'émanation universelle, est ce qui réprime et modère son Expansion, mais sans pouvoir l'empêcher; parce que, sous ce rapport, la masse entière de chaque globe est partagée en deux ordres de lieux et de circonstances : à la surface de son équateur et des régions voisines, l'Expansion est plus forte que la répression; c'est l'Expansion qui détermine la prépondérance des mouvemens : au contraire, à la surface des pôles et des régions qui l'avoisinent, la répression est plus forte que l'Expansion; les mouvemens se déterminent par la prépondérance de la répression; et comme ces deux sommes de supériorité alternative se compensent exactement, il y a sans cesse égalité d'action et de réaction; il y a sans cesse balancement des effets; il y a sans cesse Équilibre.

A la surface de chaque Étoile, de chaque Planète, l'action répressive est exercée par la matière de l'émanation universelle, mais réduite à la ténuité absolue, par les progrès du temps et de la divergence; en sorte que c'est l'élément, simple, indécomposable, qui est, universellement dans l'espace, l'instrument de la force répressive; ajoutons que chaque Élément est absolument égal de grosseur et de forme à chacun des autres; la matière est identique; chaque Élément passe alternativement par l'état d'agrégation au sein d'un Être quelconque, et par l'état d'isolement qui le rend agent immédiat de la force répressive; toute la matière de l'Univers change alternativement de situation et de rôle, sans jamais changer de nature, sans jamais être différente d'elle-même par sa constitution et ses propriétés; en sorte que voici la définition précise de l'Univers :

Un seul Principe, l'Expansion; un seul sujet, l'Élément; une seule Loi, l'Équilibre.

Tout est là, Messieurs, sous l'expression la plus condensée; tels sont les FAITS-PRINCIPES; je les ai résumés afin qu'il vous fût désormais facile de suivre l'Explication universelle; car l'Explication universelle ne va jamais être autre chose que l'histoire graduelle de l'Expansion.

Mais, Messieurs, je dois être avec vous d'une franchise sans réserve. En plaçant sous vos yeux le Précis de tout ce que j'ai déjà établi et démontré, j'ai eu encore un motif personnel; j'ai attaché le plus grand intérêt à ce que l'ensemble du Plan que je développe fût connu d'un homme que j'ai l'honneur de compter aujourd'hui, pour la première fois, parmi mes auditeurs.

Quel est cet homme? je ne le nommerai pas; et c'est encore un intérêt personnel qui m'en détourne; en prononçant son nom, auquel, dans l'opinion de l'Europe, se rattachent les idées de toutes les grandes vertus, cet illustre nom suffirait; je me trouverais dispensé de mettre quelques détails dans mon hommage; je m'imposerais ainsi un pénible sacrifice.

Je dirai donc, sans le nommer, que le plus haut degré d'héroïsme militaire n'est, en lui, qu'une qualité simple; que le plus haut degré de loyauté et de désintéressement n'est, en lui, qu'une simple inclination. Vrai en tout, en prudence comme en dévouement, en modestie comme en courage; pour tout besoin, la paix de l'âme; pour tout guide, l'honneur. Ami vertueux de l'homme qui fut le plus puissant, le servant toujours, ne le flattant jamais, il lui inspira une confiance sans bornes, et une vénération profonde; et, lorsque la Fortune tourna sa roue, il descendit avec lui; il partagea son exil et son malheur. Plus tard, il désespéra le dernier de la gloire de nos armes; plus tard encore, il sut prévenir des convulsions affreuses; il apaisa, par ses conseils et son exemple, une armée entière de héros irrités. Il leur dit : Mes amis, là où se trouve le premier intérêt de la patrie, se trouve aussi le premier devoir du soldat; votre noble courroux ne fait que compromettre la France; à sa voix, vous avez bravé la mort; à sa voix, montrez encore plus de force; supportez l'adversité sans murmure; repliez sous vos vêtemens les lauriers qui vous couvrent; allez les déposer, auprès de vos armes, dans le lieu le plus paisible de vos foyers. Que Rome antique reparaisse! que chacun de vous, nouveau Cincinnatus, honore son repos. Soldats français, vous avez défendu les champs de la patrie; soldats laboureurs, allez les cultiver.

Il dit : et le lion se calme; et les vainqueurs d'Iéna, de Marengo, reprennent en silence la route des chaumières.

Quel succès, Messieurs! jamais victoire ne fut plus belle. Pour la tenter, il fallait pouvoir présenter une vie entière d'honneur et de bravoure. Pour réussir, il fallait cet ascendant irrésistible que donnent la sagesse et la bonté.

Messieurs, dans le siècle où nous sommes, la grande élévation de l'âme atteste toujours l'étendue de l'esprit, et une instruction éminente. Le nouvel auditeur, devant qui j'ai l'honneur de parler, confirme cette vérité. C'est pour cela que je n'ai pas été seulement pressé de satisfaire mes sentimens de très haute estime; j'ai désiré encore frapper la raison de l'homme que, d'accord avec toute l'Europe, vous estimez si profondément.

Je vais maintenant, Messieurs, répondre à une Lettre que j'avais déjà reçue avant la séance précédente, et que je n'ai pu discuter pendant cette séance même, le temps m'ayant manqué.

Voici d'abord cette Lettre, que je puis lire en entier.

« Monsieur,

» A l'appui de vos propositions vous avez appelé l'autorité de Herschell; elle est d'un grand poids; mais faut-il s'y soumettre sans condition? Je ne le pense pas. Des Étoiles si reculées que la lumière qu'elles nous envoient ne nous frappe qu'au bout de deux millions d'années ne se trouvent peut-être que dans les lunettes de cet Astronome. Qui me répond que ce grand observateur se tient toujours en garde contre son imagination, ou que, par affection paternelle, il ne se fie pas trop au témoignage de ses télescopes ?

» Mais ne le chicanons pas sur quelques-unes de ses découvertes; en les admettant, ainsi que la justesse de ses calculs, vous conviendrez du moins, Monsieur, que nos nouvelles des étoiles en question ne sont jamais de fraîche date, quand elles arrivent. Que de choses ont dû changer depuis le départ de la messagère, si agile d'ailleurs ! La meilleure partie de ce que nous voyons, ou croyons voir, est du passé ! Le firmament, objet de notre admiration, ne sera donc plus, pour nous, qu'une fable, ou, tout au plus, de la vieille chronique ! Il n'y a plus moyen de constater l'état actuel du ciel ! et l'Astronomie, dès qu'elle franchit les orbites de notre système solaire, devient de l'histoire, de la poésie, et ne vaut pas mieux que la Géogonie, ou la Mythologie des Brahmes !

» Vos recherches, Monsieur, nous ouvrent un champ tout autrement vaste que le monde visible ; j'aime votre Expansion ; les agens impondérables, que nous reconnaissons en Physique, plaident en sa faveur ; ces agens paraissent se mouvoir par leur propre énergie, et d'après d'autres lois que celles de la gravitation. Voilà une excellente base, qui manquait aux tourbillons de Descartes, que l'on vous accuserait à tort de rajeunir. Opérant en sens inverse de la pesanteur, l'Expansion produit néanmoins les mêmes effets, tandis qu'elle dispense les mondes de ce moteur externe qui, selon Newton, leur a imprimé la tendance de s'échapper par la tangente.

» Votre hypothèse, si vous réussissez à l'établir, aura le mérite de la plus haute simplicité. Vous nous offrez déjà des développemens très ingénieux. Je crains cependant que vous ne parveniez pas à expliquer, avec l'Expansion seule, tous les phénomènes que votre sujet embrasse.

» Vous créez une matière stellaire, fluide nerveux de l'Univers, dont la réalité ne m'est pas plus démontrée que celle de l'Éther, sur lequel Euler a écrit de si belles pages à Catherine. Votre matière stellaire pénètre dans notre globe jusqu'à une certaine profondeur; le reste tient donc ensemble par une autre force. Vous me semblez, je vous en demande pardon, Monsieur, avoir quelque tort de ne tenir aucun compte de l'attraction. Dans votre hypothèse toute l'action se passe sur les frontières de vos États; vous avez des relations extérieures, et point de Gouvernement interne.

» Mais une puissance, ou, pour parler plus généralement, une existence quelconque, commence par se constituer; elle rassemble ses moyens avant de les déployer; sa plus grande énergie est au centre; c'est du centre que part le mouvement. Ensuite, au besoin de se répandre succède celui de se ramasser; l'électricité et la chaleur ne sont pas toujours en expansion.

» L'activité ou la vie d'un Être ne consisterait-elle pas dans le mouvement de ses parties ou de ses dépendances, autour d'un point d'oscillation qui les maîtrise plus ou moins, à qui elles échappent, et sur lequel elles se replient alternativement? Le dualisme de hausse et de baisse, de dilatation et de condensation, me paraît l'instinct de toutes les existences, quel que soit l'ordre auquel elles appartiennent.

» Monsieur, si vous avez la condescendance de me lire jusqu'au bout, je vous prie d'épargner ma Lettre à votre auditoire. Vos discours sont préférables à tout ce que l'on peut vous écrire; et lors même que l'on n'y puise pas une conviction entière, ils captivent par la sagacité et l'aménité qui y respirent. »

Réponse.

Messieurs, vous m'approuvez, je n'en doute pas, de n'avoir point déféré à la modeste invitation de l'auteur de cette lettre. Vous l'avez écoutée avec un grand intérêt. Celui de vous qui a bien voulu me l'adresser est, non-seulement, un homme de beaucoup d'esprit, mais un homme très éclairé et très réfléchi; il m'écrivait ce que vous venez d'entendre, avant ma dernière séance ; ses deux dernières pages se rapportent à des questions que je n'avais pas encore traitées ; questions d'une haute importance, et qui semblaient faire disparate avec ma pensée principale. En homme judicieux, il était frappé de la difficulté que je trouverais à les résoudre.

Je vais lui rappeler les solutions que j'ai données, et les appuyer sur de nouvelles considérations.

Et d'abord, Monsieur, il n'y a dans l'espace, dans ces immenses intervalles qui séparent les globes entre eux, il n'y a, ni un Éther, ni une matière spécialement stellaire, il y a, comme je viens de l'établir tout à l'heure, la matière élémentaire, se croisant en tout sens, distribuée avec uniformité, et provenant de l'émanation expansive de tous les globes ; émanation expansive formée elle-même de la substance de tous les corps dont ces globes sont composés. Je vous ai cité plusieurs expériences qui démontrent l'identité universelle de la matière ; j'ai insisté sur le Fait le plus étendu et le plus frappant : Tout corps de nature quelconque est actuellement en émission électrique ; cette émission procède de la dissolution tacite et soutenue de sa substance intime ; or, les corps composés, d'un ordre quelconque, se donnent une atmosphère électrique exactement de la même nature. L'électricité du verre, celle du bois, celle d'un métal, celle d'un rocher, celle d'un oiseau, celle d'un homme, sont d'une identité absolue ; c'est ce qui est démontré par l'accord de toutes les expériences; les parties intimes de tous les corps sont donc revêtues d'identité; leurs différences caractéristiques résultent uniquement du mode particulier selon lequel leurs élémens, toujours égaux, se sont agrégés; c'est ce que nous développerons dans la suite.

En second lieu, me dites-vous avec beaucoup d'esprit, « dans mon hypothèse, l'action se passe sur les frontières de mes États; j'ai des relations extérieures, je n'ai point de Gouvernement interne. »

Mais, au contraire, dans l'Univers constitué selon mon. hypothèse, comme dans un Empire bien organisé, tout émane de la Puissance interne; les relations extérieures n'ont pour agens que des émissaires envoyés par l'Expansion centrale, ayant reçu d'elle seule leurs pouvoirs et leur direction. Je vais employer vos paroles; elles peignent très bien le Fait fondamental. L'Expansion rassemble ses moyens avant de les déployer; sa plus grande énergie est au centre de chaque globe, parce que là ne peuvent pénétrer les agens de la répression extérieure ; ou du moins ceux qui y pénètrent ont rencontré tant d'obstacles, ils ont éprouvé tant de froissemens, que leur force est épuisée ; ils ont consommé leur direction primitive ; ils n'en peuvent plus recevoir une nouvelle que de l'Expansion centrale du globe dans le sein duquel ils sont venus expirer. C'est donc, comme vous le dites, de ce centre que part le nouveau mouvement ; et celui-ci est d'abord d'une énergie outrée ; mais il s'affaiblit à mesure qu'il approche de la surface, parce que la résistance des agens extérieurs augmente dans le même rapport.

Et qu'arrive-t-il lorsque, par le secours de circonstances locales, la résistance se permet de prendre un caractère trop opiniâtre, lorsqu'elle s'oppose au passage soutenu de l'émission intérieure, lorsqu'elle redouble les obstacles? alors l'Expansion accumule, sous l'obstacle même, ses agens et sa force ; le moment arrive où elle fracasse la résistance ; un Volcan est ouvert ; chaque Volcan est une sorte d'émonctoire expansif destiné à l'entretien de l'Équilibre.

« La vie d'un Être, demandez-vous, ne consisterait-elle pas dans le mouvement de ses parties, ou de ses dépendances, autour d'un point d'oscillation, qui les maîtrise plus ou moins, à qui elles échappent, et sur lequel elles se replient alternativement ? »

Oui, Monsieur, c'est très exactement en cela que consiste la vie d'un Être quelconque; et il n'est qu'un homme profondément attentif, et sachant très bien généraliser les grands phénomènes, qui ait pu dire : « Le dualisme de hausse et de baisse, de dilatation et de condensation, paraît être l'instinct de toutes les existences. »

Mais, Monsieur, à cette faculté de généraliser les Phénomènes joignons l'emploi d'une logique saine, c'est-à-dire simple.

Qu'il y ait un point principal d'oscillation au sein de chaque Être, c'est ce que tous les Êtres démontrent; mais que les deux phases de l'oscillation, que la hausse et la baisse, que la dilatation et la condensation, partent du même foyer, c'est impossible. Lorsque vous faites jouer une pompe à la fois aspirante et foulante, c'est d'abord la pompe qui aspire; voilà le mouvement de hausse; mais c'est vous qui, par un mouvemeut de pression en sens contraire, par un mouvement de baisse, déterminez l'évacuation du liquide qui vient d'être aspiré.

Il est de toute évidence que, pour produire alternativement deux effets dont la direction est opposée, il faut l'action alternative de deux forces dirigées en sens contraire; et c'est précisément ce que je vous montre dans l'Univers. Expansion propre à chaque corps; c'est sa dilatation toujours effectuée ou sollicitée : répression appliquée sur la surface de chaque corps; c'est sa concentration toujours effectuée ou sollicitée. Mais cette répression appliquée sur la surface de chaque corps, d'où émane-t-elle? De l'Expansion effectuée par tous les corps qui l'environnent. C'est ainsi que, dans ce mécanisme admirable par sa simplicité, dans le mécanisme universel, les deux forces opposées n'ont jamais qu'une origine : pour constituer chaque Être indépendant en état de sistole et de diastole, en état de vibration vitale, il ne faut qu'une action universelle : l'Expansion.

Tout foyer d'expansion ardente, qui se trouve subitement enveloppé, passe aussitôt à cet état que je viens de désigner sous le titre de vibration vitale. La raison en est qu'au premier instant de surprise, il a cédé à la répression qui le coerçait; il s'est replié sur son centre; mais comme l'Expansion est, en lui, une force essentielle, elle a réagi, au second instant, contre la répression environnante; elle l'a refoulée sur elle-même; et comme cette répression environnante n'est autre chose que l'Expansion des corps environnans, celle-ci, à son tour, a réagi contre la réaction, elle l'a refoulée, pour en éprouver de nouveau le refoulement, et, ainsi de suite, sans autre terme possible que la rupture de ce corps.

A ma dernière séance, je vous ai cité une expérience qui vous faisait assister à la naissance de cet état vibratoire; et je vous ai annoncé que la connaissance de cet état serait, pour nous, la clef principale de la Physique et de la Physiologie. Je ne résiste pas au besoin de vous indiquer, par anticipation, l'un des Faits les plus marquans, un Fait que je nommerais *étincelant*, si, dans un sujet comme le mien, je ne devais éviter ce qui ressemblerait à la recherche de mots pittoresques.

Le grand Newton a démontré que chaque globule de lumière du soleil passe alternativement, et avec continuité, par deux états opposés. Pendant l'un de ces états, il se réfléchit *aisément* sur la surface des corps, et se transmet *difficilement* à travers leur substance; au contraire, pendant le second de ces deux états, il se réfléchit *difficilement*, et se transmet *aisément*. Ainsi que nous le verrons en expliquant les phénomènes de l'Optique, cette belle découverte coïncide avec tous les autres faits pour attester que chaque globule de lumière est, constamment, depuis son départ du soleil, en état de vibration vitale.

Maintenant, veuillez bien vous rappeler ce que nous avons dit précédemment; chaque globule de lumière du soleil figure exactement l'Astre qui nous l'adresse; chaque globule de lumière est un petit soleil ambulant.

Eh quoi! direz-vous, le Soleil aussi serait-il constamment dans l'état de vibration vitale? serait-il constamment soumis à l'alternative de contraction et de dilatation? Oui, Messieurs, un Fait de notoriété vulgaire le prouve jusqu'à l'évidence. Regardez les étoiles; toutes scintillent: regardez les planètes; elles ne scintillent pas; et ce n'est point, comme quelques Physiciens le disent, la vacillation de l'air atmosphérique qui occasionne la scintillation des étoiles; pourquoi l'effet de cette vacillation de l'air ne s'étendrait-il point sur les planètes? On répond que toutes les planètes, comparées aux étoiles, ont, pour nous, un diamètre sensible; que les étoiles les plus éclatantes ne sont jamais, pour nous, que des points brillans. Mais, à la vue simple, presque toutes les planètes sont, au contraire, plus petites que les Étoiles éclatantes; et c'est à la vue simple que toutes les étoiles ont une scintillation marquée, tandis que, dans un état quelconque de l'atmosphère, l'aspect des planètes est toujours tranquille.

D'ailleurs, si l'abondance des vapeurs pouvait produire la scintillation des Étoiles, un effet plus facile encore, la réfraction de la lumière du soleil, ne pourrait manquer aussi d'en résulter; cependant l'abondance des vapeurs est, à cet égard, sans influence.

D'ailleurs encore, sur les hautes montagnes, où l'air est presque toujours d'une si grande sècheresse, la scintillation des étoiles est aussi apparente qu'à la surface des plaines; c'est ce que je tiens de plusieurs observateurs qui se sont trouvés de nuit sur le Pic du Midi.

Voici donc la raison du phénomène. Alternativement chaque Étoile se dilate, se contracte, et cela depuis son centre jusqu'à sa surface. Pendant son mouvement de dilatation, elle laisse échapper sa lumière avec plus d'abondance; elle en retient, au contraire, une partie pendant son mouvement de contraction. Cette alternative rapide et interminable, donne nécessairement à sa lumière le tremblement vibratoire ou la scintillation.

Les Planètes sont dans un état absolument semblable; comme les étoiles, chaque Planète n'est qu'un foyer d'expansion ardente, coercé et rendu sphérique par la répression environnante; ainsi, elles vibrent comme les étoiles. Mais, nous l'avons dit, elles ne lancent, à travers leurs enveloppes, qu'une lumière atténuée, une lumière invisible pour les yeux de l'homme; nous ne pouvons apercevoir la scintillation de ce calorique subtil, de cette électricité planétaire, puisque nous ne pouvons même voir ce calorique, cette électricité. La lumière réfléchie que chaque Planète nous adresse n'a fait que toucher sa surface, et en rejaillir; elle n'a pu participer à la succession alternative des deux états de la planète. Un miroir ne scintille pas.

Vous le voyez, Monsieur, puisque les étoiles même et les planètes sont toujours, comme le cœur de l'homme, en alternative de contraction et de dilatation, l'état de vibration vitale est l'état essentiel de tout foyer d'expansion circonscrit par des enveloppes; et ce n'est pas sans une raison profonde que vous avez fait, de ce dualisme de mouvemens opposés, l'instinct de toutes les existences. Nous retrouverons l'état constant de vibration vitale, et dans chaque corps élastique, et dans chaque plante, et dans chaque animal, et dans chaque homme, et dans chaque peuple. Nous verrons que, dans la nature, tout vibre, mais en discord ou en harmonie.

Revenons maintenant vers les premières pages de votre lettre; elles nous fourniront des réflexions également dignes d'intérêt.

Vous m'avez un peu renvoyé à la Mythologie des Indiens; je n'accepte point le rapprochement.

Rien de moins digne d'être adopté par un homme éclairé, et par un homme judicieux, que la Géogonie des Brahmes. La terre est un globe de formation récente; les grands monumens de sa surface, les montagnes de première origine, les Alpes, les Pyrénées, les Cordillières, déposent contre la croyance d'une antiquité très reculée; nous discuterons cet important témoignage.

Mais l'antiquité de l'Univers!.... si nous ne pouvons dire, l'Éternité de l'Univers; si de puissantes considérations nous en détournent, les mêmes considérations nous autorisent du moins à faire, de cette antiquité de l'Univers, une somme de temps très considérable.

Il nous est impossible même de ne pas porter cette antiquité indéfiniment en arrière du temps actuel, puisqu'il nous est impossible de ne pas reconnaître que l'Univers est infini; à quelle époque, en effet, et par quel point, a pu commencer la création, ou formation, d'un ouvrage qui occupe nécessairement l'infini de l'espace?

Laissons de telles questions, puisque, dès nos premiers pas sur la route qui semble devoir nous conduire à les résoudre, nous ne voyons plus que nuages ou abîmes; bornons-nous à affirmer ce Fait, accablant, incompréhensible, mais certain : il n'y a point de dernières Étoiles; il n'y a point de limite au nombre des Étoiles; les Étoiles sont en nombre infini.

Ne donnez donc point, Monsieur, à l'imagination de l'illustre Herschell, la faculté de créer des Étoiles; qu'est-ce que son Télescope, si puissant, si merveilleux? un moyen d'alonger très faiblement la très petite portée de ses regards. Avant la découverte de cet instrument, l'homme distinguait, à la vue simple, les dix ou douze premiers rangs des barrières qui environnent l'atome globuleux sur lequel il fait sa demeure; c'était seulement quelques millions de milliards de lieues qu'il avait la faculté de parcourir. Maintenant, il aperçoit le quarantième rang de barrières, le cinquantième peut-être, le centième peut-être! ah, que c'est peu de chose! cent barrières au-devant de l'infini! C'est une ceinture si mince!

Mais, Monsieur, notre Être a, pour chacun de nous, une importance si juste, si naturelle; que nous en faisons le point de départ de toutes nos idées relatives, le terme de toutes nos comparaisons Permettez-moi une expression populaire; nous mesurons tout à notre petite taille; la fable de Gulliver est notre histoire.

Pour la même raison, et par un penchant plus naturel encore, nous mesurons le temps à la durée de notre vie; deux millions d'années! oh, que c'est long pour nous qui ne vivrons pas cent ans!

Mais la Nature a-t-elle un âge? puisque, dans son sein, tout ne cesse de finir et de recommencer, pour finir et recommencer encore, quelle différence y a-t-il, pour elle, entre des millions d'années et quelques instans?

Oui, Monsieur, nous recevons sans cesse, de la sphère étoilée, des Messagers lumineux, qui sont partis un grand nombre de millions d'années avant que la Terre même reçût l'existence. Ce n'est pas seulement sur les observations et les calculs d'Herschell que j'ai établi cette pensée: c'est sur le raisonnement général duquel j'ai fait découler la démonstration du Principe universel. Je vous ai dit, je vous ai prouvé, que tous les effets de pesanteur, à la surface de la Terre, attestaient l'incidence convergente de torrens continus de matière élémentaire, lancée par des Étoiles incomparablement plus éloignées que celles qui peuvent encore nous être montrées par les plus forts télescopes.

Ainsi, au moment où je parle, ce corps que je ne retiens plus, cette boule d'ivoire, que je n'empêche plus de tomber sous vos yeux, ne fait que céder à l'impulsion d'une substance atténuée au degré absolu, et qui, avant de rencontrer ce corps, voyageait, dans l'espace, depuis un grand nombre de millions de siècles.

Il est sans doute possible que quelques-unes, au moins, des Étoiles d'où cette substance est provenue, n'existent plus; cela même est vraisemblable. Qu'importe? la projection qu'elles avaient faite pouvait-elle être arrêtée; la matière projetée ne devait-elle pas, et suivre sa marche en ligne droite, et produire ses effets d'impulsion ou de communication de mouvement, aussitôt qu'elle rencontrerait un obstacle à la liberté de son cours?

Mais, dites-vous, avec cette immensité d'intervalle entre le départ des courriers célestes et leur arrivée, il n'y a plus rien de constaté, pour nous, dans l'état du ciel; « ce que nous croyons voir comme présent n'est jamais que du passé. »

Monsieur, sur la surface de la terre, il en est absolument de même pour tous les Faits dont nous ne sommes pas témoins. Lorsque l'on nous raconte ce qui est arrivé en notre absence, ce n'est jamais que du passé que nous apprenons; et, depuis que ce passé s'est effectué, que de choses peuvent être changées!

Lorsque, par exemple, le courrier de Paris arrive à Bayonne ou à Marseille, il apporte des Faits qui ont déjà huit jours de date; tout ce qu'il affirme sur les mouvemens politiques, sur les ambitions couronnées, sur les ambitions déçues, sur tout ce qu'il a appris d'authentique, était plein de réalité au moment de son départ; voilà tout ce qu'il peut en dire; et, en l'écoutant, ou en lisant les journaux qu'il apporte, les habitans de Marseille disent bien quelquefois : Dans tout cela, il n'y a peut-être plus rien de vrai; mais, comme ils ne peuvent rien savoir de plus récent, ils sont tout aussi avides de ce passé de huit jours, que nous, à Paris, nous sommes avides des nouvelles de la journée.

Répétons maintenant que, pour l'Univers, huit jours, huit minutes, huit secondes, ou bien huit siècles, huit millions de siècles, c'est absolument la même chose. Ni le temps, ni l'espace, ne sont des Êtres; par eux-mêmes ils n'ont point de quantité, puisqu'ils n'ont pas même d'existence. Il suit de là que toute action qui n'est pas arrêtée, qui ne rencontre point d'obstacles, qui, pour cette raison, reste toujours égale à elle-même, ne tient aucun compte, ni de l'espace qu'elle parcourt, ni du temps qu'elle met à le parcourir. Au moment où elle rencontre l'obstacle qui la termine, ou qui la modifie, il est de toute indifférence qu'elle émane de corps placés à des milliards de lieues, ou à une ligne de distance; il est de toute indifférence qu'elle s'effectue depuis des milliards de siècles, ou seulement depuis quelques instans.

Monsieur, nous faisons ici un cours de Philosophie; c'est-à-dire que, par nos réflexions, nous franchissons l'enceinte de notre existence individuelle; hélas! nos besoins, nos souffrances, nos désirs, nous ramènent assez dans cette enceinte obscure; je suis homme terrestre comme vous, Monsieur, et je n'en ai point de honte; mais quelquefois, par ma pensée, je m'élance dans la sphère universelle, j'en étudie les Êtres et les rapports; je vous les montre; nous les concevons ensemble, nous les admirons ensemble; ensuite nous redescendons.

Ne redescendons pas encore; c'est votre inclination même qui me servira à vous retenir dans la sphère céleste; vous la trouvez si magnifique que vous paraissez affligé d'avoir appris que la disposition de ses parties n'était pas immuable vous aimeriez à croire, lorsque vous regardez ce Ciel si beau, si brillant, qu'il est, en réalité, dans l'état où il vous est montré par la lumière qu'il vous adresse.

Eh bien, Monsieur, votre vœu est rempli à très peu de chose près. Il n'en est pas des corps célestes entre eux comme des hommes entassés, par la civilisation, dans nos grandes villes. Ici l'action de chaque individu est, à la fois, très vive et très gênée; ses besoins sont nombreux, variés, multipliés; et chacun des individus qui l'environnent lui dispute les moyens, non-seulement de jouissance, mais encore d'existence.

Au contraire, chaque corps céleste est isolé au sein d'un grand espace; ses mouvemens sont libres; de plus, son mode d'existence est très simple, et son caractère fort peu exigeant. Projeter, autour de lui, sa substance, et recevoir en échange, des corps environnans, la même quantité de substance, voilà tous ses rapports avec les corps environnans.

Il suit de là que les perturbations mutuelles entre les corps célestes, voisins les uns des autres, sont infiniment rares, comparées à celles qui, dans nos sociétés humaines, brouillent et changent si fréquemment nos destinées. Généralement (et retenez ce principe; il jettera, dans la suite, une grande clarté sur les questions de politique et de morale) généralement, la stabilité d'un mode quelconque d'existence est en raison inverse de la multiplicité de ses rapports; c'est-à-dire que l'existence la plus compliquée, la plus riche en rapports, est la plus agitée, la plus instable; au contraire, le mode d'existence le plus simple est celui qui, pendant sa durée, éprouve le moins de vicissitudes. Ce Théorème général n'est qu'une traduction de la Loi universelle des *Compensations*.

Le mode d'existence de chaque corps céleste est stable sans être éternel. Depuis les observations d'Hipparque, depuis quatre mille ans, combien le Ciel visible pour l'homme a-t-il perdu d'étoiles? cinq ou six tout au plus. Et quels changemens se sont opérés dans les dessins des Constellations, dans les distances respectives des Étoiles? aucun changement sensible. Quatre mille ans, sans doute, ne sont qu'un point dans la durée éternelle; mais, relativement à nous, c'est une période assez longue pour que, établissant, d'après elle, la progression des changemens, nous ayons le droit de penser que, même pendant cet intervalle de deux millions d'années qui vous a épouvanté, il ne s'est pas fait, dans le Ciel visible pour l'homme, des mutations considérables.

Ainsi, Monsieur, rentrez en paix avec les Messagers célestes; malgré la longueur de leur voyage, les nouvelles qu'ils vous donnent sont à peu près de l'Histoire actuelle, et non de la chronique surannée; continuez de regarder le Ciel avec confiance; ce que vous en raconte la Lumière, est encore, à peu de chose près, de la réalité.

Passons à la suite de votre lettre. Vous me parlez de mon hypothèse en homme qui a parfaitement la faculté de l'entendre, et le droit de la juger. Je n'en veux que ce mot pour témoignage : « si je réussis à l'établir, dites-vous, elle aura le mérite de la plus haute simplicité. »

Monsieur, c'est un certificat de Vérité que vous lui donnez ; c'est une attestation d'évidence. En fait d'hypothèse, ou de conception universelle, il est de toute certitude que la plus haute simplicité est le caractère exclusif de la Vérité absolue; c'est ce que j'ai démontré à ma séance précédente, et c'est ce qui est tellement de sentiment intime, pour l'esprit humain, que j'aurais pu me dispenser de le démontrer, surtout parlant à des Français; car, parmi nos voisins, il est un peuple, d'ailleurs très éclairé, très estimable, peuple studieux, sensible, mais un peu romantique, qui, en fait de conceptions littéraires, aime assez le désordre, et en fait de conceptions philosophiques, se plaît encore dans la haute obscurité.

Ne troublons les jouissances de personne; je respecte celles des Allemands; mais nous sommes Français, on ne nous conduira pas à les partager; l'esprit du Français veut de l'ordre dans ses idées; et, pour lui, l'enseigne de l'ordre, c'est l'unité, c'est la simplicité. Plus une œuvre est composée, vaste, étendue, plus nous exigeons d'unité dans le plan, et d'harmonie dans les détails, parce que, tandis que, par son étendue même, elle nous intéresse davantage, nous voulons, malgré son étendue, l'embrasser aisément tout entière; si elle n'est pas simple de conception, et bien ordonnée d'exécution, elle nous rebute par la peine que nous prenons à la saisir. Tel est notre caractère; nous voulons du plaisir sans fatigue, parce que la vivacité de notre âme nous rend toujours prêts à le goûter; nous n'avons pas besoin de nous préparer, de nous exciter, de nous mettre en haleine. Nos voisins, au contraire, connaissent peu l'empressement, et ses rapides exigences; ils semblent avoir besoin de passer par l'effort pour arriver au plaisir: aussi, quand ils le tiennent, ou plutôt quand ils lui appartiennent, ils nous dépassent en exaltation et en persévérance.

Mais quels sont les hommes les plus accessibles aux grandes erreurs ? ce sont nécessairement les hommes capables d'une exaltation opiniâtre en faveur de conceptions obscures. Cette faculté d'erreurs très étendues et très soutenues est aussi ce qui distingue les peuples que je désigne ; il n'est pas de fantôme qu'on ne puisse leur faire embrasser, pour peu que l'on sache l'envelopper de nuages et de prestiges : au contraire, il n'existe plus de moyens de nous tromper ; avides du vrai en toutes choses, et prompts à le discerner, nous sommes également prompts à discerner l'erreur et à la rejeter.

S'il est donc, dans mon auditoire, quelque partisan littéraire et philosophique de la nation allemande, j'espère qu'il ne s'offensera point de mes rapprochemens ; je n'établis ici ni supériorité ni infériorité ; je ne signale qu'une différence ; on sait d'ailleurs qu'à mes yeux, tout se compense dans le caractère des peuples, comme dans celui des individus. Nous sommes légers d'attention, mais judicieux de pensée ; nous voulons partout de la raison et de la grâce ; notre type national, c'est Voltaire. Le Peuple allemand est grave, opiniâtre ; ses goûts sont en profondeur, les nôtres en surface ; ce n'est pas notre faute, si la Lumière aussi se répand avec facilité sur les surfaces, et se perd dans les profondeurs.

. . . . . Vous applaudissez l'allégorie, Messieurs ; c'est qu'elle a de la justesse ; en effet, tous les rapports des Êtres, et ces rapports sont le principal objet de notre étude, tous les rapports des Êtres, tous les Faits importans et généraux, sont, pour ainsi dire, à la surface du sol qu'il nous est donné de parcourir ; c'est pour cela qu'ils sont éclairés, et qu'à leur tour ils nous éclairent. Creuser au-dessous de ce qui se montre, chercher du moins, au-dessous de ce qui se montre, des choses différentes des choses visibles, c'est éteindre tout flambeau, et se perdre dans les ténèbres ; se persuader d'avance que l'investigation des choses cachées ne peut être que laborieuse, et conduire à des résultats imprévus, c'est se prévenir contre les idées claires ; c'est constituer soi-même un labyrinthe, là où la Nature n'aurait placé que des sentiers d'une sinuosité légère, d'une sinuosité suffisante pour soutenir notre curiosité, sans égarer nos pas.

Vous me direz peut-être que, pendant mes six premières séances, je n'ai fait, devant vous, que des raisonnemens approfondis, et dont la gravité était nécessaire. Oui, elle était nécessaire ; mais d'où provenait la nécessité de ces premiers efforts? Du besoin d'élaguer, de dissiper des idées mystérieuses, illusoires, placées, par la prévention humaine, au-devant de la réalité.

Supposez que le dogme de l'attraction n'ait jamais été imaginé, supposez que, sans travail de réflexion, et par la seule habitude ou expérience de toute votre vie, vous ne conceviez d'autre force motrice dans l'Univers, d'autre Cause de mouvement, que l'impulsion; dès lors voyez comme ma route est aplanie! Je n'ai point à déraciner une erreur capitale; j'entre directement en matière, et j'y entre par la porte que vous m'ouvrez vous-même, par la voie que vous suivez vous-même, par l'expérience simple et commune, par le bon sens simple et vulgaire; je n'ai plus besoin de vous inviter fortement à méditer, à réfléchir; je me borne à vous dire : Regardez et concluez.

Oui, Messieurs, regardez près de vous, et choisissez pour objet de vos regards les Faits les plus simples, les plus faciles à décrire, ceux qui fondent en vous les idées les plus claires, ceux que vous retrouvez, dans l'esprit de tous vos semblables, comme motifs de leurs déterminations constantes, comme bases de ces raisonnemens communs, généraux, vulgaires, qui, chez tous les peuples civilisés, font habituellement la raison humaine, et les liens des hommes; portez ensuite, dans toutes vos études, ces idées les plus claires, les plus simples; appliquez-les, de proche en proche, et d'après les indications successives de l'analogie, à tous les objets plus ou moins enveloppés, plus ou moins éloignés; par un tel secours, et à l'aide d'un tel guide, vous arriverez sans effort à dévoiler tout ce qui s'enveloppe, à placer sous vos regards tout ce dont il semblait que des distances immenses devaient vous tenir à jamais séparés.

Messieurs, ce que je vous invite à faire, c'est ce que nous allons faire ensemble, c'est ce que j'ai déjà fait. Je n'ai rien découvert que l'ordre général des Faits connus et constatés; je n'ai rien inventé; j'ai, au contraire, dès le début de mes travaux, employé mon temps et ma peine à extirper, de ma pensée, toute invention de Cause, de Théorie, non indiquée, non avouée par le bon sens et la simplicité. Cette démolition opérée, j'ai fait à mon intelligence l'injonction la plus impérieuse; je lui ai dit : Cherche le plus simple, et toujours le plus simple; dans toutes les questions confuses, attache-toi à démêler le point de solution qui présente le plus de simplicité. Cette habitude sera le plus sûr de tous les guides, sera même le seul guide que tu puisses suivre avec sûreté.

Je l'ai suivi ce guide unique; pour récompense de ma docilité, je suis parvenu à tout expliquer par un Fait, par conséquent à tout exprimer par un mot; car le langage de l'homme est toujours vrai, en ce sens qu'il est toujours l'expression exacte de ses idées actuelles.

Messieurs, j'ai l'honneur de vous le dire encore : nous ne sommes réunis que pour savoir si j'ai réellement fait ce qu'il fallait faire. C'est à vous que j'en appellerai. Si mon Principe est posé, si, dans votre esprit, l'œuvre préliminaire est faite, si vous ne croyez plus à l'attraction, ni à des agens occultes; si vous croyez uniquement à l'Expansion, et parce que vous la sentez, et parce que vous la voyez, et parce qu'il faut bien commencer par un Fait universel, par un Fait-Principe, qui n'ait lui-même d'autre commencement, d'autre Cause immédiate, que la Volonté suprême, si je vous ai amenés à cette situation d'esprit, marchons, Messieurs; nous n'aurons plus ni travail ni efforts; nous traduirons tous les Faits secondaires dans le langage le plus simple, dans le langage du Principe, dans le langage de la Vérité; notre attention, notre sagacité, n'auront qu'un exercice, ce sera de démêler la gradation des Êtres, et de constater leurs rapports.

Ici, les tâtonnemens seront quelquefois inévitables; malgré les progrès immenses des sciences d'observation, il y a encore quelques points nébuleux dans la contexture et le mode d'existence de certains Êtres; mais ces points sont rares, et ils ont beaucoup moins d'importance que ceux dont l'exploration a été faite au degré le plus exact. Ainsi, notre marche ne sera point arrêtée; en passant auprès de ces circonstances accessoires non encore éclaircies, nous dirons avec certitude: le Principe universel produit ces circonstances; mais nous ne savons pas encore exactement par quels moyens il les produit, ni, à son tour, l'usage qu'il en tire; c'est une recherche à demander aux observateurs.

Où sommes-nous, Messieurs? où me suis-je laissé conduire? Je répondais à un de mes auditeurs; et j'ai parlé à tous! Mais, Messieurs, ne sommes-nous pas ici en famille? notre langage, notre commerce, ne doivent-ils pas, selon l'expression si heureuse du Journal de Paris, être imprégnés d'abandon et de franchise? La Lettre que je viens de vous lire n'en a-t-elle pas l'aimable caractère? et lorsque j'inspire un ton de confiance si conforme à mes vœux, ne suis-je pas autorisé à le prendre à mon tour?

Oui, Messieurs, causons ensemble; que telle soit la forme de ce Cours. Écrivez-moi, parlez-moi; nulle question ne me sera importune, nulle interruption ne sera traitée d'indiscrète; pénétré d'un respect éclairé, d'un respect de raisonnement et de Philosophie, pour toutes les opinions salutaires, il ne jaillira jamais de mes réponses, ou de mes discussions, que des sentimens conciliateurs. Toutes les Vérités que j'ai apprises, je les mettrai sur ma main, et je tiendrai ma main toujours ouverte; celles qui voudront tomber avant leur tour, je n'aurai pas la sévérité de les retenir. Et croyez-vous que Fontenelle aujourd'hui m'accuserait d'imprudence? Pensez-vous que, par ma véracité sans défiance, je puisse compromettre, ni ma tranquillité, ni la tranquillité de personne? Les temps sont-ils les mêmes? Lorsque toutes les erreurs sont finies, quel serait l'homme turbulent et agité, si ce n'est celui qui mettrait un zèle violent à relever une erreur? et quel serait l'homme social et pacifique, si ce n'est celui qui montrerait la Vérité?

Messieurs, j'ai eu déjà l'honneur de vous le

dire, la gloire de consommer la grande Révolution des idées est réservée à la France, et plus spécialement, à nous, Messieurs : ici, en ce moment, dans cette enceinte, se détermine un mouvement de pensée qui ne sera plus arrêté ; ici, l'esprit humain va connaître, pour la première fois, l'ensemble des choses, et l'ordre admirable qui les régit ; il va se placer, par cette connaissance, à l'ouverture de la grande période, de la période philosophique ; période qui se distinguera de la précédente par l'accord des opinions. On ne disputera plus, puisque tout sera démontré ; on se soumettra paisiblement à ce qui doit être, parce qu'on l'approuvera ; on sera sage par instruction et par résignation, ce qui, pour l'homme, est le seul moyen d'être sage avec permanence.

Maintenant, Messieurs, permettez-moi de m'adresser de nouveau, d'une manière spéciale, à celui de vous qui, par l'excellente Lettre dont je vous ai donné connaissance, m'a entraîné à cette digression.

Une nouvelle Lettre que je reçois de vous aujourd'hui, Monsieur, est également pleine de considérations fortes, et exprimées de la manière la plus convenable à leur importance. Si je consulte, non-seulement mon inclination, mais les désirs de tous mes auditeurs, je ne garderai pas pour moi seul des choses si dignes d'être généralement connues; je vous sollicite donc, Monsieur, de ne pas nous imposer un pénible sacrifice; il me semble que vous n'en avez pas de suffisans motifs. Votre nom m'est inconnu, ainsi que votre personne; notre correspondance a tous les caractères d'une parfaite liberté; nous discutons ensemble, et par un mode de communication mutuelle, qui nous affranchit de tout autre intérêt que celui de la Vérité. Vous trouvez en moi un homme qui appelle franchement la résistance, parce qu'il croit avoir prévu toute celle qui peut lui être opposée, et qu'il a d'avance préparé ses réponses. Je trouve en vous un homme dont la résistance est singulièrement honorable, parce que, fondée sur la réflexion et le savoir, elle s'exprime avec grâce, et atteste, dans le caractère, une parfaite loyauté. Ce qui vous arrête est précisément ce qui, au début de ma route, m'a long-temps arrêté. L'inquiétude de votre raison me retrace celle qui m'a long-temps agité. D'après cela, puis-je accueillir vos Lettres autrement qu'avec un sentiment profond d'intérêt et de déférence? Gardez l'anonyme, Monsieur; ne vous faites connaître ni de moi ni d'aucun de mes auditeurs ; mais je vous le demande avec instance, non-seulement confiez-moi les observations, ou objections, dont mes pensées vous paraîtront susceptibles, mais permettez-moi de les confier à mon tour, et de les discuter. Un secours comme le vôtre est, pour ma cause, du plus grand avantage. Je cherche à établir des pensées nouvelles, et qui embrassent, à titre de liens, tous les Faits dont l'homme peut acquérir la connaissance. Si je me bornais à les exposer méthodiquement, et selon l'ordre didactique d'un Traité écrit, qui ne permet ni excursions ni répétitions, tout ce qui resterait dans l'âme de mes auditeurs les plus attentifs, ce serait ce genre d'étonnement sérieux qui suit l'apparition des graves paradoxes. Il est bon que je revienne quelquefois sur mes pas, que je m'élance quelquefois sur les routes latérales ; que, tout en travaillant à me faire comprendre, je soutienne la curiosité ; que j'excite, dans l'imagination de mes auditeurs, l'attente confuse d'une satisfaction encore éloignée, incertaine, mais possible, vraisemblable. Il faut, en un mot, que mes discussions aient, jusques à un certain degré, le caractère attrayant de conversations improvisées ; et comment pourrais-je mieux être conduit à leur donner ce caractère, qu'en profitant des occasions si heureuses que vous me fournissez ? Je crois pouvoir en appeler aux résultats de la réponse que je viens de vous faire ; n'est-ce pas une reconnaissance sincère que je vous dois pour m'avoir autorisé à essayer de produire de tels résultats ?

Allons, Monsieur, servez les besoins d'une grande Vérité nouvelle ; concourez à la fonder en lui prêtant l'appui d'une résistance éclairée, loyale et judicieuse. Je désire vivement pouvoir terminer ma séance prochaine par la lecture de votre nouvelle Lettre ; accordez-moi le plaisir de pouvoir penser que je ne vous désoblige pas en promettant à mes auditeurs cette lecture.

HUITIÈME SÉANCE.

Application du Principe universel à la distribution générale des corps en solides, liquides, gaz, *et* vapeurs — *Réponse à une Lettre.*

MESSIEURS,

Si je me suis fait entendre en exposant mes Pensées fondamentales, vous devez maintenant concevoir la Nature entière comme étant le théâtre d'une lutte continue entre deux Forces, dont l'une, l'Expansion, est initiale et essentielle, dont l'autre, la Répression, découle de la première, l'égale cependant en puissance, parce que, alternativement, elle lui est soumise, et elle la soumet.

Ainsi, la tendance de chaque élément à se mouvoir par Expansion, c'est-à-dire à conquérir sa liberté, et, pour cela, à repousser les élémens qui le touchent, cette tendance expansive, qui lui est essentielle, qu'il ne peut jamais perdre, n'en est pas moins opprimée, et, pour cette raison, sans exercice, lorsque cet élément reçoit l'impulsion convergente d'un certain nombre d'élémens, semblables à lui-même, qui le pressent, ou le choquent, sur toutes ses faces. Alors cet Élément central, ne pouvant vaincre, par sa force propre, un nombre plus ou moins grand de forces qui, chacune, sont égales à la sienne, est réduit à l'immobilité; et, si, dans un espace étroit, cette opération se multiplie, il en résulte un composé général qui a de la *solidité*.

Ainsi, Messieurs, une pierre, une pièce de métal, en un mot ce que nous appelons un *corps solide*, est un composé dans le sein duquel un nombre plus ou moins considérable d'élémens ont une immobilité relative, c'est-à-dire gardent respectivement leur situation, du moins pendant quelque temps.

Mais nous devons être loin de nous représenter ces corps comme absolument pleins de matière immobile; au contraire, il n'en est pas dans le sein duquel la somme de mouvement ou d'agitation ne soit incomparablement plus grande que la somme d'immobilité; mais il y a en eux un tissu à filamens plus ou moins entrelacés, plus ou moins délicats, dont les élémens sont temporairement fixés. C'est ce tissu qui, se trouvant lié de proche en proche dans toutes ses parties, forme la continuité du corps solide, et vous donne la faculté de le déplacer tout entier, lorsque, néanmoins, vous n'agissez sur lui que par une de ses faces.

La porosité intestine de tout corps solide est grossièrement indiquée à vos regards par celle d'une éponge, ou d'une pierre ponce, qui sont aussi des corps solides.

Les filamens fixés, dans tout corps solide, reçoivent eux-mêmes leur fixité et leur continuité de la double impulsion à laquelle ils sont sans cesse exposés. D'une part, la matière stellaire tombe du haut vers le bas à flots continus et convergens; d'un autre côté, le calorique terrestre traverse et agit, du bas vers le haut, en divergeant.

Comme ces deux actions varient sans cesse dans leurs rapports mutuels, et comme de ces deux actions il en est une, l'Expansion terrestre, qui tend à favoriser l'Expansion propre du corps solide, encore plus qu'à fortifier les fibres de son tissu, le degré de solidité de tout corps solide est continuellement variable; tout corps solide même est nécessairement amené, plus tôt ou plus tard, à perdre sa solidité. Il n'est point de corps éternels, puisque l'Expansion est le principe unique; mais il est des corps dont la solidité se montre beaucoup plus permanente que celle de beaucoup d'autres ; nous trouverons bientôt, dans leur constitution même, les causes de cette permanence.

En ce moment, considérons l'effet des circonstances qui peuvent être communes à tous les corps solides.

Supposons qu'un de ces corps, un morceau de métal par exemple, se trouve placé sur un brasier ardent. Aussitôt plusieurs effets commencent à être produits : le calorique du brasier s'injecte par torrens dans le sein de ce corps ; il lutte avec une énergie progressivement croissante contre l'impulsion stellaire ; rappelons, d'une part, que celle-ci est toujours convergente, que, d'un autre côté, ses instrumens arrivent toujours en même nombre, avec la même force, en sorte que par elle-même cette impulsion ne change pas.

De là il résulte qu'elle est nécessairement affaiblie, toutes les fois que son antagoniste augmente de puissance ; et chaque degré d'accroissement pour celle-ci est un degré de perdu par la force de répression.

Et en effet, dès l'introduction du calorique dans le sein du métal, celui-ci augmente de volume, action évidemment opposée à une action de convergence.

En second lieu, chaque globule de calorique

introduit est dans un état d'Expansion ardente; il se brise, il éclate dans le sein du corps solide; un tel mouvement, non-seulement impétueux, mais désordonné, tumultueux, ne peut manquer de rompre, en bien des points, ce tissu filamenteux qui constitue le corps dans l'état de solidité.

Si l'ardeur du brasier continue, l'action tumultueuse et divergente du calorique se soutient, s'accroît; le moment arrive où le tissu entier est rompu; les parties intimes du corps solide ont acquis graduellement la faculté de se mouvoir. Lorsque, dans l'ensemble de la masse, cette liberté expansive a été à demi conquise, c'est-à-dire, lorsque, dans l'ensemble du métal, l'impulsion stellaire, qui d'abord était supérieure à l'Expansion, est descendue jusqu'à l'égalité parfaite, la *liquidité* du métal a été produite; lorsqu'ensuite, par le progrès des deux mouvemens en sens inverse, l'Expansion est devenue décidément victorieuse de la répression stellaire, alors la *vaporisation* a commencé; et elle s'est graduellement terminée par la *dissipation*.

Ainsi, Messieurs, voilà la succession des trois états les plus apparens par lesquels peut passer un même corps. Si l'impulsion stellaire agit sur lui avec plus de force que l'Expansion, il est *solide;* si l'action stellaire et l'Expansion s'appliquent à l'ensemble de sa masse d'une manière égale, il est *liquide ;* si l'action stellaire est vaincue, dans l'ensemble de sa masse, par l'Expansion, il monte en *vapeurs*.

Mais la plupart des corps composés, tous sans doute, sont encore susceptibles d'un quatrième état qui mérite une attention particulière; c'est l'état *gazeux*. Un globule gazeux diffère d'un globule de vapeur, en ce que celui-ci est à peu près égal à lui-même dans toutes les parties de sa petite masse, au lieu qu'un globule gazeux, plus petit encore, est essentiellement formé d'une capsule sphérique et vésiculaire, servant de retraite, ou plutôt de prison, à des fluides subtils. C'est ainsi sous la forme d'un ballon que vous devez vous représenter chacun de ces globules; ils prennent naissance, soit pendant l'état liquide, soit pendant l'état de vapeur, ou au terme de cet état. A leur centre réside du calorique en Expansion plus ou moins ardente, qui a été cerné, enveloppé par la compression, empruntant, pour cela, des matériaux à la vapeur ou au liquide; et comme cette enveloppe résistante a été donnée par une véritable surprise, chaque globule gazeux a été contraint, au premier instant de sa formation, de se replier sur lui-même, de se contracter; mais, au second instant, sa force expansive a réagi contre la compression, ce qui a contraint la capsule même à se dilater autant qu'elle s'était contractée; au troisième instant, réaction contre la réaction, ou contraction nouvelle; au quatrième instant, nouvelle dilatation, immédiatement suivie d'une nouvelle contraction; en un mot, vibration continue; tel est le caractère essentiel du globule gazeux, tant qu'il conserve l'existence. Ce caractère, qui appartient essentiellement à tout foyer d'Expansion cerné et enveloppé par la compression, nous servira, comme je vous l'ai dit, à expliquer les plus importans phénomènes; et tout à l'heure nous allons, de nouveau, nous en occuper.

En ce moment, revenons avec quelques détails sur les divers états dont les corps composés sont susceptibles; et afin de faciliter notre étude, prenons pour sujet de nos observations, le corps très répandu qui se prête le plus aisément à l'examen. L'*Eau* est ce corps. Pour donner un point de départ à notre pensée, supposons-le d'abord dans l'état d'Expansion au degré moyen, dans l'état *liquide;* nous allons réfléchir sur ce qui a lieu lorsqu'il passe à l'état *solide;* c'est de cet état de solidité que nous le ramènerons de nouveau à l'état liquide, et que nous le conduirons jusques à l'extrémité de l'échelle qu'il peut parcourir.

Toutes les apparences nous portent à penser que l'Eau pure et limpide est un corps homogène, en ce sens que sa masse entière est formée de petits globules, égaux entre eux, et de forme sphérique; ce qui leur donne la faculté de glisser les uns sur les autres, à la plus légère impulsion.

Tous ces globules sont tenus en désunion par le mouvement et le passage continu du calorique. D'un autre côté, ils sont tenus en contact, ou du moins en proximité, mais sans adhérence, par le mouvement et l'impulsion continue de la matière stellaire. La *limpidité* résulte, comme nous l'avons dit, de ce que ces deux impulsions, se trouvant égales, se font équilibre.

Et cette égalité parfaite entre les deux impulsions opposées doit vous faire concevoir chaque globule d'eau liquide comme étant de forme sphérique; la plus simple de toutes les formes, la forme sphérique, est nécessairement, dans les corps composés, la forme de l'Équilibre. Prenez une matière ductile, pressez-la également dans tous les sens; vous l'arrondirez, vous en formerez une sphère.

Supposez maintenant qu'une certaine masse d'eau, pure, limpide, dans une tranquillité parfaite, est exposée, avec ménagemens, à l'action du froid, par son contact avec une atmosphère condensée et refroidie. Qu'arrive-t-il ? ce secours donné à la répression stellaire s'applique d'abord, et principalement, sur la surface du liquide, condense cette surface beaucoup plus que les couches intérieures, ou même provoque la condensation de cette surface avec tant de rapidité, que, sans la congeler encore, sans lui ôter toute extensibilité, elle ne lui permet plus cependant de se prêter avec facilité à l'évasion des fluides internes; ceux-ci sont réduits à s'accumuler dans le sein du liquide, à se réfugier entre ses globules, et à diminuer d'Expansion. Aussi, par un double effet très remarquable, la masse intérieure du liquide se dilate, et cependant se refroidit. Si vous y plongez un thermomètre avec lenteur et précaution, vous le voyez descendre au-dessous du terme de la glace, quoique l'eau, non-seulement reste liquide, mais augmente de volume.

Et si vous recouvrez d'huile la surface de l'eau, l'effet dont nous nous occupons a lieu d'une manière encore plus marquée. La température de l'eau intérieure peut alors descendre jusqu'à douze degrés au-dessous du terme de la glace, sans que la congélation s'opère encore; ce qui vient de ce que cette nouvelle enveloppe, portant un nouvel obstacle à l'évasion du calorique, a augmenté, pour celui-ci, la nécessité de se réfugier dans les couches inférieures du liquide, et là, de se tranquilliser.

Vous concevez que si la distribution de ce calorique accumulé et tranquillisé pouvait se faire avec une exacte uniformité dans la masse du liquide, le double effet de dilatation et de refroidissement pourrait long-temps se maintenir; car l'Équilibre se prolongerait. Mais cet effort d'Équilibre ne peut être d'une longue durée, parce que, dans les couches inférieures du liquide, le calorique, moins réprimé par l'action stellaire, protégé même dans son Expansion par la densité de la surface, finit par faire irruption vers cette surface même. Alors commence l'évasion de tout le calorique accumulé; alors aussi commence la rupture de ce balancement qui faisait la liquidité; la *congélation* se détermine.

On voit se former successivement des aiguilles, qui se croisent en tous sens, et qui s'étendent comme un réseau, dont, peu à peu, toutes les mailles se remplissent. On peut suivre de l'œil la formation progressive du tissu fibreux.

Observez, Messieurs, ce mode de propagation de l'acte qui consolide. Il s'effectue par croisement en tous sens, mais toujours selon des lignes droites : ce qui prouve une action égale à elle-même, et s'exécutant dans un composé homogène; car il faut ces deux conditions pour qu'il y ait de l'uniformité dans un changement.

Observez encore que l'Eau ne descend point, sans se geler, à une température plus basse que celle de la congélation, si elle n'est pas purgée d'air, et aussi pure que l'on peut l'obtenir.

De plus, il vous suffit de jeter un petit glaçon dans le sein de l'Eau, ou d'imprimer à sa masse un léger trémoussement, pour que la congélation, qui languissait, se détermine subitement. Dans le premier cas, vous avez fourni au calorique surabondant, l'occasion de s'employer; il s'est porté vers le glaçon, en abandonnant la masse du liquide. Dans le second cas, vous avez agité la masse du liquide; ce qui a rompu la croûte ou pellicule de la surface, ce qui a favorisé l'évasion du calorique surabondant.

Enfin, ce qui est très remarquable, à l'instant où la congélation se décide par le secours de ce glaçon ou de ce trémoussement, la température remonte subitement; le thermomètre que vous avez laissé dans le liquide devenu glacé, et qui était de plusieurs degrés au-dessous de zéro, s'élève sur-le-champ à ce degré zéro. Cela prouve que la dilatation factice ayant atteint son terme, le calorique qui la produisait s'est dégagé; il a chauffé les corps, tels que le thermomètre, qui se sont trouvés sur la route de son évasion.

Au reste, tous les liquides ne se dilatent pas, comme l'eau, au début de leur congélation. Il en est, tels que le mercure, l'acide sulfurique, les huiles grasses, qui se contractent au contraire. Cette différence vient de ce que l'évasion et le renouvellement du calorique, à travers ces substances, est beaucoup plus facile qu'à travers la substance de l'eau; ce qui est démontré par la grande difficulté de leur congélation. Il résulte de cette circonstance que leur congélation ne saurait être graduelle, et commencer par la formation d'une couche superficielle plus condensée que le reste de la masse, en sorte que le calorique ne saurait s'accumuler dans les couches inférieures. Il faut, pour que la congélation se détermine, que la masse entière soit surprise par une compression qui s'adresse, en même temps, à tous les points intimes; alors la masse entière doit se contracter.

Revenons à la congélation de l'eau. La voilà déterminée dans toute la masse du liquide, elle a produit la *solidité;* et nous supposons que l'intensité du froid a porté cet état de solidité à son plus haut degré.

On a alors un corps sec, et d'une grande dureté. Vous avez vu le réseau s'établir d'abord par filamens écartés, ensuite par filamens secondaires, tertiaires, partant de chaque point, se croisant en tout sens, finissant par former une masse compacte à croisement inextricable. Mais ce qu'il faut toujours retenir, c'est que la disposition longitudinale et croisée des filamens solides atteste une disposition semblable dans les vides intérieurs; et la somme de ces vides intérieurs, de ces tubes croisés, est beaucoup plus considérable que celle des points occupés. Ces tubes croisés, et innombrables, sont les issues que la matière stellaire s'est réservées, en les traversant sans cesse, pendant même que la congélation s'opérait; en sorte qu'il reste toujours à la matière stellaire les moyens de pénétrer jusques aux molécules les plus intimes des filamens solides, de les frapper, de les retenir dans cet état de contact mutuel qui fait la solidité.

Cette solidité se maintient tout le temps que l'antagoniste de l'impulsion stellaire, l'Expansion terrestre, ne lui oppose que des agens inférieurs en nombre et en activité. Mais aussitôt que les circonstances ramènent ceux-ci en quantité considérable, la lutte recommence; les entraves données à l'Expansion intime se relâchent, s'affaiblissent; et lorsque enfin l'égalité arrive de nouveau entre les agens de l'Expansion et les agens de la répression, la *liquidité* est rétablie.

Suivons le progrès du changement; il se fait nécessairement par la continuité des mêmes actes: les fluides expansifs continuent d'affluer vers le liquide; ils surmontent l'action de la matière répressive; ils dilatent progressivement le liquide; ils tendent à imprimer à tous les globules du liquide leur propre mouvement de divergence et d'ascension.

C'est ainsi que l'*Évaporation* s'établit. Les *vapeurs* aqueuses ne sont que de l'eau divisée et projetée, en petites masses, par l'Expansion du calorique.

Dès leur entrée dans l'atmosphère, ces petites masses, formées, chacune, d'une réunion plus ou moins nombreuse de globules, se divisent encore, parce que l'espace est augmenté. Successivement, cette division s'accroît, marche vers son terme, pourvu toutefois qu'elle ne soit pas arrêtée par le renouvellement du froid de l'atmosphère, ou par le rétrécissement de l'espace; car alors le calorique reflue vers la surface de la terre, ou s'évade à travers les corps solides que l'on oppose à l'extension de la vapeur ; tandis que celle-ci, abandonnée par son ardent auxiliaire, revient vers l'agglomération liquide ; on voit reparaître de l'*eau*.

Mais si nul obstacle n'arrête l'Expansion de la vapeur ; si le calorique, qui tend sans cesse à la disséminer dans l'espace, peut librement continuer son ouvrage, le moment vient où il établit une séparation effective entre les globules les plus délicats dont la vapeur peut être formée. Chacun de ceux-ci, libre de toute contiguité, se dispose à effectuer son Expansion propre et essentielle ; il n'est plus gêné dans son développement que par l'impulsion stellaire ; et comme celle-ci le frappe avec continuité et égalité sur tous les points de sa surface, c'est par son centre qu'il se met en Expansion.

Alors commence la *constitution gazeuse*, et la *vibration* qui en est la conséquence ; le globule, devenu ballon, ou vésicule globuleuse, se remplit intérieurement de ses propres débris, qu'il agite, divise, atténue, à l'aide desquels il réagit contre la compression, en imprimant une extension subite à toute son enveloppe ; extension qui n'a la durée que d'un instant, qui est aussitôt remplacée par une contraction répressive, laquelle, à son tour, est subitement remplacée par une dilatation expansive, et ainsi de suite, sans autre terme que la rupture de l'enveloppe.

Vous apercevez maintenant l'explication de plusieurs choses qui devaient vous surprendre. En premier lieu, les substances gazeuses sont susceptibles d'une permanence d'état que ne montrent pas au même degré les substances liquides. La liquidité n'est qu'un degré précis d'Équilibre entre les deux forces, degré nécessairement fugitif et transitoire. Il en est d'une substance au degré précis de la liquidité, comme d'un pendule arrivé à la situation verticale; il n'y reste pas, il ne fait qu'y passer : de même un liquide s'évapore ou se condense; il passe sous la prépondérance de l'Expansion, ou bien sous celle de la répression.

Mais il en est de l'état gazeux comme de l'état solide; par cela même que chacune de ces deux situations est prononcée, elle est le fruit d'une supériorité de l'une des deux forces sur la force opposée; et chacune de ces deux supériorités a nécessairement un certain temps de durée, quoiqu'elle varie sans cesse dans sa mesure. C'est ainsi que le pendule, qui n'a passé qu'un instant dans la situation verticale, passe un nombre plus ou moins considérable d'instans à droite ou à gauche de la verticale, tout en marchant toujours vers cette ligne verticale sur laquelle il ne s'arrête pas. Les deux côtés de son mouvement sont exactement figurés par l'état solide et l'état gazeux; ces deux états, l'état solide et l'état gazeux, sont, pour ainsi dire, la droite et la gauche de la liquidité.

En second lieu, les liquides sont incompressibles, du moins lorsqu'ils sont au degré précis de la liquidité; car, lorsqu'ils commencent à se dilater, une très forte compression accidentelle peut les ramener à leur premier état: mais c'est du moins un effort très considérable qui se trouve alors nécessaire; en sorte que l'on peut, sans erreur importante, établir en fait général l'*incompressibilité* des liquides.

Les gaz, au contraire, se laissent comprimer avec une grande facilité. Cette différence vient de ce que les globules des liquides sont des corps pleins d'eux-mêmes, sans cavité centrale, se touchant mutuellement; tandis que chaque globule gazeux est, comme nous l'avons dit, un ballon compressible, puisqu'il est formé d'une enveloppe sphérique, dans le sein de laquelle il y a très peu de matière, mais beaucoup de mouvement.

On peut resserrer l'enceinte de ce mouvement

intestin ; mais alors qu'arrive-t-il ? il se précipite, il s'effectue avec une rapidité plus grande ; telle est la *compensation* à laquelle il a recours pour ne point s'affaiblir, pour conserver toujours le même degré d'énergie. Ainsi que le pendule, car tel est toujours pour nous le terme mathématique de comparaison, ainsi que le pendule, qui fait toujours la même quantité de mouvement dans le même temps, quelle que soit l'amplitude de ses oscillations, le globule gazeux exécute aussi, dans le même temps, la même quantité d'action vibratoire, quel que soit l'espace que l'on accorde à ses vibrations.

Mais une différence essentielle distingue le globule gazeux du pendule. Les oscillations de celui-ci sont rigoureusement égales entre elles, parce qu'elles ne procèdent que d'une seule action, l'impulsion stellaire, qui est toujours égale à elle-même dans le même lieu.

Mais, dans tout corps vibrant par lui-même, c'est-à-dire par le seul effet de sa constitution vésiculaire, les deux phases de chaque vibration ne peuvent être rigoureusement égales entre elles. Pendant toute l'existence de ce corps, la phase de dilatation est toujours un peu plus forte, ou un peu plus soutenue, que la phase de contraction ; et cette inégalité, qui, au premier aspect, semble une dérogation à la Loi de l'Équilibre, n'en est, au contraire, que la confirmation. En effet, c'est, à l'égard de ce corps, la compression extérieure qui a commencé par être plus énergique que l'Expansion intérieure, puisque c'est à une supériorité brusque de la Compression sur l'Expansion que tout corps vésiculaire doit son enveloppe et sa formation; il est nécessaire que, dans la succession des mouvemens alternatifs qui commencent à l'instant précis de cette formation, l'Expansion reprenne à son tour la prépondérance : d'abord soumise, mais, comme nous l'avons dit, par une surprise subite, non-seulement elle se relève au second instant, et se met en lutte avec son antagoniste, mais, elle s'apprête à le vaincre; elle s'apprête à rester, après un combat plus ou moins long, maîtresse du champ de bataille; ce qui le prouve, c'est que tout corps globuleux, ou même tout corps solide, de forme quelconque, finit par se dissoudre. Tout globule gazeux, en particulier, finit par rompre son enveloppe.

De ce principe important à retenir, que, dans tout corps vibrant par lui-même, chaque phase de dilatation, est plus forte, ou plus soutenue, que la phase de contraction qui lui succède, de ce principe résulte l'état de *raréfaction* continue des substances gazeuses ; chaque globule gazeux exerce une action répulsive sur tous ceux qui l'environnent, ne le touche que pour le choquer ; et cette action répulsive de chaque globule produit, dans la masse entière du gaz, une somme de répulsion très considérable, qui s'exerce sur tous les corps solides ou liquides formant son enceinte. Nous verrons bientôt avec quelle facilité cet état de répulsion continue rend raison de tous les phénomènes du Baromètre.

Les vapeurs, n'étant encore que de l'eau divisée et projetée, ne sont pas vibrantes comme les gaz ; et, à parler exactement, elles ne sont pas répulsives : elles agissent tant qu'elles se développent par l'Expansion qu'elles reçoivent du calorique ; mais, lorsque leur développement rencontre un obstacle, ce n'est pas elles qui réagissent ; c'est le calorique. En effet, d'une part, les corps qui sont venus arrêter le développement de la vapeur, sont échauffés, leur température s'élève ; d'un autre côté, les vapeurs se rapprochent, s'unissent, et forment de l'eau.

Les gaz ne s'agglomèrent pas ainsi par la résistance d'un obstacle ; et ils n'échauffent pas non plus les corps qui viennent les comprimer ; le calorique ne leur échappe pas, il est enfermé dans le sein des globules.

D'après cela, on sent combien il doit être difficile de ramener un gaz à l'état de vapeur; on n'en connaît pas encore les moyens, du moins pour un gaz pur et sans mélange; car, lorsque l'on applique à des gaz mélangés une compression forte et subite, aidée d'un grand froid, ils expriment hors de leur sein les fluides subtils; une chaleur extérieure se fait sentir; souvent même une lumière se fait apercevoir, et, au même instant, des vapeurs se composent. Nous dirons bientôt pourquoi le mélange favorise l'effet de cette compression forte et subite.

La même opération se fait en grand dans l'atmosphère. Tansportez-vous sur le sommet d'une haute montagne; l'air que vous y respirerez sera souvent d'une sécheresse extrême; et lorsque cet excès de sécheresse sera le plus fortement indiqué par votre hygromètre, vous vous trouvérez subitement enveloppé de vapeurs.

Cette observation, souvent répétée par M. Deluc, est celle qui avait le plus frappé ce grand Physicien; elle l'avait porté à soupçonner que l'eau est la source immédiate des gaz atmosphériques, qui, à leur tour, sont la source immédiate des vapeurs élevées dans l'atmosphère, et des nuages. Cette vue si simple, si satisfaisante, sera vérifiée par l'ensemble des Faits. Je vous l'ai dit, Messieurs : en tout genre de phénomènes, nous finirons toujours par trouver la Vérité dans l'explication la plus simple.

Restons, pour aujourd'hui, sur cette première application du Principe universel à la distribution générale des corps en *solides*, *liquides*, *gaz*, et *vapeurs*. Reposons-nous, en discutant une nouvelle Lettre de celui de vous, Messieurs, qui m'a déjà fourni, deux fois, d'importans sujets de discussion.

Voici un extrait de cette Lettre :

.... « Depuis Képler, qui, dans son Traité *de stella Martis*, soupçonna le premier l'existence d'une force dont les lois auraient de l'analogie avec celles de la lumière, l'hypothèse de l'*attraction* a marché de succès en succès ; cependant j'avoue que le crédit qu'on lui accorde ne lève pas toutes les difficultés qu'elle rencontre. Supposons que M. Olbers ait, en effet, découvert récemment une Planète qui se promène bien au-delà de l'orbite d'Uranus ; à cette distance, le soleil ne peut plus être que d'un très petit diamètre ; comment son attraction, qui agit en raison inverse du carré des distances, conserve-t-elle, néanmoins, assez d'intensité pour subjuguer un corps dix fois plus éloigné que Jupiter? D'ailleurs, si la propension pour le soleil existe réellement dans cette nouvelle Planète, elle ne peut du moins y être que très faible; par conséquent, pour que la force centrifuge ne l'emporte pas hors du système solaire, il faut aussi que cette force soit presque sans énergie : or, dans l'hypothèse reçue, la force centrifuge des corps célestes ne leur est pas inhérente comme l'attraction, elle leur vient du dehors; elle est le résultat d'une impulsion arbitraire; elle diffère selon les distances de ces corps au foyer commun de gravitation qui les entraîne et les réunit en système : si elle diffère d'une Planète à une autre, elle n'a donc pas été imprimée à l'ensemble d'un seul coup de main; elle a été variée d'après le besoin de chaque corps qui la réclamait.

» Est-il permis de multiplier ainsi l'acte de l'intervention suprême? Une solution plus satisfaisante que celle où Newton s'est arrêté, me paraît désirable, et il y aura de la gloire à la trouver.

» Je suis moins embarrassé à me rendre compte, par la pesanteur, de l'observation faite sur le pendule dans les mines de Freyberg en Saxe, et que vous avez tournée contre l'attraction. A mesure que nous descendons dans l'intérieur du globe, la matière attractive, qui auparavant était sous nos pieds, se range autour et au-dessus de nous ; elle nous cerne de tous côtés. On peut arriver à un point où les oscillations du pendule expirent, non faute d'attraction, mais parce que l'attraction l'attaque en tout sens.

» J'entends plus difficilement pourquoi la matière stellaire ne pénètre, dans le globe, que jusques à une certaine profondeur. Lancée des abîmes de l'infini, elle se meut avec une vitesse et une force telles, que la densité du globe terrestre ne peut être, pour elle, qu'un nuage, dont elle devrait se jouer comme d'un obstacle frivole. Je suis étonné que les noyaux des Comètes résistent aux fulgurations de la matière stellaire ; ces corps, si peu compactes, ne devraient-ils pas en être brisés, et leurs débris dispersés dans l'espace ? Vous répondrez sans doute que la matière stellaire englobe ces noyaux en se portant avec une égale vigueur sur tous les points de leur surface. En ce cas, que ferez-vous pour sauver la chevelure et la queue des Comètes ?

» Je ne comprends pas davantage comment la matière stellaire, sa vitesse devant être proportionnelle à la distance infinie qu'elle vient de parcourir, peut imprimer une accélération de mouvement sensible dans un espace aussi resserré que celui où se font les expériences de Galilée. Partout où elle se trouve, la matière stellaire n'est-elle pas au maximum de sa vitesse ?

» Souffrez que je vous arrête encore un instant. En réprimant l'Expansion des corps par votre agent stellaire, vous expliquez les effets de la matière par les effets de la matière. Mais je pensais que l'Expansion appartenait aussi, et particulièrement, aux intelligences. Monsieur, vous aurez de la peine à me persuader que la promptitude d'esprit, la richesse, la souplesse d'imagination... ne soient que de simples reflets de la matière stellaire. »

Réponse.

Monsieur,

Vous m'indiquez, avec sagacité, quelques-uns des torts de l'*attraction;* mais vous ne rompez avec elle qu'à regret; vous ne la repoussez que d'une main caressante. Je suis loin de vous le reprocher; la permanence d'attachement est une des plus belles qualités de l'homme.

Mais, lorsque la raison parvient à nous démontrer qu'un de nos attachemens n'est qu'une prévention favorable, il faut bien finir par y renoncer; car la raison est, en nous, plus opiniâtre que la passion, par cela même qu'elle est sans violence; la Raison est l'organe de la Vérité; tôt ou tard, elle finit par avoir raison.

Que fait la Raison, lorsqu'elle entreprend de

détruire, en nous, une idée trompeuse? Elle commence par nous présenter le sens précis de cette idée; ensuite elle compare ce sens précis aux choses mêmes que l'idée qu'elle examine est chargée de représenter.

Quel est le sens précis de l'*attraction?* le voici, figuré dans les circonstances les plus simples. Deux corps, tels que le Soleil et la Terre, s'appellent mutuellement, se font venir l'un vers l'autre; ils tirent cette faculté de leur seule coexistence; car, dans l'hypothèse de l'*attraction*, si vous anéantissez la Terre et tous les globes, si vous supposez que le Soleil existe seul dans l'espace, il y restera immobile; si, au contraire, vous anéantissez le Soleil et tous les globes, si la Terre seule existe, elle restera également immobile dans sa solitude éternelle; mais, pour donner le mouvement, soit au Soleil, soit à la Terre, pour tirer le corps solitaire de son immobilité, que faudra-t-il? Il suffira que ce corps cesse d'être solitaire, il suffira qu'à une distance quelconque, à une distance de trente millions de lieues, par exemple, un autre corps soit créé; le Soleil, si c'est lui qui existait antérieurement, se trouvera averti, on ne sait comment, de l'existence de la Terre, à l'instant même de sa création; il se pénétrera aussitôt pour elle d'une affection qui l'entraînera à marcher directement vers le point où la Terre a été placée : et de son côté, la Terre n'aura pas resté un instant immobile ; dès le moment de sa création, avertie de l'existence du Soleil, malgré les trente millions de lieues de distance, elle éprouvera une affection vive pour cet astre ; elle marchera directement à la rencontre du Soleil.

Concevez-vous, Monsieur, cette intuition subite, et cette affection profonde dans deux masses de matière aveugle ? Quoi ! nul messager ne portant de l'une à l'autre l'information d'une création nouvelle, le Fait seul de cette création nouvelle et éloignée suffira pour déterminer de part et d'autre un mouvement de gravitation ? Les choses se passeront comme si un lien* ferme et soutenu, ayant, au premier moment, une longueur de trente millions de lieues, et accroché, d'une part au centre du Soleil, de l'autre au centre de la Terre, se raccourcissait au second instant, se raccourcissait encore au troisième instant, encore au quatrième, en un mot, ne cessant de se raccourcir, contraignait sans cesse les deux globes à se rapprocher !

Si ce lien existait, je vous demanderais d'où procède ce raccourcissement continu. Mais la question est inutile ; il n'y a pas même de lien, point d'intermédiaire ; entre la Terre et le Soleil, rien, absolument rien. Dans l'hypothèse de l'*attraction*, tout ce qui sépare le Soleil de la Terre, c'est l'espace vide, c'est le néant.

Dites-moi, je vous prie, si, dès ce premier aperçu, votre Raison ne vous montre pas ici un *effet sans cause*, c'est-à-dire une chose impossible.

Ce n'est pas tout ; car si l'impossible était susceptible d'augmentation, on trouverait que l'histoire de l'*attraction* n'est autre chose qu'une progression ascendante de l'impossible.

En effet, dans cette hypothèse, non-seulement la Terre et le Soleil, existant seuls dans l'espace, et informés mutuellement de leur co-existence, se porteraient directement l'un vers l'autre ; mais chacun de ces deux globes connaîtrait la masse de son concurrent, la comparerait à la sienne, et prendrait une vitesse déterminée par cette comparaison. Ainsi le Soleil, sachant bien que sa quantité de matière est beaucoup plus grande que celle de la Terre, sentirait sa dignité ; il marcherait avec une lenteur majestueuse. Le Globe terrestre, au contraire, humblement pénétré de sa petitesse, reconnaîtrait qu'il est de son devoir de faire des avances très rapides ; cependant, comme la modestie n'exclut pas la fierté, son respect pour le Soleil ne dépasserait point la mesure de son infériorité matérielle; ce serait un respect mathématique; il ne marcherait qu'avec une vitesse rigoureusement déterminée par le rapport de sa petitesse à la grandeur du Soleil.

Voilà une étiquette bien cérémonieuse, bien ponctuelle, entre deux globes de matière aveugle! Mais ce n'est pas ici encore que s'arrête la gradation d'impossibilité.

Chacun des deux globes, à l'instant de se mettre en mouvement, connaîtra, non-seulement de combien sa masse est supérieure ou inférieure à celle de l'autre globe, mais encore la quantité précise de distance qui le sépare de son concurrent; et la vitesse de son premier pas sera encore déterminée par la connaissance exacte de cette distance; et comme, progressivement, la distance diminuera de part et d'autre, chaque globe, qui le saura, prendra progressivement une plus grande vitesse, et cette accélération de vitesse se soumettra à une Loi invariable, à une Loi tellement combinée, que lorsque la distance réciproque ne sera plus que la moitié de la distance primitive, chaque globe, qui le saura encore, marchera quatre fois plus vite qu'au moment du départ; lorsque la distance sera réduite au tiers, les deux globes s'entendront pour marcher neuf fois plus vite; lorsque la distance sera réduite au quart, ils s'entendront encore pour marcher seize fois plus vite; et ainsi de suite, selon la progression inverse du carré des distances. Voilà un caprice bien mathématique, bien régulier.

Vous le voyez, Messieurs, l'*attraction*, considérée en elle-même, ne peut soutenir un examen sérieux. L'évidence déclare qu'entre deux corps éloignés l'un de l'autre, et qui n'ont entre eux aucun intermédiaire, aucun moyen de rapport, aucun moyen de contact, la co-existence seule ne peut créer une force; que la différence de masse, entre deux corps qui ne se touchent pas, ne peut être un élément de force; que la distance qui les sépare ne peut être un élément de force: il n'y a rien de commun entre une distance et une action; une Action est un Fait, une distance n'est rien.

Une Action! il faut bien en reconnaître une dans l'Univers; que serait l'Univers sans Action? Mais, par cela même que, dans l'Univers, il y a place et nécessité pour une Action, il n'y a, pour deux Actions, ni possibilité ni place. S'il existait deux Actions, il faudrait une démarcation entre elles; où serait le lieu de chacune? où commencerait, où finirait son domaine? Dès l'instant où vous ne vous représentez plus l'Action comme unique, infinie, homogène, uniformément égale à elle-même dans tous les points de l'espace, vous faites de l'Action, non une Force, non une Action, mais un corps; selon vos besoins, vous la condensez, vous la dilatez; ici, vous la faites expirer; là, vous la faites renaître; vous la soumettez à la variété indéfinie des vicissitudes matérielles; vous lui donnez, dans votre imagination, tous les caractères d'une vapeur, dont le vent se joue, qu'il entasse ou qu'il dissipe.

Si maintenant, par opposition, vous résumez tout ce que nous avons dit sur l'Action réelle et unique, sur l'Expansion, vous reconnaîtrez que cette Action n'est point dans les corps, que les corps sont en elle; que partout où un corps se forme ou se transporte, il la trouve au même degré de puissance; que toutes les différences, dans un lieu ou dans un autre, dans un corps ou dans un autre, viennent uniquement de la diversité des directions de la force unique, directions qui, en certains lieux, en certains corps, se font mutuellement obstacle, et, pour cette raison, se réduisent à la nullité apparente, tandis que, dans d'autres lieux, dans d'autres corps, la plus grande partie de l'Action s'effectue dans le même sens, ce qui augmente en apparence son énergie. Ainsi, par exemple, chaque Étoile reste immobile relativement à celles qui l'environnent, parce que chaque Étoile est placée dans l'espace de manière à recevoir, sur tous les points de sa surface, la même impulsion. Mais chaque Planète est réellement une portion de son Étoile; chacune en est assez rapprochée pour rompre sur ce corps central l'Équilibre de pression environnante, et par conséquent pour ne pas être elle-même sous l'Équilibre de pression; d'où résulte, pour chaque Planète, la faculté de faire graviter son Etoile vers elle-même, mais avec beaucoup moins d'énergie qu'elle ne gravite elle-même vers son Étoile.

Vous voyez alors pourquoi la différence de masse entre, comme élément, dans la détermination des mouvemens exécutés, pourquoi la diminution des distances y entre comme un autre élément; il est évident que les ruptures d'Équilibre doivent augmenter comme l'étendue des surfaces en regard : or la plus simple Géométrie démontre qu'entre deux corps qui marchent centralement l'un vers l'autre, l'étendue des surfaces en regard augmente, inversement, comme le carré de la distance diminue; donc leur vitesse de gravitation mutuelle doit s'accélérer selon ce rapport.

Ainsi, Monsieur, voilà, dans l'Univers, une

cause d'impulsion toujours existante, toujours en Action, qui se trouve constituée de manière à répondre à toutes les conditions du phénomène de la pesanteur; donc c'est elle qui le produit; car, de même qu'il ne peut exister, dans l'Univers, *un effet sans cause*, il ne peut exister *une cause sans effet*, et sans un effet qui lui corresponde. Que ferez-vous de ces torrens d'émanation qui se croisent sans cesse, et en tout sens, dans l'infini de l'espace, si vous ne placez point, dans cette émanation continue, et uniformément distribuée, la cause de tous les mouvemens de gravitation? Montrez-moi un autre effet général qui lui appartienne; et songez bien que vous ne pouvez échapper à la nécessité de cette recherche; des torrens de matière en mouvement ne peuvent manquer d'être une cause de mouvement.

Quelle difficulté peut donc vous arrêter encore? l'accélération de la pierre qui tombe? Partout, dites-vous avec justesse, partout où se trouve la matière stellaire, elle est au maximum de sa vitesse. Cela n'est point douteux; et que la même pierre soit en repos sur la surface de la Terre, ou que, portée à une certaine hauteur, elle s'apprête à tomber, la quantité d'impulsion qu'elle reçoit de la matière élémentaire est exactement la même ; mais ce sont les obstacles à cette impulsion qui diminuent à mesure qu'elle tombe. Une pierre détachée de la surface du globe, et portée à une hauteur quelconque au-dessus de cette surface, figure la Terre dans ses rapports avec le Soleil, ou la Lune dans ses rapports avec la Terre. Pour que cette pierre devînt une petite Lune circulant sans cesse autour du globe, il suffirait qu'à l'instant de se mettre en mouvement de chute, elle reçût une impulsion latérale assez forte pour qu'elle eût dépassé le rayon de la Terre, avant de consommer toute sa force de pesanteur. C'est ainsi, vous le savez, que la Lune circule autour de la Terre; anéantissez l'impulsion latérale, et la Lune, uniquement frappée par l'impulsion stellaire, se précipite d'un mouvement accéléré vers le centre de notre globe. La pierre qui n'a plus d'appui est dans la même situation; seulement elle tombe d'une distance beaucoup moins considérable que celle de la Lune; aussi sa vitesse de gravitation est beaucoup plus rapide; et sa vitesse s'accélère encore, parce que, à mesure qu'elle s'approche de la Terre, celle-ci la défend contre un plus grand nombre d'Étoiles placées au-dessous d'elle ; ce qui tourne au profit de l'impulsion donnée par les Étoiles placées au-dessus. Songez que la Terre est sphérique, que toute pierre, tombant vers sa surface, se dirige vers une convexité qui se déprime dans tous les sens; que les premières enveloppes du globe sont très perméables à la matière élémentaire; que, pour cette raison, pour peu qu'une pierre soit élevée dans l'atmosphère, elle est frappée, en dessous, par des Étoiles situées obliquement au-dessous de l'horizon; c'est cette impulsion qui devient plus difficile, plus rare, plus faible, à mesure que la pierre tombe; les rayons qui partent des Étoiles placées au-dessus de l'horizon, sont délivrés successivement d'une plus grande quantité de rayons antagonistes; ils doivent donc agir avec une énergie croissante, quoiqu'ils ne puissent jamais croître de nombre ni de vitesse.

Ainsi, ce n'est point, comme dans l'hypothèse de l'attraction, une qualité occulte qui augmente sans cause mécanique d'augmentation; c'est, au contraire, une impulsion mécanique qui n'augmente pas; mais c'est un obstacle mécanique qui diminue.

Il n'en est plus de même lorsqu'un corps grave est porté dans les entrailles de la Terre; à mesure qu'il descend, il est de plus en plus protégé contre l'impulsion stellaire par les couches terrestres qui le recouvrent; aussi il diminue progressivement de pesanteur. Vous m'avez fait observer très judicieusement que, dans l'hypothèse de l'attraction, cette diminution de pesanteur est également explicable, et je reconnais que j'ai tiré de ce fait un faux argument contre l'attraction; voilà une erreur de raisonnement que je vous remercie d'avoir relevée: mais l'attraction, pour avoir contre elle un argument de moins, n'en est pas plus recevable; elle n'en reste pas moins un genre d'action absolument impossible; et la diminution de pesanteur, à mesure que l'on descend dans le sein de la Terre, se trouvant expliquée, aisément, correctement, dans le Système de l'Expansion, est un témoignage de plus en faveur de ce Système.

Vous me demandez pourquoi la matière stellaire ne pénètre que jusqu'à une certaine profondeur du globe; il vous semble que ce globe devrait être traversé par elle d'un bout à l'autre, comme un nuage, ou, selon votre expression ingénieuse, comme un obstacle frivole.

A cela, Monsieur, je ne puis faire qu'une réponse; la voici : tout ce qui est fixé ne saurait être autrement que de cette manière fixé; et ce n'est que de la permanence des chose fixées que nous pouvons partir nous-mêmes pour découvrir les Principes et les Lois.

Puisque la Terre gravite, et qu'elle est elle-même un terme de gravitation, il est de toute certitude qu'elle finit par arrêter en totalité la matière stellaire; et puisqu'elle l'arrête en totalité, il est de toute certitude qu'elle a assez d'épaisseur et de densité pour cela. Ici les effets nous répondent des causes.

Et il en est de tout globe isolé comme du globe terrestre; pour qu'il occupe une place déterminée, pour qu'il conserve l'existence, pour qu'il soit avec permanence centre de gravitation, et foyer d'Expansion, il faut que l'impulsion stellaire elle-même, rassemblant ses parties, les pressant les unes contre les autres, ait fini par se fermer toute issue; l'Expansion centrale alors a agi en concurrence avec elle pour fortifier les enveloppes; et lorsqu'elle s'est donné ce domaine central, cet asile de pleine vigueur, de pleine liberté, lorsque de là son action s'est mise en Équilibre avec la répression extérieure, le Globe a été constitué. Alors, Monsieur, a été organisé ce que, dans votre lettre précédente, vous avez appelé ingénieusement le Gouvernement interne; alors il y a eu mouvement, ordre et sécurité.

Ce travail, pour chaque globe, a été nécessairement mêlé de longs tâtonnemens et de crises violentes; c'est ce qui a lieu dans un ordre quelconque d'Êtres et d'effets, lorsqu'ils se préparent à recevoir une constitution définitive; celle-ci n'arrive qu'à travers bien des orages. Un jour l'histoire politique des Peuples ne fera que nous représenter ce que nous aurons appris en étudiant l'histoire Physique du Globe. Que de bouleversemens, de cataclismes, ont précédé cet état de stabilité qui était nécessaire pour que la surface de notre Planète se peuplât de végétaux, d'animaux, surtout de sociétés humaines!

Ne nous élançons pas encore dans ce vaste champ de l'histoire générale; que nos regards seulement se projettent de temps en temps vers les régions lointaines; mais retenons nos pas.

Pour cette raison, Monsieur, je résisterai au besoin qui me presserait de vous satisfaire, aujourd'hui même, sur un objet que vous avez raison de désigner comme important. Comment se sont distribués, autour du Soleil, les diverses Planètes et leurs Satellites? d'où est provenue l'impulsion latérale qui a jeté sur la tangente chacun de ces globes secondaires? Chaque globe a-t-il reçu, arbitrairement, une impulsion particulière, ou bien tous les globes ont-ils reçu, au même instant, une impulsion connexe, dont les effets se sont variés selon les circonstances de position ?

Cette grande question sera résolue, Monsieur; une seule impulsion a été donnée, tous les globes l'ont partagée; et cette impulsion unique a tiré sa source de la source unique, de l'Expansion. Voilà ce que nous apprendrons en étudiant les conditions astronomiques de l'existence des globes; nous les verrons se ressembler par un certain nombre de traits essentiels; ce qui attestera une commune origine; d'un autre côté, nous les verrons se distinguer les uns des autres par des différences correspondantes à la diversité de leurs positions; combinant alors leurs ressemblances et leurs différences, nous serons conduits à leur donner, sans figure, le titre de frères jumeaux; car il nous sera démontré qu'ils ont reçu naissance par le même acte et au même instant.

Quant aux Comètes, dont les traits vous paraissent, avec raison, singuliers, ou même bizarres, nous ne pourrons en parler avec la même confiance; l'extrême diversité de leurs mouvemens et de leur caractère nous empêchera de fixer, sur leur origine et leur nature, un raisonnement positif. C'est là un de ces problèmes indéterminés pour lesquels plusieurs solutions se présentent. Néanmoins nous ne resterons pas entièrement dans l'indécision; guidés par l'esprit du Système universel, qui est nécessairement la simplicité au dernier terme, nous donnerons notre préférence, du moins provisoire, à la solution qui nous montrera le plus de simplicité; les observateurs ensuite s'attacheront à vérifier cette solution, et il est vraisemblable qu'ils l'environneront un jour de preuves concluantes.

Ce qui m'autorise, Monsieur, à prononcer déjà une telle espérance, c'est que le Système universel lui-même m'autorisait, il y a dix ans, à indiquer certaines explications, certains Faits généraux, comme devant être vérifiés un jour par l'expérience, et que cette vérification est déjà venue au degré le plus exact.

Je vous l'ai dit, Monsieur, la Raison humaine, qui d'abord se forme par l'examen et la comparaison des Faits accessibles, finit par acquérir la faculté de connaître, par anticipation, ceux qui se cachent encore; cette faculté lui appartient lorsqu'elle est parvenue à découvrir le Principe universel.

Il est un ordre de Faits qui s'exécuteront toujours dans des lieux inaccessibles aux regards de l'homme ; ce sont les Faits de l'ordre intellectuel ; et, précisément, ces Faits sont, pour nous, les plus importans à connaître : aussi l'Esprit humain n'a cessé d'en poursuivre la connaissance ; dans son empressement même, dans son excès d'ardeur et de curiosité, il a précipité cette recherche; c'est par elle qu'il a commencé, tandis que, dans l'ordre de gradation et d'importance, c'était par elle qu'il devait finir; combien, pour cette raison, ne s'est-il pas égaré !

Qu'est-ce que l'*Intelligence ?* c'est le complément de la *vie ;* car le degré de puissance intellectuelle est toujours proportionné au degré de perfection vitale. Il faut donc commencer par étudier la vie dans tous ses actes, toutes ses conditions, tous ses degrés, avant d'aborder l'étude de l'intelligence. Alors on entre dans une voie sûre et même facile; car, tous les actes intellectuels, absolument tous, ayant, à l'instant même où ils se produisent, un effet sur l'organisation vitale, et un effet appréciable pouvant être observé, mesuré, déterminé, il ne s'agit plus que de tracer correctement, méthodiquement, le tableau des effets, et de calquer ensuite, sur ce tableau, l'histoire de la cause; c'est ainsi que, sans jamais voir la cause, sans jamais voir directement l'Intelligence, nous élèverons cependant une science précise des actes intellectuels.

Empruntons une image. Dans une manufacture célèbre, dans l'atelier des Gobelins, de magnifiques ouvrages se sont produits sous vos regards, sans qu'il vous fût permis de voir l'artiste qui les produisait. Votre imagination seule a suivi la main et l'action mystérieuse; mais votre imagination était si bien guidée par la vue de l'ouvrage, que vous vous êtes représenté tous les détails de l'action, avec clarté et exactitude.

Il en sera de même, Monsieur, lorsque nous suivrons avec attention et méthode toutes les expressions que l'homme donne à ses idées; expressions par l'organe de la voix, expressions par l'écriture, expressions par le dessin, par le geste, par la physionomie, par le travail, par la production; nous étudierons tous les genres de tableaux, tous les traits de chaque tableau; et derrière chaque tableau notre imagination ou plutôt notre Raison verra !... que verra-t-elle ?..... ce que déjà, Monsieur, vous avez très bien défini; elle verra l'Expansion intellectuelle.

Mais, Monsieur, ne nous pressons pas. Notre dessein est d'élever un Édifice à plusieurs étages, et nous achevons à peine les fondemens. Dans notre Plan, copié sur celui de la Nature, l'étage intellectuel est le couronnement de l'Édifice; construisons avec soin, avec solidité, les étages inférieurs. Dans le Plan universel, il y en a deux, la Physique et la Physiologie; soyons Architectes, à la manière de la Nature, avec méthode et gradation. Aujourd'hui même nous avons commencé la construction du premier étage; et, si je ne me trompe, vous avez trouvé de l'ordre, de la clarté, de la simplicité, dans cette première opération. Chaque jour que nous passerons ensemble, nous avancerons avec plus d'ordre, plus de facilité encore, parce que chaque jour le chantier des matériaux se déblaiera au profit de l'Édifice.

Monsieur, croyez qu'à mon âge on a appris à ne plus prendre d'engagemens téméraires : le mien est bien étendu sans doute; j'ose me promettre de le tenir. Mais vous, Messieurs, je vous invite à douter le plus long-temps qu'il vous sera possible; c'est-à-dire, à examiner de toute votre attention; car on ne doute pas à volonté. Mais, alors même que la persuasion arrive, on peut se tenir en défiance; on peut craindre de s'être laissé abuser, entraîner; en un mot, on peut examiner encore.

Ainsi, Messieurs, ne craignez pas que je vous

presse de donner votre adhésion à mes pensées ; plus elle sera retardée, plus elle sera ferme et prononcée. J'ai, dans ma conviction, et dans la loi des Compensations, deux grands motifs de patience.

NEUVIÈME SÉANCE.

Application du Principe universel à la détermination des pesanteurs spécifiques. — Explication de la Cristallisation. — Digression occasionnée par une conversation avec un littérateur célèbre. — Réponse à deux Lettres.

MESSIEURS,

Nous avons défini la constitution des corps liquides : réunion, par simple contact, et sans adhérence, de globules sphériques, chacun en équilibre parfait entre l'Expansion et la répression.

La définition d'un Être, pour être exacte, doit s'appliquer, avec facilité, à toutes les conditions particulières qui caractérisent l'existence de cet Être. Une bonne définition n'est autre chose que le précis d'une bonne explication.

Suivons les conditions particulières de l'existence des liquides.

Premièrement, il est toujours très facile de diviser mécaniquement leur masse en un grand nombre de parties, de les tamiser, par exemple, à travers un crible très fin, dont les pores soient imperceptibles à nos regards; ce qui atteste que leurs composés primaires, ou globules primitifs, sont entre eux sans adhérence.

En second lieu, si vous placez, sur la surface d'un corps solide, une petite masse liquide, une goutte d'eau par exemple, et si elle est entièrement libre sur toutes ses faces, elle prendra toujours la forme globuleuse. Cette disposition lui sera donnée par la facilité avec laquelle toutes ses parties céderont à l'impulsion stellaire, impulsion que vous savez être uniforme et convergente. Mais si, sur le même plan, vous placez une seconde goutte d'eau, et dans le voisinage de la première, l'équilibre d'action stellaire se trouvera rompu sur l'une et sur l'autre de ces deux bulles; et comme toutes les parties de chaque bulle sont très disposées au mouvement, au déplacement, vous verrez les deux bulles s'alonger l'une vers l'autre, se rapprocher, se toucher, et enfin s'unir.

Vous reconnaîtrez, dans ces mouvemens, l'effet manifeste de cette Puissance générale de gravitation, qui tend sans cesse à son propre équilibre. Deux gouttes d'eau gravitent l'une vers l'autre comme deux Planètes, et pour la même cause : seulement, la gravitation mutuelle de deux Planètes s'exécute dans un espace libre, au sein duquel chacune est isolée ; au lieu que deux gouttes d'eau reposent sur un appui vers lequel elles éprouvent leur plus forte gravitation, puisque cet appui est au-dessous d'elles, et que, pour cette raison, elles s'aplatissent sur sa surface. Chaque goutte d'eau est, à l'égard de celle que l'on a placée auprès d'elle, dans une situation ressemblante à celle du fil à plomb auprès d'une montagne. La gravitation forte et principale de ce fil à plomb est pour le globe terrestre, qui intercepte à son égard une moitié de l'impulsion stellaire générale ; la gravitation faible et secondaire de ce même fil à plomb est pour la montagne, redressée dans son voisinage, et n'interceptant, à son égard, qu'une très faible partie de l'impulsion stellaire latérale.

Cette analogie de position doit vous porter à concevoir pourquoi la gravitation mutuelle de deux gouttes d'eau ne peut se manifester et s'effectuer que lorsqu'elles sont très rapprochées l'une de l'autre. Et généralement, à la surface de la terre, ou dans ses enveloppes, toute gravitation de molécule à molécule ne peut devenir effective qu'à une très petite distance du point de contact, à cause des perturbations, toujours nombreuses, qu'elle éprouve par l'effet de la concurrence; chaque molécule, toujours entourée, se trouve sollicitée vers un grand nombre de points à la fois; il n'est que le rapprochement immédiat qui puisse déterminer la direction définitive.

Une semblable difficulté de gravitation définitive aurait lieu dans le Système solaire, si, tout d'un coup, et par une invasion générale, l'enceinte de ce système se trouvait encombrée de corps étrangers. Tout serait troublé, comme dans un État surpris par une irruption de barbares; il n'y aurait plus d'ordre, plus de centre de gravitation, plus de Gouvernement, plus d'État.

Oublions, en ce moment, que les Sociétés humaines peuvent être exposées à de telles catastrophes; nous serons conduits un jour à nous en occuper, puisque nous devons expliquer tous les Faits. Mais rentrons dans la Physique moléculaire.

Nous venons d'expliquer la gravitation latérale de deux gouttes d'eau très voisines l'une de l'autre. Nous devons dire maintenant que cette gravitation latérale est toujours faible entre deux gouttes d'un même liquide, mais elle prend de la rapidité lorsque les deux bulles sont formées de liquides différens, pourvu toutefois que la différence de nature ne soit que moyenne ; car l'identité parfaite et le plus haut dégré de dissemblance sont les deux extrêmes qui, l'un et l'autre, favorisent peu, ou nullement, la puissance de gravitation moléculaire, tandis que, entre deux liquides qui ne sont qu'à demi hétérogènes l'un pour l'autre, la gravitation moléculaire s'effectue avec un redoublement de facilité.

Ce jeu frappant des *affinités spéciales*, fondé sur les demi-ressemblances, et que l'hypothèse de l'attraction ne saurait expliquer, est le témoignage le plus authentique en faveur de l'Expansion universelle. C'est ce que vous reconnaîtrez, Messieurs, lorsque nous aurons éclairci ensemble tous les mystères de l'Électricité. J'excite votre impatience, je le sais ; mais je vous prie de la retenir ; croyez que ce n'est pas sans effort que je modère la mienne.

La méthode m'impose un devoir rigoureux.

Revenons aux Liquides.

Tous les globules dont ils sont composés étant fort mobiles, et la forme sphérique leur donnant la faculté de pouvoir aisément rouler les uns sur les autres, ils cèdent avec facilité à la puissance de gravitation centrale ; celle-ci les dispose en couches parallèles à la courbure de la terre, parce qu'elle-même s'applique, avec une convergence uniforme, sur tous les points de cette courbure; c'est elle qui, impatiente d'imprimer partout cette uniformité, contraint les liquides à couler sans cesse, tant qu'ils se trouvent sur un plan incliné à l'horizon. Le niveau est la seule situation où les liquides se reposent; à moins toutefois que, par l'effet d'une grande circonstance locale, l'impulsion stellaire elle-même soit obligée de se partager. Si, par exemple, une mer s'étend jusqu'au pied d'une forte montagne, les eaux cèdent, en ce point, à l'impulsion latérale qui les porte vers cette masse saillante; elles se relèvent, mais c'est d'une très petite quantité: cette légère déviation du niveau, exactement correspondante à la déviation du fil à plomb dans la même circonstance, atteste également l'influence de toute interposition au-devant des étoiles; elle démontre aussi l'extrême porosité de ces montagnes, que nous jugeons énormes, et qui ne mettent, au-devant des étoiles, qu'un obstacle si léger. D'après la faiblesse de la déviation, soit du fil à plomb, soit de l'eau tranquille, on peut prononcer, sans crainte d'erreur, que la plus forte montagne n'arrête pas, à beaucoup près, la millième partie des rayons stellaires qui lui sont adressés. Essayez, d'après cela, de vous faire un commencement d'idée de la ténuité des rayons stellaires; et demandez-vous si les murs les plus épais, si les voûtes les plus redoublées, peuvent les empêcher de produire les effets de pesanteur !

Revenons encore aux liquides.

Comme ils sont incompressibles, un même volume de liquide, un pouce cube d'eau, par exemple, pris dans les couches inférieures d'un vase, contient presque autant de matière qu'un pouce cube d'eau pris dans les couches supérieures; je dis presque autant; l'égalité ne peut être rigoureuse; pour peu qu'un vase ait de profondeur, les couches inférieures sont plus expansives, plus dilatées, que les couches supérieures; mais, dans les circonstances ordinaires, cette différence est si petite qu'elle peut être négligée, et que l'on peut considérer toute l'eau contenue dans un vase, ou dans un bassin médiocre, comme étant d'une égale densité.

Il suit de là que si vous plongez dans ce bassin un corps solide qui, sous un volume d'un pouce cube, contienne une quantité de matière exactement égale à celle d'un pouce cube d'eau, ce corps solide sera en équilibre avec l'eau du bassin; il n'arrêtera que la quantité précise de rayons stellaires qui, précédemment, était arrêtée par l'eau qu'il a déplacée; il ne tombera point; il ne s'enfoncera point sous la surface de l'eau; il ne restera point non plus en saillie au-dessus de cette surface; il se placera à fleur d'eau; il ne troublera point le niveau général; vous direz de ce corps, que *sa pesanteur spécifique* est égale à celle de l'eau.

Mais si le corps solide est d'une densité supérieure à celle de l'eau, tout ce qu'il possédera de plus en matière sera soumis, sans résistance, à l'impulsion stellaire; il tombera, mais avec moins de vitesse qu'il n'en avait en tombant dans l'atmosphère; sa vitesse de chute, dans le sein du liquide, sera déterminée, non par sa densité, ou quantité de matière, mais seulement par l'excédant de sa densité sur celle d'un pouce cube d'eau.

Enfin, si le corps solide est d'une densité inférieure à celle de l'eau, si, par exemple, dans un pouce cube de volume, il ne contient que la moitié de la matière contenue dans un pouce cube d'eau, il ne s'enfoncera, dans le bassin, que jusqu'à la moitié de son épaisseur; toute sa masse se trouvant nécessaire pour faire équilibre à la masse d'un demi-pouce cube d'eau, on dira que la pesanteur spécifique de ce corps n'est que la moitié de celle du liquide.

Passons à un autre objet.

Lorsque nous avons suivi, à la séance précédente, les liquides dans leur passage à l'état solide, nous n'avons point parlé de la *cristallisation*, circonstance importante, qui se présente souvent, mais que nous ne devions examiner qu'après les circonstances qui se présentent toujours.

L'opération naturelle que l'on nomme *cristallisation*, a lieu lorsque l'impulsion stellaire n'établit sa domination sur un liquide que d'une manière lente, ménagée, soutenue, parfaitement uniforme. Alors les globules primitifs du liquide, ces premiers groupes d'élémens, ces *composés primaires*, qui étaient désunis entre eux, et qui, chacun, avaient la forme sphérique, se rapprochent, s'unissent, s'agrègent, mais non d'une manière vague et indécise ; ils forment des groupes solides, d'une figure déterminée, prismatique et régulière. Aussi vous distinguez aisément, au premier aspect, un cristal d'un corps non cristallisé. Tout cristal vous montre extérieurement des formes terminées par des angles plans et des surfaces planes ; c'est son caractère le plus apparent.

Pour rendre raison de ce caractère extérieur, et en même temps de la constitution intime des cristaux, observons la gradation des circonstances qui accompagnent la cristallisation des sels ; ces corps sont ceux dont la cristallisation se prête le plus aisément à des observations directes.

Pour qu'un sel dissous dans l'eau puisse cristalliser, il faut préalablement que sa dissolution, au sein du liquide, soit si parfaite, que l'eau pure ne soit pas plus limpide, plus transparente. Cette condition démontre que les molécules salines et les molécules d'eau sont alors entremêlées avec une parfaite uniformité.

Et comme ce mélange d'eau salée est tout aussi incompressible que le même volume d'eau pure, nous avons encore le droit d'attester que tous les globules dont le mélange est composé ont entre eux la plus grande quantité de contact réciproque; s'ils pouvaient se toucher réciproquement plus qu'ils ne se touchent, le volume du mélange pourrait être diminué par une compression artificielle.

Enfin, comme ce mélange d'eau et de sel se montre aussi liquide, aussi *coulant* que de l'eau pure, c'est une preuve que tous les composés primaires, soit aqueux, soit salins, sont en équilibre parfait entre l'Expansion et l'impulsion stellaire, que, par conséquent, ils sont tous de forme sphérique. Ne craignons pas de rappeler les Faits généraux : la forme sphérique est, dans tout corps composé, la forme de l'égalité actuelle entre l'Expansion propre, et la répression extérieure; c'est la forme de l'Équilibre actuel.

Vous savez d'ailleurs qu'une certaine masse d'eau ne peut jamais tenir en dissolution qu'une certaine quantité de sel; tout ce que l'on ajoute à cette quantité reste en dehors de la dissolution, et tombe au fond du vase.

Cette circonstance démontre encore que la distribution réciproque du sel et de l'eau est telle que leurs composés primaires sont uniformément et régulièrement entremêlés.

Si vous supposez maintenant que cette masse d'eau salée a été lentement soumise à un léger exhaussement de température, qui a eu pour tendance, de la contraindre à s'évaporer tout entière, mais graduellement, insensiblement, quels effets ont dû se préparer et se produire? Le voici.

Le sel, n'ayant pas, comme l'eau, la propriété de se résoudre en vapeurs, par le seul secours d'une chaleur légère, a eu pour destination, de rester dans le vase pendant que l'eau l'abandonnait; et, jusqu'à l'entière dissipation du liquide, tel doit être le résultat ultérieur du phénomène.

Mais cette différence d'expansibilité entre l'eau et le sel a fait que dès le premier instant où la température du mélange a été exhaussée, l'augmentation de force expansive s'est attachée principalement, ou même exclusivement, aux globules de matière aqueuse, comme étant plus disposés à la recevoir, en sorte qu'il s'est fait une dilatation de tous les globules de matière aqueuse, avant même qu'ils se missent en mouvement d'évasion.

Cette dilatation de tous les globules de matière aqueuse a nécessairement exercé une pression sur les globules de matière saline, puisque ceux-ci ne la partageaient pas.

Et chaque globe de matière saline a reçu cette pression d'une manière uniforme, puisque la dissémination du sel s'était faite avec uniformité.

De cette pression uniformément distribuée sur divers points de chaque sphère de matière saline, nous voyons déjà découler, pour chaque sphère, la nécessité de se convertir en Polyèdre régulier, ayant le même centre que la sphère dont il est provenu.

Mais quel sera le nombre de faces de chacun de ces Polyèdres? Pour le découvrir, consultons le Principe universel et la Géométrie.

Le Principe universel nous apprend que toute pression uniformément appliquée sur un corps sphérique, provoque à l'instant la réaction expansive de ce même corps, réaction qui doit partir du centre en divergeant sous formes régulières, puisque la compression s'est dirigée avec une convergence régulière vers le centre du corps.

Ainsi, du centre de chaque sphère comprimée s'élancent des rayons expansifs qui se dirigent, non vers les points immédiatement pressés, mais vers ceux qui les environnent. Il devient donc nécessaire que chaque sphère de matière saline, au lieu d'être pleine et égale dans toute sa masse, se brise en fragmens, tous réguliers, tous égaux, et tous ayant la forme de pyramides, car en dehors ils présentent tous une face aplatie, et, en dedans, ils se terminent en pointe, puisqu'ils aboutissent tous au centre commun.

Enfin, comme l'action compressive et la réaction expansive, qui déterminent la composition de ces pyramides, sont essentiellement égales, la forme de ces pyramides ne peut être ni fortuite, ni arbitraire; il est d'une nécessité rigoureuse qu'elles se constituent de manière à être le témoignage de cette égalité.

Il faut donc que chaque pyramide soit de la régularité la plus parfaite; car la régularité parfaite dans les effets est seule le fruit d'une égalité parfaite dans la cause.

Il n'est que le Tétraèdre, ou la pyramide à quatre faces égales, qui présente cette parfaite régularité. Chaque sphère de matière saline sera donc brisée, par l'action connexe de l'Expansion et de la Compression, en autant de Tétraèdres égaux qu'elle pourra en fournir.

Or la plus simple Géométrie nous découvre qu'une sphère, ainsi morcelée, donne naissance à 20 Tétraèdres égaux, se touchant tous par leurs bases, et réunissant leurs sommets au centre commun.

C'est ainsi que le Tétraèdre, qui est le plus simple de tous les corps terminés par des surfaces planes, devient l'élément générateur de tout cristal; et vous voyez que, pour cette production du Tétraèdre élémentaire, la Nature n'emploie, comme pour toutes ses productions, qu'une Expansion qui concentre, et une Expansion qui réagit.

Vous savez que M. Haüy, qui a porté tant de sagacité dans l'étude des cristaux, avait assigné trois formes primitives à leurs molécules intégrantes: le Tétraèdre, ou le plus simple des solides à quatre faces; le Prisme droit triangulaire, ou le plus simple des solides à cinq faces; et le Cube, ou le plus simple des solides à six faces; mais je dois vous informer que M. Haüy penchait à croire qu'il n'existait en réalité que deux formes primitives; c'est ce qu'il m'a dit à moi-même; et lorsque je lui répondis, *Peut-être* n'y en a-t-il qu'une, toute sa réplique fut un sourire.

Aujourd'hui je délivre ma pensée de ce *peut-être* hésitatif; j'affirme que le Tétraèdre, ou pyramide trièdre, est la forme générale et unique du cristal élémentaire; le principe universel vient de vous le démontrer; et nous montrerons bientôt que les cristallisations les plus abondantes de la nature en fournissent directement la preuve.

Je dois ajouter que cette vérité importante avait déjà été entrevue par deux Physiciens très distingués. Voici ce que l'on trouve dans le Traité de Minéralogie publié, en 1810, par M. Bournon, et analysé par M. Delamétherie, dans son journal de Physique :

« J'ai beaucoup de raisons de penser, dit M. Bournon, que la forme des molécules intégrantes, bornées par le moins de lignes possible, appartient, soit au prisme, soit à la pyramide trièdre, et que cette forme ne varie que par le nombre immense des rapports différens qui peuvent exister entre les angles et les côtés de ce prisme; peut-être même une observation plus spécialement dirigée vers cet objet, viendra-t-elle nous apprendre un jour que cette forme n'est qu'une, celle de la pyramide trièdre; je le soupçonne fortement. »

M. Delamétherie ajoute : « Je pense que les cristaux des minéraux sont composés de lames, c'est-à-dire de solides dont l'épaisseur est peu considérable relativement à leur longueur et à leur largeur. Ces lames me paraissent pouvoir se réduire à trois formes principales, qui donnent tous les solides possibles : la lame triangulaire, la lame rectangulaire, la lame rhomboïdale ou obliquangulaire. Mais chaque lame rectangulaire, ou obliquangulaire, peut être composée de deux ou quatre lames triangulaires, en les divisant suivant une ou suivant les deux diagonales; en sorte qu'en dernière analyse, toutes les lames pourraient se rapporter à la triangulaire. Ces lames triangulaires superposées formeront un prisme trièdre, si elles sont toutes les mêmes en longueur et en largeur; mais si cette longueur et cette largeur diminuent, et font une retraite, ces molécules triangulaires forment une pyramide trièdre. »

Achevons maintenant l'histoire de la cristallisation des sels, ou des autres substances que, dans nos laboratoires, nous pouvons soumettre à cette opération.

C'est, avons-nous dit, au premier instant où la température du mélange liquide est exhaussée, que les petites sphères de matière cristallisable, se brisent, chacune, en 20 Tétraèdres égaux, qui tendent à se disperser dans le mélange. Dès les seconds instans, le dissolvant commence à s'évaporer, et son évaporation est lente, uniforme, en sorte que tous ses globules sont, à la fois, et au même degré, en mouvement d'évasion.

Au sein d'un tel mouvement, les Tétraèdres de matière saline, qui restent toujours dans le vase, sont obligés de se grouper, de former des noyaux plus ou moins étendus, séparés par des couloirs; sans cela la matière aqueuse ne pourrait se rendre vers l'atmosphère; et c'est cette matière aqueuse elle-même qui, par son mouvement de divergence expansive, contraint les Tétraèdres de matière saline à s'agglomérer de la manière la plus favorable à son passage.

Voilà, soit les *lames triangulaires* de M. Delamétherie, soit les *formes secondaires* de M. Haüy, formes qui doivent être les mêmes dans toute l'étendue du même cristal, parce que l'Expansion de l'eau s'est exécutée de la même manière dans tous les points de la masse.

Mais on sent aussi que les diverses substances qui sont susceptibles de cristallisation doivent se prêter diversement à l'agglomération que leur imprime l'évasion de la matière dissolvante ; les unes résistent peu, les autres résistent beaucoup, d'autres modérément; ce qui doit varier indéfiniment les formes secondaires, les formes des noyaux.

Observons maintenant qu'à mesure que le dissolvant s'évapore, sa quantité dans le vase diminue sans cesse, tandis que, d'après les conditions exigées, la température ne s'élève pas, la force d'Expansion n'augmente pas.

De là il résulte que les noyaux s'agglomèrent encore, parce que les voies nécessaires à l'évasion du dissolvant diminuent de nombre et d'étendue. Mais comme cette diminution se fait toujours régulièrement dans toute la masse, et par degrés insensibles, les agglomérations successives des noyaux se font comme chaque noyau s'était fait lui-même, c'est-à-dire que le cristal d'ensemble prend la même forme que le noyau.

Vous voyez maintenant, Messieurs, avec quelle facilité la belle découverte de M. Haüy se trouve expliquée ; cet illustre savant a fixé la science sur cet objet délicat. Il a montré que les *formes secondaires* résultent de *lames de superposition*, recouvrant successivement le *noyau* de cristal, et décroissant progressivement, mais étant composées, comme le noyau lui-même, d'une agrégation de molécules intégrantes, toutes identiques de grandeur et de figure.

Vous trouverez sans doute, Messieurs, dans cette simplicité et cette similitude des cristaux élémentaires, un témoignage frappant en faveur d'un des principes que j'ai établis; j'ai dit : La Matière est identique, l'élément primitif est universellement égal à lui-même de forme et de grandeur. La diversité des compositions secondaires résulte uniquement de la diversité de nombre et de mode selon lequel s'agrègent entre eux les élémens primitifs.

Dans les cristaux, chaque molécule intégrante est déjà un corps composé, une association d'élémens; et, quoique toutes égales, il leur suffit d'être agrégées en nombre différent, ou selon des situations différentes, pour amener des formes secondaires extrêmement variées; il est évident qu'un tel exemple s'applique avec le plus grand avantage aux agrégations d'élémens primitifs; en sorte que cette idée générale, qui a déjà la simplicité pour elle, a encore cette forte analogie qui résulte d'une observation très étendue. Nous ne saurions être mieux autorisés à faire, de cette idée générale, un principe fondamental; nous lui trouverons d'ailleurs tant d'autres appuis dans la nature!

Tous les cristaux, entre les mains d'un observateur patient et ingénieux, tel que M. Haüy, peuvent être soumis à l'opération du *clivage*, c'est-à-dire à une véritable anatomie, qui sépare, les uns des autres, leurs noyaux secondaires, en désunissant leurs faces juxta-posées, comme l'on désunit les feuillets d'une ardoise ou d'un livre. Ce sont ces noyaux, très petits, mais visibles au microscope, dont M. Haüy a étudié et ensuite copié mécaniquement les diverses formes. Vous avez pu voir ces copies mécaniques dans l'une des salles du Muséum d'histoire naturelle.

C'est en appliquant le calcul géométrique à ces formes secondaires que M. Haüy a établi les formes présumées des molécules intégrantes, car il n'a pu voir ces molécules que géométriquement; et nous, en attendant les expériences fécondes que nous citerons tout à l'heure, nous voyons le Tétraèdre rationnellement.

M. Haüy a trouvé de plus que les petits noyaux de chaque cristal, ces prismes secondaires, visibles seulement au microscope, sont, chacun, le type du cristal qui en est composé. Ce sont les mêmes faces, les mêmes arêtes, les mêmes angles, situés de même. Et, dans les ateliers où l'on travaille les cristaux, où non-seulement on les clive, mais où l'on en détache de la poussière par le secours de la lime, les grains de cette poussière, vus au microscope, sont encore des noyaux prismatiques, ayant les mêmes formes que le cristal dont ils viennent d'être séparés.

Nous n'avons plus maintenant que quelques observations générales à faire sur les cristaux, pour en compléter la connaissance.

Pour qu'il y ait une régularité parfaite dans l'acte de cristallisation, il faut que l'évaporation du dissolvant se fasse avec lenteur et égalité; et il est évident que la continuité de ces deux conditions doit être d'autant plus difficile que la masse du liquide est plus considérable. Aussi l'on ne voit des cristaux parfaits émaner que de liquides sans profondeur.

En second lieu, tout liquide exposé à l'acte de cristallisation doit être dans une situation constamment tranquille; si une agitation mécanique lui est imprimée, il y a confusion dans les groupes, irrégularité dans l'ensemble, et, pour cette raison, *opacité* dans la masse; car, ainsi que vous le verrez bientôt, la *transparence* d'un corps ne peut avoir lieu, s'il y a du désordre dans la distribution de ses composés primaires; et déjà vous venez d'observer qu'une masse d'eau, d'abord troublée par l'immersion d'un sel, reprend sa transparence, aussitôt que ce sel, entièrement dissous, y est uniformément distribué.

Troisièmement enfin, pour qu'une masse de cristal puisse émaner d'une masse de liquide, il faut que cette masse de liquide soit formée, comme l'eau salée, du mélange de plusieurs substances inégalement susceptibles d'Expansion et d'évaporation; car il faut que, par l'Expansion anticipée de l'une de ces substances, celle qui n'a pu la suivre se trouve soumise à la pression provoquée par cette Expansion même.

C'est pour cette raison que l'eau pure, substance homogène, ne cristallise qu'à sa surface. Ses premières couches se trouvant soumises à la condensation que leur imprime le refroidissement de l'air, leurs composés primaires éprouvent une gêne mutuelle, qui les aplatit régulièrement; mais les couches inférieures commencent au contraire, comme nous l'avons vu, par éprouver une dilatation entièrement opposée à l'acte de cristallisation.

Ainsi, l'eau pure se *congèle*, sans cristalliser. Mais nous ajouterons maintenant à ce que nous avons dit, en parlant de la congélation de ce liquide, que ses premières aiguilles sont des prismes triangulaires, et que, lorsque de secondes aiguilles partent des premières, c'est toujours en faisant, avec celles-ci, un angle de 60 degrés.

Vous reconnaissez, à cette inclinaison, des lignes de Tétraèdres, qui s'accolent par leurs faces. Chacun des angles plans du Tétraèdre est de 60 degrés.

Vous retrouverez une disposition analogue dans la *neige*, qui n'est que de l'eau surprise, en très petites masses, par la puissance de condensation. Examinez, la première fois que vous en aurez l'occasion, celle qui tombera sous vos yeux, et prenez un grain isolé, tombé paisiblement, sans choc et sans désordre. Vous le verrez formé d'une molécule centrale, faisant les fonctions d'une sorte de noyau, d'où s'élanceront six rayons situés avec symétrie, comme ceux d'un hexagone régulier. Souvent ces rayons seront unis entre eux par des lignes transversales, formant chacune, avec deux rayons contigus, un triangle équilatéral. En sorte que, dans l'ensemble de la figure, quelque redoublée qu'elle soit, vous ne trouverez jamais que des angles de 60 degrés, comme ceux du Tétraèdre. Telle est l'expérience en grand que la Nature multiplie, et qui est décisive.

La *grêle* n'est pas, comme la neige, le fruit d'une condensation paisible, mais d'une congélation brusque, qui donne, à chaque grain, la forme globuleuse, et de l'opacité. Nous en parlerons de nouveau, en traitant de l'atmosphère.

Dernière observation sur la congélation de l'eau. Lorsqu'elle s'effectue avec rapidité et force, l'intérieur de sa masse contient des bulles sphériques, très sensibles à la vue, et qui sont pleines d'air atmosphérique. Le célèbre Priestley a fait, avec grand soin, des expériences qui démontrent que cet air atmosphérique n'était point d'avance contenu dans l'eau, mais qu'il est le produit immédiat de l'acte de congélation, qu'il s'établit, dans sa plus grande abondance, au centre de l'eau congelée, et que plus le froid est intense, plus on obtient de ces bulles d'air.

On ne voit jamais rien de semblable dans l'intérieur des cristaux.

Cette expérience très simple démontre deux choses qu'il importe de bien établir. En premier lieu, l'eau soumise brusquement, par sa surface, à une congélation forte, livre, par compensation, ses parties centrales à une Expansion plus énergique; c'est ainsi qu'elle acquiert subitement un volume capable de rompre et renverser les roches les plus dures, pour peu qu'il y ait, entre elles, des fentes accessibles à la simple humidité.

En second lieu, cette Expansion énergique des parties centrales d'une masse d'eau produit des gaz de la même nature que le gaz atmosphérique. Donc l'eau est la source immédiate de l'atmosphère.

Cette proposition est importante ; je vous prie de la retenir ; je lui donnerai bientôt tous les développemens nécessaires à sa démonstration.

En ce moment, je rapprocherai de l'expérience précédente celle que font les métallurgistes, lorsqu'ils veulent fabriquer ce que l'on appelle *le plomb de chasse*. Après avoir fait fondre une masse de plomb, ils la versent sur un crible qui la laisse tomber en gouttes plus ou moins considérables ; et ils reçoivent ces gouttes dans un baquet rempli d'eau froide ; cette immersion leur donne la forme globuleuse, parce que la goutte de plomb entrant subitement dans l'eau, y est brusquement enveloppée par un liquide qui presse également sa surface sur tous les points.

Mais cette pression subite et uniforme, exercée sur la surface de la goutte de plomb, doit être nécessairement balancée ; l'équilibre est la loi universelle : aussi l'Expansion centrale augmente proportionnellement d'énergie; d'où résulte le gonflement du globule, et par conséquent la diminution de son poids; ce qui le rend moins propre à l'usage auquel on le destine. Pour prévenir ce gonflement, les Anglais ont imaginé de faire tomber, du haut d'une tour très élevée, le plomb fondu et coulant à travers un crible. Ce procédé, que l'on imite maintenant à Paris, soumet chaque goutte de plomb à une immersion successive dans l'atmosphère; pendant cette immersion, la pression extérieure augmente graduellement, parce que la goutte tombe de plus en plus vite; au moment où elle entre dans l'eau, elle n'est plus surprise par la pression du liquide; elle s'y est en quelque sorte préparée; aussi, lorsqu'on la coupe par le milieu, elle n'offre presque point de vides intérieurs.

MESSIEURS,

Nous venons d'éclaircir un point de Physique réputé jusqu'ici très nébuleux; le sujet a demandé, de votre part, une attention à laquelle peut-être quelque diversion doit maintenant être apportée; elle nous sera fournie par deux Lettres que deux d'entre vous m'ont fait l'honneur de m'écrire. Mais je me sens pressé d'en faire précéder la lecture par le résumé d'une conversation que j'ai eue, depuis ma dernière séance, avec un de mes auditeurs les plus distingués, avec celui qui déjà a occupé de moi, d'une manière si honorable, les lecteurs du Constitutionnel. Il m'a dit :

« Je dois reconnaître que plus vous avancez dans l'exposition de votre système, plus on voit s'évanouir les difficultés que d'abord il présentait ; et cela même est, pour moi, non un sujet d'objection, mais un motif d'étonnement.

» Comment se fait-il que votre Principe universel, qui nous paraît si clair, si vrai, semble réduit à venir se produire devant nous, simples amateurs des sciences et de la littérature ? Pourquoi les Savans de profession, pourquoi les hommes justement célèbres, que vous avez appelés *les Magistrats de la Science*, ne prononcent-ils pas, en premier ressort, sur le système que vous développez ? Pourquoi n'invoquez-vous pas leur jugement, qui serait d'un si grand poids sur l'opinion publique, et qui, selon toute vraisemblance, vous serait favorable ? Lorsque Lavoisier conçut un nouveau système de Chimie, ce fut d'abord à l'Académie des Sciences qu'il en soumit les idées fondamentales; elles y furent accueillies; ce qui, dès leur naissance, leur donna le plus grand crédit. Pourquoi ne suivez-vous pas la même marche? J'entends plusieurs personnes se faire, comme moi, cette même question, et ne pas dissimuler que votre marche opposée les tient en défiance, les fait résister à la force, à la clarté qu'ils trouvent dans vos explications. »

J'ai répondu :

Vos observations, Monsieur, sont d'un homme franc et loyal, qui a l'habitude de prononcer ses opinions, mais qui n'écoute pas assez, en ce moment, la connaissance qu'il a acquise des mouvemens de l'Esprit humain.

Le Système que je présente n'est pas, comme la nouvelle Chimie de Lavoisier, une simple modification donnée à une partie circonscrite des Sciences humaines; il ne se borne pas non plus, en respectant des principes antiques, consacrés par leur vétusté même, à en tirer des conséquences nouvelles, ou des applications auxquelles on n'avait pas encore pensé. Le Système que je présente a pour but une Révolution même dans les Principes; il est destiné, non à affaiblir la croyance qui est due à tous les Faits constatés, mais à changer l'enchaînement provisoire que les Savans leur ont donné, et à substituer à tous ces liens fortuits, désordonnés, le lien réel et unique que la Nature a établi, lien qui n'est autre chose lui-même que le FAIT le plus général, le plus positif, le plus important.

Et il est évident que le Fait commun à tous les Faits particuliers, que le lien universel, ne pouvait être découvert et mis en œuvre qu'après le développement entier de toutes les sciences particulières.

C'est à ce terme d'un développement entier que les travaux admirables des savans de notre siècle ont enfin conduit toutes les sciences de calcul et d'observation; l'œuvre que j'entreprends est donc l'œuvre opportune, ou même l'œuvre nécessaire; si je ne la tentais pas, un autre s'en chargerait.

Et quelle serait sa position dans ce que l'on appelle le Monde savant? elle serait la même que la mienne. Il viendrait faire révolution dans les idées générales, dans les *idées-principes*; il aurait, par conséquent, pour adversaires, tous les hommes qui tiennent aux idées anciennes, dont il provoquerait la chute, et dont il proposerait le remplacement. Parmi les soutiens de ces idées anciennes, se trouveraient bien des hommes convaincus de leur réalité, d'autres qui les croiraient par habitude, d'autres qui, ayant tiré de leurs travaux sur le fond de ces idées, une considération éclatante, conserveraient pour elles un sentiment de véritable affection. Comment espérer qu'ils se déshériteraient eux-mêmes d'une fortune laborieusement acquise, qu'ils en attaqueraient les bases, qu'ils contribueraient à les renverser ?

Monsieur, toutes les révolutions d'un intérêt majeur sont nécessairement exposées à des résistances qui, sans doute, ne peuvent être que passagères, mais qui, au premier moment, sont très formidables. C'est au temps surtout qu'il faut laisser le soin de les affaiblir. De telles résistances ne sont rien moins qu'un tort de la part des hommes qui les opposent; souvent même elles honorent leur caractère, qu'elles signalent comme doué d'une profonde persévérance. Si je m'en étonnais, et, encore plus, si je m'en irritais, je montrerais, par cela seul, que je ne sens point toute la force de ma propre cause. Mais si j'allais chercher à convertir subitement en appuis de cette cause même, les hommes qui la repoussent, tout ce qui pourrait m'arriver de plus heureux serait de perdre mon temps et mes efforts; il n'est que trop vraisemblable qu'au lieu d'avancer, je reculerais fortement.

J'en ai, d'ailleurs, fait l'expérience. Je me suis présenté à l'Académie des Sciences, il y a près de vingt ans; j'exposai mes pensées principales: je n'en retirai qu'un refoulement dont je souffre encore; et ce refoulement s'appuya, non-seulement sur des erreurs notables qui gâtaient alors mon Système, mais principalement sur les vérités nouvelles et incontestables qu'il produisait. Tout ce que je démontrais par le seul raisonnement était traité de chimère. J'affirmais, par exemple, l'identité absolue de la lumière, du calorique, du fluide magnétique et de l'électricité; on me disait: Prouvez cette identité par des expériences directes; et comme je me bornais à citer toutes les expériences simples et communes, toutes les expériences que la nature entière fournit à la raison, on me répondait: Les choses communes et vulgaires ne prouvent rien; ce n'est que dans un cabinet de Physique, dans un laboratoire de Chimie, que l'on démontre.

Postérieurement, ces démonstrations de cabinet et de laboratoire sont venues, et au degré le plus concluant; je n'en avais pas moins été réprouvé pour les avoir annoncées, tout en disant que l'on pourrait s'en passer.

Même sort serait aujourd'hui mon partage, si j'allais soutenir, devant l'Académie des Sciences, ce que je soutiens devant vous, Messieurs, que la matière est identique, que la Nature n'a qu'un Principe, une Loi, un Élément. Vous le savez, je démontre ces trois grandes *unités* par l'ensemble et l'accord des Faits connus ; mais, pour appuyer mes raisonnemens généraux, je ne cite pas une ou deux expériences nouvelles ; il en viendra, et en très grand nombre ; c'est de toute certitude ; en attendant, mon langage, tout invincible qu'il peut être, me serait reproché, à l'Académie, comme n'étant nourri que d'illusions ; le titre de rêveur me serait de nouveau largement donné ; et, pour en effacer l'impression, il me faudrait peut-être de nouveau bien des années.

Je n'en ai plus à consumer ainsi : l'âge me presse ; je vais droit à la Raison publique ; c'est elle qui, toujours du siècle courant, n'est point retenue par le respect irréfléchi de la vétusté ; c'est elle aussi qui, affranchie des liens de position, et des considérations d'amour-propre, prononce ses jugemens avec impartialité. C'est elle qui fera succéder à la génération actuelle des Savans, une génération neuve, qui ne repoussera pas mon Système.

Si je ne me trompe, cette génération commence; dans peu d'années peut-être, elle sera assez formée, assez indépendante, pour que je puisse invoquer son témoignage. Nous touchons à la fin des grandes révolutions.

Nous allons maintenant passer aux deux Lettres que je vous ai annoncées.

Extrait de la première lettre :

..... « Redescendez avec nous sur cette terre ; parlez-nous des malheurs qui, en ce moment, l'affligent. La pression stellaire est sans doute incontestable, et elle explique tout ; mais quoi ! est-ce donc la pression stellaire qui vient de faire cet abaissement du baromètre, pendant lequel tant d'ouragans ont bouleversé les mers, tant de navires, tant d'hommes, tant de biens ont péri ? C'est alors une puissance bien fatale ! Et plus près de nous, les fluctuations de la Bourse, qui bouleversent tant de fortunes; certaines pressions ou tendances politiques, qui font pâlir tant d'intrépides; la fièvre jaune, qui nous menace de tant d'horreurs !.... Contre de si grands maux, ne nous donnerez-vous pas du moins l'espérance d'une répulsion prompte et énergique ? »

Réponse.

Et d'abord je remercie l'Auteur de cette Lettre de m'avoir fourni l'occasion de rectifier, en lui, une idée qui n'est pas exacte.

La pression stellaire est, comme il le dit, incontestable ; mais elle n'explique pas tout ; ou, ce qui est la même chose, elle ne produit pas tout ; elle ne produit que les effets de gravitation, de concentration ; et ce n'est que la moitié de la somme générale des effets ; l'autre moitié de cette somme générale se compose des effets de dilatation, de séparation, de divergence ; celle-là a, pour cause immédiate, l'Expansion propre et immédiate des corps qui entrent en divergence, en dilatation.

Ainsi, lorsqu'une vapeur s'élève, ce n'est point la pression stellaire qui la fait se dilater et s'élever, mais c'est la pression stellaire qui modère son ascension, sa dilatation, qui empêche son mouvement d'Expansion de se convertir subitement en dissipation indéfinie.

Lorsqu'un enfant du premier âge prend un accroissement rapide, ce n'est point la pression stellaire qui le met ainsi en action de développement, c'est l'Expansion de l'enfant lui-même ;

mais c'est l'action stellaire qui réprime cette Expansion, qui la contraint à se replier sur elle-même, à concentrer intérieurement ses produits, à suivre, même pour s'étendre, le mode qui économise l'espace, le mode circulatoire, le mode essentiel à l'organisation.

Ainsi, Monsieur, fixez bien vos idées sur le Principe fondamental; il est unique, et ce Principe unique n'est point la Pression stellaire, c'est l'Expansion; la Pression stellaire n'est que le fruit immédiat de l'Expansion des Étoiles, et toutes les Étoiles sont constamment en Expansion. Toutes se concertent pour réprimer; chacune est réprimée par le concert de toutes les autres.

Maintenant que la Pensée initiale a pris, en vous, de l'exactitude, je vous rappellerai ce que vous n'ignorez pas sans doute, mais ce que vous avez, un moment, oublié. L'abaissement du baromètre n'est rien moins qu'un signe de pression; au contraire, plus il s'abaisse, plus il indique que la pression de l'atmosphère est affaiblie. Or les mouvemens de l'air, ces déplacemens atmosphériques, auxquels nous donnons le nom de vents, sont d'autant plus faciles que la répression est moindre.

Virgile, comme vous le savez, faisait jaillir

les vents des cavernes d'Éole; ce n'est pas ainsi que nous expliquerons le phénomène; mais, en attendant l'explication précise, contentons-nous de l'image poétique, et disons : lorsque la pression stellaire est énergique, la caverne d'Éole est fermée; et alors aussi le baromètre, placé en dehors sur la porte de cette caverne, se tient très élevé.

Mais lorsqu'il commence à s'abaisser, c'est que la pression se lasse; alors la porte s'entr'ouvre; et si la pression s'endort, ou ne fait plus sentinelle, le baromètre et la porte de la caverne tombent ensemble; les vents s'élancent sans mesure et sans ordre, comme des fous furieux échappés à une détention étroite; partout où ils passent, ils brisent, renversent, ils sèment l'épouvante.

Sans doute, le trident de Neptune, et son terrible *quos ego*....., finissent par arrêter leur violence; mais, en attendant, bien des ravages se trouvent commis.

Voudriez-vous qu'un frêle navire pût rester paisible au milieu de tant de fracas? et pensez-vous qu'il pût suffire à l'homme de placer, sur un point de la surface du globe, un vaisseau, ou un arbre, ou une maison, pour en interdire l'approche aux vents et aux tempêtes?

Eh bien, direz-vous, que les vents laissent en repos toute la surface du globe; qu'ils restent dans leur caverne!

Ah! Monsieur, que de biens vous perdriez, et que d'autres sources de malheurs s'ouvriraient sur les générations humaines! Nous en parlerons plus à loisir; je vous dirai seulement, parce que vous en faites naître l'à-propos, que si une seule année ou même une demi-année s'écoulait sans vents impétueux, sans tempêtes, toute la population du globe serait rapidement emportée par cette fièvre jaune qui vous cause une si juste horreur.

Mais je crois vous entendre : vous vous plairiez dans un ordre des choses qui exclurait à la fois, et la fièvre jaune, et les ouragans, et les fluctuations de la Bourse, et ce que vous désignez sous le titre de *pressions ou tendances qui font pâlir les plus intrépides*. C'est-à-dire que vous ne voudriez point de malheur dans la vie; cela se conçoit, je partage votre répugnance; mais je vais dire mon secret et le vôtre: nous ne voudrions pas non plus de la mort; et elle a sa place dans l'Univers; et elle y est nécessaire; et la mort, pour l'homme, n'est pas, à parler exactement, le terme de sa vie; c'est la somme générale des peines, des douleurs, des destructions, que chacun de nous doit subir pendant le cours de sa vie ; somme générale qui, pour chacun de nous, est égale à celle de ses acquisitions, de ses jouissances, de ses plaisirs.

Nous traiterons cette question, Monsieur; il n'en est pas qui puisse nous intéresser davantage: elle viendra à son rang; mais comme vous paraissez avoir dans l'âme cette curiosité vive qui devient quelquefois impatience, j'ose vous inviter à lire l'ouvrage que j'ai publié sous ce titre : *Du sort de l'homme dans toutes les conditions; du sort des peuples dans tous les siècles.* Vous y trouverez des développemens qui peut-être parviendront à vous satisfaire, quoique je n'aie pu, comme dans le Cours que nous faisons ensemble, les faire précéder de l'explication graduelle de cet Univers si simple, si bien ordonné, dont l'homme est la pierre angulaire, ou plutôt l'objet et le complément.

Extrait de la seconde lettre (elle est de celui de mes auditeurs qui m'a écrit le plus souvent):

.... « Je ne suis pas plus partisan que vous, Monsieur, des facultés occultes. Devrons-nous absolument leur assimiler l'attraction? L'hypothèse de l'Expansion, je l'avoue, est d'un caractère plus large; elle me paraît, en général, plus conforme à l'esprit de notre temps, et, en particulier, au génie français. La pesanteur fournit au morne mécanisme d'une horloge; par l'Expansion, l'Univers s'anime d'une force vitale vraiment immortelle; mais si vous la rendez exclusive, elle va vous brouiller avec bien du monde.

» Les tubes capillaires, les affinités, toute une série d'absorptions réclament en faveur de l'attraction; la fructification des plantes ne paraît pas tout devoir à l'Expansion. Convenez que l'attraction n'est pas de trop dans l'amour! l'en expulserez-vous sans miséricorde?

» Les questions ne vous effraient pas;.... votre système est un arbre à idées; on le touche légèrement, et il laisse échapper plus de fruits que l'on ne saurait en recueillir à la fois.

.... » Vous avez tiré un grand parti de cet axiome si simple : les rapports sont d'autant plus stables qu'ils sont moins compliqués. L'application que vous en faites au ciel m'a singulièrement frappé.

..... » Puisque, d'après les exemples que vous avez fournis, le passé et le présent se confondent tellement qu'il devient difficile, souvent impossible, de les séparer, nous ne devons pas être étonnés de voir, chez le peuple le plus civilisé de l'Europe, plusieurs siècles habiter sous le même toit, et s'assembler dans la même chambre..... »

Réponse.

Je prie d'abord mon honorable correspondant de vouloir bien attendre, quelques jours encore, l'explication de l'action attractive en apparence que les tubes capillaires exercent sur les liquides dans le sein desquels ils sont plongés ; ce mécanisme est absolument le même que celui de tous les genres d'absorptions et d'affinités ; c'est l'Expansion électrique qui les cause. A la prochaine séance, je commencerai l'explication générale de l'Électricité.

Lorsque, plus tard, nous examinerons les phénomènes de l'action végétale, nous verrons encore que la fructification des plantes doit tout à l'Expansion terrestre, modérée et balancée par l'Expansion stellaire. Je passe à deux autres questions.

» La pesanteur; dites-vous, Monsieur, fournit au morne mécanisme d'une horloge. »

Sans doute; mais combien de temps fournit-elle? uniquement pendant le temps nécessaire pour que le poids qui meut les rouages soit descendu à la surface du sol. A ce terme, si vous creusez verticalement, le poids descendra encore; mais, comme vous ne pouvez creuser indéfiniment, ni même profondément, toute la force motrice, émanée de la pesanteur, sera bientôt arrêtée, et il faudra que vous remontiez vous-même cette force motrice; c'est-à-dire qu'il vous sera nécessaire d'effectuer, par vous-même, une action opposée à la pesanteur, afin de la remettre en exercice.

D'où tirerez-vous cette action opposée à la pesanteur, si ce n'est de l'Expansion possédée par votre individu, si ce n'est de votre Expansion vitale?

Et observez que plus votre Expansion vitale s'exercera avec énergie, moins le poids mettra de temps à remonter; en sorte que vous économiserez, sous le rapport du temps, ce que vous dépenserez sous le rapport de la puissance; à l'aide de cette compensation, votre quantité d'action restera toujours la même.

Ce n'est pas tout; que votre action soit lente ou précipitée, elle aura produit, à son terme, une somme de mouvement exactement égale à celle que la pesanteur va, de nouveau, produire; et alternativement, la pesanteur succédera à votre action, votre action succédera à la pesanteur, de manière à s'effacer mutuellement, de manière à se faire rigoureusement Équilibre.

Voilà, Monsieur, l'image mathématique du rapport constant des deux forces générales. Ce rapport est l'égalité. A l'aide des compensations réciproques que permettent le temps et l'espace, c'est toujours à l'égalité qu'aboutit le rapport de l'Expansion qui agit, avec l'Expansion qui réprime.

Grâces à l'idée que vous m'avez suggérée, je viens de vous présenter ce rapport dans la circonstance la plus simple; toute la difficulté de la Science générale consiste à suivre ce rapport d'égalité dans la gradation des circonstances successivement plus compliquées; et cette route graduelle est celle que je tâche de parcourir moi-même devant vous, en vous engageant à m'accompagner.

Mais votre imagination m'échappe et me devance; c'est ce que la mienne a fait si souvent et si long-temps! c'est ce que, malgré ma prudence, elle fait quelquefois encore; je devrais toujours vous retenir, et c'est vous qui, par vos questions si intéressantes, si bien exprimées, me séduisez et m'entraînez.

Comment résister à un homme qui me dit d'un ton insinuant : Convenez que l'attraction n'est pas de trop dans l'amour ; l'en bannirez-vous sans miséricorde ?

Oui, Monsieur, sans miséricorde, car je ne veux point d'illusion ni d'erreur, pas même en amour, ou du moins au sujet de l'amour. J'en appellerai à votre expérience et à vos observations ; on n'écrit point comme vous, Monsieur, sans avoir beaucoup observé, et beaucoup éprouvé.

Sous le titre d'attraction en amour vous indiquez sans doute ce qui, de part et d'autre, sert d'attrait et détermine le penchant ; et l'amour lui-même, vous en faites une inclination, et des sens, et de l'âme.

Si vous le considérez d'abord comme inclination des sens, vous reconnaîtrez que vos sens donnent le nom d'attraits aux formes expansives ; et non aux formes sans expansion.

Si vous considérez l'amour sous le rapport du sentiment, je vous demanderai d'où naissent les penchans rapides, les impressions profondes, si ce n'est des qualités expansives du cœur et du caractère. A beauté égale, quelle est la femme qui inspire le plus d'amour, si ce n'est la femme la plus généreuse ? Combien de femmes, sans attraits extérieurs, mais d'une sensibilité exquise, d'une générosité féconde, excitent des passions vives et durables! Si, au contraire, vous avez rencontré des femmes, belles de figure, mais sèches de caractère, défiantes, personnelles, avares, les avez-vous aimées? avez-vous senti, vers elles, un attrait soutenu et enflammé? Et connaissez-vous une femme sensible qui ait aimé un homme sans expansion, un égoïste ou un lâche?

Non, Monsieur; c'est l'histoire universelle que je vous raconte; c'est du moins celle de tous les hommes, de toutes les femmes, dignes de connaître l'amour. Un homme, une femme, qui, dès le printemps de leur vie, ne sont pas dévorés du besoin de se répandre, de se donner, de se dévouer; un homme, une femme, sans expansion de sentimens, sans explosion d'imagination, de désirs et de pensées, sont des Êtres sans charmes et sans attraits; s'ils sont régulièrement conformés, ce sont deux statues; qu'on les place dans un Musée, nous irons les admirer.

Mais la tendre et céleste volupté de l'âme, qui l'éprouve? C'est celui qui ne voudrait posséder tous les avantages que pour le bonheur de l'objet qu'il aime; c'est celui qui se dépouillerait de tous les biens, mais pour l'en accabler; c'est celui qui, en songeant seulement à cet objet, s'élance hors de lui-même, hors de sa situation, hors de ses intérêts; c'est celui qui porte son existence entière du point qu'il occupe vers l'Être qu'il adore:

L'Amour est l'Expansion suprême.

TABLE

DU PREMIER VOLUME.

FIN DE LA TABLE DU PREMIER VOLUME.

On souscrit à Paris, chez

AIMÉ-ANDRÉ, libraire, quai des Augustins, n° 59;
BÉCHET aîné, libraire, quai des Augustins, n° 57;
BOSSANGE père, libraire, rue de Richelieu, n° 60;
BOSSANGE frères, libraires, rue de Seine, n° 12;
CARNEVILLIER, libraire, Palais-Royal;
DELAUNAY, libraire, Palais-Royal;
PÉLICIER, libraire, place du Palais-Royal;
PONTHIEU, libraire, Palais-Royal;
REY et GRAVIER, libraires, quai des Augustins, n° 57;
TREUTTEL et WURTZ, libraires, rue de Bourbon, n° 17.

A Londres, chez BOSSANGE et Compagnie, libraire, 14 great Malborough street.
A Caen, chez MANCEL;
A Reims, —— FREMAU fils;
A Strasbourg, —— LEVRAULT. — TREUTTEL et WURTZ.
Pour l'Allemagne et le nord de l'Europe, chez BOSSANGE frères.

IMPRIMERIE DE HUZARD-COURCIER.

www.ingramcontent.com/pod-product-compliance
Ingram Content Group UK Ltd.
Pitfield, Milton Keynes, MK11 3LW, UK
UKHW020057200726
13856UKWH00002B/264